我的财富观

安德鲁·卡内基自传

[美国] 安德鲁·卡内基 著
朱凡希 庄华妮 译

译林出版社

图书在版编目(CIP)数据

我的财富观：安德鲁·卡内基自传 / （美）卡内基（Carnegie, A.）著；朱凡希，庄华妮译. —南京：译林出版社，2016.6

书名原文：The Autobiography of Andrew Carnegie

ISBN 978-7-5447-6135-2

Ⅰ. ①我… Ⅱ. ①卡… ②朱… ③庄… Ⅲ. ①卡内基，A.（1835~1919）-传记 Ⅳ. ①K837.125.38

中国版本图书馆CIP数据核字（2016）第010843号

书　　名　我的财富观：安德鲁·卡内基自传
作　　者　［美国］安德鲁·卡内基
译　　者　朱凡希　庄华妮
责任编辑　陈　锐
出版发行　凤凰出版传媒股份有限公司
　　　　　译林出版社
出版社地址　南京市湖南路1号A楼，邮编：210009
电子邮箱　yilin@yilin.com
出版社网址　http://www.yilin.com
经　　销　凤凰出版传媒股份有限公司
印　　刷　江苏凤凰通达印刷有限公司
开　　本　652毫米×960毫米　1/16
印　　张　20.75
插　　页　2
字　　数　209千
版　　次　2016年6月第1版　2016年6月第1次印刷
书　　号　ISBN 978-7-5447-6135-2
定　　价　28.00元
译林版图书若有印装错误可向出版社调换
（电话：025-83658316）

目　录

编者的话……001

序　言……003

第1章　我的父母，我的童年……001

第2章　丹弗姆林与美国……017

第3章　匹兹堡与我的营生……028

第4章　安德森上校与书籍……039

第5章　电报公司……046

第6章　铁路公司……055

第7章　宾夕法尼亚铁路主管……071

第8章　内战时期……083

第9章　桥梁建设……095

第10章　钢铁厂……107

第11章　公司总部：纽约……123

第12章　商务谈判……137

第13章　钢铁时代……147

第14章　伙伴、书籍和旅行……160

第15章　马车之旅与婚姻……170
第16章　工厂与工友……178
第17章　霍姆斯特德大罢工……185
第18章　劳工问题……195
第19章　《财富的福音》……208
第20章　教育与养老基金……220
第21章　和平宫与皮滕克利夫……231
第22章　马修·阿诺德和其他朋友……245
第23章　英国政治领袖……255
第24章　格莱斯顿与莫利……263
第25章　赫伯特·斯宾塞及其追随者……275
第26章　布莱恩与哈里森……281
第27章　华府外交风云……289
第28章　约翰·海伊与麦金莱……296
第29章　面见德国皇帝……304

附：财富的福音……310

编者的话

一部人生传记，尤其是由传记作者本人撰写的回忆录，是不应该受到编辑的诘问和干扰的。作者应当能以其独特的方式讲述人生，而其中热情洋溢的讲述，都应当被视作他对人生的一种表达，因为平素的个人素养可以掩盖住其张扬的个性，而只有在文章里显而易见的夸张表达中，我们才得以发掘出作者的真实面貌。因此，在准备出版此部自传的过程中，编辑对原作极少改动，只是依照时间及事件发生的顺序调整了章节，以便使作者的讲述显得更为流畅和一贯。

对于这样一位“不寻常重大历史”的创造者，我们在此进行评头品足，抑或是颂扬，都是不合时宜的。不过，我们确实应当承认，这位传记作者的人生经历非同寻常，哪怕是《天方夜谭》里的故事也没有此人的人生来得神奇、精彩：一个贫穷的苏格兰小子来到美国，历经磨难、步步为营、一步一个脚印地成为“钢铁大王”，从而建立起自己庞大的企业王国，积聚起巨大的财富。之后，他又有意识地倾囊而出，将捐款系统地运用于造福人类的文明和进步。他的奉献还远不止于此。他建立起了一套令人难以忘怀、无法忽视的财富准则，为后继的百万富翁们树立起财产分配的榜样。在他整个的人生当中扮演着众多的角色：国家的建设者、激进思潮的领头人、作家、演说家，工人、教师以及政治家的朋友，更是各个阶层人士的合作伙伴——上至阳春白雪，下至下里巴人，他都有过共事。不过，相较于他那伟大的理想追求——捐献自己的财富，关爱人类，崇尚世界和平——以上种种角色都只不过是他人生旅途当中有趣的插曲而已。

或许，由于我们和作者是同时代的人，因而难以从恰当的角度看待他的人生历程。我们的后人应当可以认识到其人其事的价值所在。我们是幸运的，因为卡内基先生以其明快的风格亲笔记录、留存了他自己的人生故事。这是一部值得纪念的回忆录——或许，类似的其他回忆录都不足以让我们再次景仰。

约翰·C. 范戴克

1920年8月于纽约

序 言

我丈夫从繁杂的商务中隐退之后,美国这边以及远在英国的朋友们,都建议他写写他自己的早年往事。经不住朋友们的极力游说,他也就开始时不时地笔耕起来。不过不久之后,他便发觉自己的日常生活比以往更加繁忙了;他无法享受隐退时所期盼的悠闲,回忆录的撰写占据了他在苏格兰度假的光阴。每年夏季,我们俩都会在奥尔特纳加的旷野待上几个星期,而正是在那儿的小平房里,卡内基先生完成了大部分的写作。这样的日子一直延续到1914年7月,其时战争的乌云开始显露。8月4日,当得知战事已经不可避免时,我们只得匆忙离开那山峦间的幽静住处,返回到更加接近现实的斯基伯。

回忆录的写作就此终止,他再也没能够让自己把兴趣放在私人事务上。有好些时候,他都极力尝试着继续写作,可终究无果。那会儿,他的生活状态是中年与青年的糅合,每天要么去打高尔夫,要么去钓鱼,要么去游泳,或者干脆在一天里把这三件事儿都干了。那时,战争带来的灾难实在是太多了,幸好在希望破灭的现实面前,他总是努力保持着一种乐观的心态。可是,他的内心还是被击碎了,因为严重的流感诱发了两次危险的肺部感染,病痛让他骤然感觉到年迈的来临。

有位早于卡内基先生仙逝数月的同辈是这样评价他的："他从来都没有承受过年迈的负担。"其实，那些和他有过亲密接触的人们都知道，在卡内基先生的人生中，最为鼓舞人心的就是他那承受"年迈的负担"的方式。他总是表现得那么耐心、体贴、招人欢喜，他总是感恩于他人所给予的细微愉悦和帮助，却从来都不考虑自己。直到"上帝召见"他的前夕，他都总是神采奕奕的，因为他有所期盼：日子会一天比一天更加美好。

先生在手稿的扉页上亲笔写下这样一段话："回忆录的大部分有可能会让我的亲朋好友欢欣愉悦，而公众则有可能只对其中一小部分感兴趣，所以我认为明智的做法是删去大部分内容。无论是谁替我整理这些笔记都必须注意，不要给读者带来太多的负担。担负此任的人必须兼具热心和智慧。"

那么，谁又能比我们的朋友约翰·C. 范戴克教授更能胜任呢？在看到手稿而未仔细阅读先生的批注之际，范戴克教授就这样断言："在回忆录的出版准备工作中我理当倾注爱心。"这是我们双方共同的抉择。教授的工作态度已经证实了我们的选择是明智的：一切从珍贵而美好的友谊出发。

露易丝·惠特菲尔德·卡内基
1920 年 4 月 16 日于纽约

第 1 章　我的父母，我的童年

正如圣贤的断言，任何人的人生故事，只要是真实的讲述，一定会扣人心弦。我的回忆录应该可以达到那样的效果吧，而那些极力怂恿我写自传的亲朋好友们，也理应不会对我感到失望。至少，周围熟悉我的一部分人会对我的故事感兴趣。这足以让我聊以自慰，激励我再接再厉。

我在匹兹堡的朋友梅隆法官几年前就写过类似的传记。他的书我读起来感觉挺开心的，促使我认同了上文所提及的圣贤高见，因为他的书不仅是带给朋友们无穷快乐的源泉，而且定会持续激励他的子孙后代们积极努力地生活。不仅如此，该书的流传度已经超出了作者周边亲朋好友的范围，业已跃进畅销书排行榜之列。梅隆法官自传的核心价值在于揭示人性；在写作过程中，他并没有着意于哗众，而仅仅是为了家人而抒情阐述。和梅隆法官的出发点一样，我只是想和至亲老友无拘无束地聊天，哪怕是聊些鸡毛蒜皮的小事，他们也不会感到无聊乏味，因为我们彼此历经了岁月考验而依旧真诚相待。

好吧，言归正传。1835 年 11 月 25 日，我出生在丹弗姆林一座小平房的阁楼间里，小平房位于摩迪街和普奥里巷的拐角处。

“虽出身贫寒但双亲正直、亲朋友善。”这句俗语正好概括了我的家庭背景。丹弗姆林作为苏格兰地区的绸缎贸易集散地，历来都名扬四方。我的父亲威廉·卡内基曾经做过绸缎纺织工；我的爷爷名为安德鲁·卡内基——这就是我名字的由来。

爷爷卡内基生性机智幽默、和蔼可亲、坚忍顽强，当地很多人都知道他。在爷爷生活的那个年代，他可是当地活跃分子的头儿；他因挂着个快乐人生俱乐部“帕提梅尔学院”负责人的头衔而家喻户晓。当年，我回到阔别十四年的故乡，记得有位老人来看我，因为他听别人说我是那位“教授”的孙子（“教授”是爷爷那个圈子的人对他的尊称）。这位老人当时已经老态龙钟，鼻子和下巴的褶皱松垮得就像要掉下来似的。

老人颤颤巍巍地穿过房间向我走来，一只手颤抖着抚摸我的头，说道：“你就是安德鲁·卡内基的孙子呀！你爷爷可是个通情达理、精明能干的人呀！我和你爷爷的乐事儿可多啦。唉，那样的日子一去不复返喽。”

家乡的好些老人都给我讲起过爷爷的故事。这是其中之一：

有一年的除夕之夜，村子里一位颇有个性的老妇人，猛然看见自家窗户上出现了一张鬼脸，吓了一跳。抬头仔细端详了一会儿，她惊呼道：“噢，原来是你这个傻瓜安德鲁·卡内基呀！”她说得没错，爷爷在七十五岁的时候还常常扮鬼去吓唬那些老婆子朋友。

朋友们评价我“具备将丑小鸭变成天鹅的本领”。我感觉自己乐观的天性、排忧解困、笑对人生的能力，一定是禀承于我这位给人带来欢乐的老顽童爷爷。我很自豪自己继承了他的名字。拥有乐观向上的禀赋，比拥有财富更为重要。年轻人应当懂得，这样的性格是可以培养的，心智可以像身体一样，从阴暗的角落移到明媚的阳光里。来吧，让我们将心灵沐浴在阳光里。如果可能，请笑对烦恼，其实，每个人都具备一些哲人的素质，但前提是自责不是出于自己的恶行。烦恼总是存在，这些“该死的斑点”是无法通过自责洗刷干净的。法官虽然成天待在最高法院里，但从来都没有被愚弄。伯恩斯[1]说过这样一句人生的黄金法则：

> 唯有自责才让你感到恐惧。

这句箴言是我年轻时候就遵循的座右铭。较之我所听到过的其他说教（那可真不少），这句话对我更有意义。我承认，长大成人的我和老朋友贝利·沃克有几分相似。有一天，医生询问他的睡眠状况，他回答说很糟糕，总是睡不着。可之后他眨巴着眼睛又补充了一句：“不过有时候，我还是可以打个美妙的盹儿的。”

说说我母亲这边的亲戚吧。我的外公托马斯·莫里森比爷爷还要有名气。他是《语体风格》杂志的撰稿人，杂志老板威廉·科贝特是他的朋友，两人一直有通信往来。在我写自传的时候，在丹弗姆林认识外公莫里森的一些老人，至今都认为他是最有才华的演说家之一，并且是他们所认识的人当中最能干的。外公是《先锋》的出品人。虽然其规模不及科贝特的《语体风格》，但是在苏格兰地区开创了激进言论的先河。我读过外公的一些文章，从当今技术教育重要性的角度来看，外公最为引人注目的出版物是一份名为《心智教育对手工教育》的小册子。小册子发表于七十多年前；文章强调了手工教育的重要性，这和我们今天大力提倡的技

---

① 罗伯特·伯恩斯（1759—1796），苏格兰民族诗人。——译注（本书注释如无特殊注明皆为译注）

术教育理念相吻合。外公在文章的结尾写道：感谢上苍让我在年轻的时候学会了做鞋、修鞋。1833 年，科贝特将外公的这篇文章发表在《语体风格》上，还加上评论：本期刊登的这篇文章出自我们尊敬的苏格兰朋友托马斯·莫里森记者，这是我们《语体风格》杂志在相关选题中最具价值的文章之一。由此看来，我这喜欢爬格子的习性是父母亲双方的家族遗传——卡内基家族成员既是读者，又是思考者。

外公莫里森是个天生的演说家、热情的政客，还是当地激进党派的党魁。他的儿子，也就是我的舅舅贝利·莫里森继任了他的职位。在美国，有不止一位享有名望的苏格兰人找到我，要求和"托马斯·莫里森的外孙"握手。有一次，克利夫兰和匹兹堡铁路公司的总裁法莫尔先生对我说："你所有的学识和素养都得益于你外公的影响。"《丹弗姆林地方志》的作者埃本尼泽·亨德森也认为自己人生的健康成长，得归功于年轻时有幸在外公的部门任职。

如果没有得到过赞美，我的人生不可能经历磨难、迈向成功；而让我最开心的一次赞美来自《格拉斯哥报》的一名记者，他曾经在圣·安德鲁大会堂听过我关于"美国地方自治"的演说。这位记者大幅报道了苏格兰当地人关于我、我的家族，尤其是我外公托马斯·莫里森的评价。接着，他还作出如此评价：讲台上的这个人真让我感到惊讶，因为他的言谈举止和外表简直就是老托马斯·莫里森的翻版。

虽然不记得自己是否见过外公，但我和他的惊人相似是毋庸置疑的，因为我清楚记得二十七岁那年我第一次回到故乡丹弗姆林时的情形：舅舅贝利·莫里森和我坐在沙发上，他那黝黑的大眼睛里噙满了泪水。他无法言语，只是走出屋子平缓情绪。不一会儿，他回到我的身旁解释道：在我身上的一些气质，总会时不时地让他想起自己的父亲，这些幻象虽然稍纵即逝，但还是会时常闪现。舅舅说我的举止像外公，可又说不出个所以然来。我妈妈也不断发现我身上有外公的个性特征，这种微妙的母系遗传迹象时刻都在显现着。我感慨万千！

外公莫里森当年迎娶了爱丁堡的霍琪小姐。外婆霍琪接受过良好的教育，举止优雅，性情温良。可惜因为她英年早逝，夫妇俩在一起生活的时间并不长。当时外公是个皮革商，在丹弗姆林的皮革生意做得很不错，因而生活优越。我的贝利舅舅，也就是外公的长子，曾经有匹小马驹，那在当时可以说是奢华的生活了。然而，滑铁卢战役之后的和平时期，却让外公的生意一蹶不振（那会儿，整个国家的经济都跌入低谷），所以贝利舅舅兄妹们的生活也变得艰难起来了。

外公的次女玛格丽特是我的母亲。关于妈妈的好，我一言难尽；她秉承了外婆高贵、优雅和端庄的气质。或许，有天我可以告诉世人这位淑女的点点滴滴，不过恐怕我没有能力做到，因为在我看来，她是神圣不可冒犯的，她只属于我一个人。除了我，没有其他人可以真正理解她。爸爸过世得早，她是我生命的全部。我第一部书的献言是这样写的："献给我亲爱的英雄母亲。"

祖辈的高贵真是我的幸运。人的出生地是非常重要的，因为周遭不同的环境和传统能够激发孩子不同的天赋。罗斯金（英国19世纪文艺评论家）就曾真切地评述过：爱丁堡地区每一个聪慧孩童都深受古堡景致的影响。同样，丹弗姆林的孩子都深受苏格兰威斯敏斯特大教堂的影响。这座尊贵的大教堂，是苏格兰的守护神马尔科姆·坎摩尔国王和玛格丽特女王于11世纪初（1070年）

建造的。大寺院以及国王们出生的宫殿废墟依然可见；大教堂位于皮滕克利夫河谷，河谷环抱着玛格丽特女王的圣坛以及马尔科姆国王塔。民谣《帕特里克·斯潘思先生》这样唱道：

> 国王端坐于丹弗姆林塔之上，
> 畅饮着红艳艳的葡萄酒佳酿。

布鲁斯国王的墓位于大教堂的中央，圣玛格丽特的墓紧随其旁，而好些“皇亲国戚”则长眠在四周。确实，孩子是幸运的，他一睁开双眼就可以感受到这座浪漫小镇的光芒，小镇的高地往北生长着延绵三英里的灌木丛，面朝大海，南面和爱丁堡遥遥相望，而北面的奥奇丽山峰则清晰可见。所有这一切都足以让人感触到丹弗姆林辉煌的历史——苏格兰的政治和宗教中心。

孩子在这样的氛围中成长是相当优越的：呼吸的空气中都凝蕴着诗情画意，目之所及皆镶嵌着历史和传统。所有这一切，就是孩童时代的真实世界——理想总是那么真实地存在着。诚然，孩子长大成人之后，还是要面对真实而严峻的平凡世界，但即便到了那时，甚至直至一息尚存之时，孩童时期的印象会依旧留存，虽然有时候会短暂消失，但也仅仅是被压抑、被强制忘却的结果。孩童时期的影像终究会抬头，让人思想振奋，生活出彩，潜能得以淋漓发挥。丹弗姆林的大教堂、宫殿、河谷熏陶了那里的孩子，激发了他们内心潜在的火花，促使他们出类拔萃。哪怕是出身寒门，也同样可以出人头地。我的父母亲就是诞生在这样富有激情的环境里。毋庸置疑，他们两人身上都弥漫着诗情画意。

由于爸爸的纺织生意做得不错，我们一家从摩迪街搬进了里德公园一处较为宽敞的房子。属于爸爸的那四五台纺织机占据了房子的一楼，我们全家住在楼上，楼上的梯子直接通向街上的人行道。苏格兰的老式房子当时都是这个模样。这是我儿时记忆的起源地。好奇怪，我在这里的第一个记忆是，有天我看见了一幅小型美国地图。地图大约有两平方英尺那么大，是用卷轴卷起来的。记得当时爸爸、妈妈、威廉姑父和艾特肯姑姑都在地图上搜寻着匹兹堡，他们找到了伊利湖和尼亚加拉河的图标。没过多久，姑父和姑姑便乘船向那片充满希望之地进发了。

我记得那会儿，表哥乔治·劳德（乳名多德）和我都被一种面临巨大危险的恐惧笼罩着，因为家里的阁楼秘密存放着一面非法旗帜。我感觉那或许是爸爸，或许是姨父，抑或是家里其他善良的激进分子制作的，用作反对《玉米法》的示威游行。那时候，镇子里已经出现了好几次骚乱，市政大厅四围都有骑兵把守着。爷爷、外公和叔叔、舅舅们分别归属于对立的两派，而老爸则积极参与各种集会、发表演说。这样一来，整个大家庭都处于动荡不安之中。

贝利·莫里森舅舅被捕入狱仿佛就发生在昨天，对此我记忆犹新。有一天夜晚，好几个男人敲响了我家的后窗，告诉爸妈由于舅舅违禁集会而锒铛入狱。舅舅他们是在镇外数英里的一个地方开会的，治安官在士兵的协助下抓捕了他，并连夜拉进了城里。围观的大批民众一直尾随着他们。

人们担心场面无法控制、麻烦接踵而至，因为老百姓威胁说要营救舅舅。不过，我们事后了解到，镇长劝服了舅舅；舅舅走到面朝高街的窗前，请求众人散去。他对大家说：“如果今晚我的朋友所做的是正义之举，那就请放下武器收兵吧。”民众听从了舅舅的劝导。过了一会儿，舅舅下令：“平静地撤离！”与我们家里所有成员一样，舅舅有道德教养，严格遵从法律，不过他骨子里具有激进的精神，崇尚美国的共和国策。

可以想象，舅舅的劝导在民众中口口相传之际，人们内心里该有多么愤愤不平、难以接受。我从小便接受了这种理念的熏陶：人人都拥有这样的权利——痛斥帝王将相、王孙贵族的专制特权，对共和体制这一美国优越制度的向往，对自己民族居住地的自治以及对享有自由家园的追求。孩提时期的我，就想着要把国王、公爵和郡主杀了，认为他们的灭亡是对国家的一种贡献，而行刺他们则是一种英勇的行为。

正是由于孩提时期所受到的影响，促使我很早就形成了对特权阶层或个人的看法：只有不是通过捷径而获得公众认可的人，才能受到尊敬。那时候，人们对家族血统嗤之以鼻："他算老几？他一事无成，只不过是仰仗着世袭的运气，打着高贵的旗号到处招摇撞骗。他就是运气好，含着金汤匙出生而已。他们家族的大人物就像马铃薯还深埋在地底下呢！"我那会儿真不明白，在这个某些人一出生就可以享受特权的世界里（那并不是他们与生俱来的权利！），那些具备聪明才智的普通人该如何生存呢？我总是不厌其烦地引用下面的诗句，因为它恰如其分地表达了我的愤慨。

曾经有个布鲁图，他无法容忍暴政；
那个不朽的魔鬼，想要如国王般轻易地统治罗马。[①]

可是，国王就是国王，并非虚幻的影子。国王所有的一切都是

① 马库斯·朱尼厄斯·布鲁图（前85—前42），古罗马的政治家和将军，图谋暗杀恺撒。后来与马克·安东尼和屋大维争权，在菲利皮战役中失利并自杀。

承袭来的。以上感想只不过是我儿时对家中所闻产生的一些共鸣。

我明白，尽管丹弗姆林的细毛披巾很出名，但在这个国度享誉久远的，或许是其极致的激进。那时候，镇上大多数的男人都是小作坊主，或多或少拥有些织布机，这就让激进主义的思潮在丹弗姆林更加浓郁。由于按件计酬，他们不必在固定时间内劳作，只要从大作坊主那里接活，然后回家织布就是了。

那是个充满着紧张政治情绪的时代。有好一阵子，午饭后，一群群扎着围裙的男人，在镇上扎堆探讨国家大事，人人嘴边挂着的都是休谟、科布登、布赖特这些名字。尽管年纪尚小，但我已经深深被这个圈子吸引，常常是他们忠实听众中的一员。他们的讨论总是完全倾向于一个派别，惯常的结论是这个国家必须有所改革。镇子里有人成立起了社团，还订购了伦敦的报刊。每天晚上，他们都向民众宣读报刊的主要社评，不过，宣读者是镇上的牧师。这真是奇怪。舅舅贝利·莫里森也常常为大家读报；读完报纸，舅舅就和其他人一起评论起来，聚会因而变得相当热烈。

这样的政治讨论会时常举行。不出家人所料，我和他们一样深入其中，参加了好多次集会。爸爸、舅舅和叔叔们都不乏听众。记得有天夜晚，爸爸要在大型的户外集会中发表演说。我在大人站立着的双腿间挤来挤去；有个观众的欢呼声比其他人都要响亮，我挤到他的身旁，内心的激动难以抑制。我抬头望着这位给予我双腿倚靠的男人，告诉他演说人就是我的爸爸。于是，他把我举起来，让我坐在肩膀上倾听。

有一次，爸爸把我带到由约翰·布赖特主持的集会上。布赖特支持 J.B. 史密斯参与斯特灵市自由党的选举。回到家里，我批评了布赖特先生，认为他口齿不清，把“一个人”（man）说成了“好些人”(men)，他没有将我们苏格兰人浓重的“a”音发好。毫无疑问，浸染在那样的环境中，年轻的我后来会成长为一名激进的共和党党员，而我的口号则是“打倒特权”。其实，小时候那会儿，我还不知道何为“特权”。不过，爸爸是明白的。

姨父劳德最为精彩的故事也和这位约翰·布赖特的朋友J.B.史密斯有关。史密斯是丹弗姆林议会成员，姨父是其委员会中的一员。有一天，人们揭发说史密斯是“同一神论者”，这下可不得了了，镇子里的海报发起了质问：你会投票给信奉“同一神论”的人吗？史密斯的委员会主席是名铁匠，来自坎内希尔村；他公开宣布永远不会投史密斯一票。姨父驱车来到村里，在深谷旁的一家小酒馆向他发出劝诫。

“伙计，我可不会投票给信仰‘同一神’的家伙。”主席说。

“可是，梅特兰(对手方候选人)信奉‘三位一体’的基督教呀！”姨父回应道。

“真该死。那可是要打架的呀！”主席说。

就这样，铁匠投了支持票，史密斯以微弱优势在选举中获胜。

手动织布后来被蒸汽机纺织所取代，这样的变革对我们一家来说是场灾难。爸爸那时没有意识到迫在眉睫的变革，仍然在老旧的运作系统里苦苦挣扎，他的纺织机大大贬值。在这样的紧急关头，我们家需要一种永不言败的精神力量；妈妈站了出来，为家庭的前途重整旗鼓。她在摩迪街开了间小商店，用以贴补家用；商店收入虽少，但已经足以让我们一家“体面”舒适地过日子。

记得之后不久，我便开始体会到贫困的滋味。那天真是令人感觉痛楚：爸爸把最后一批纺织物交给大纺织商，妈妈焦急地等待着，看爸爸是否可以带回新的订单，要不然我们全家就只有坐吃山空了。那会儿，我心急如焚。虽然爸爸“既不绝望，也非卑劣”，但还是要“乞讨这世间的仁兄，给予他一份苦差度日”（伯恩斯语）。

就是在那个时候我下定决心：自己长大成人时一定要拯救家人。不过，和邻居相比，我们那时的生活还不算贫困。我不知道物质匮乏的日子要持续多久，妈妈之前也没有经历过，不过她总是会让自己的两个男孩儿穿得整洁、漂亮。

爸爸妈妈曾经于不经意间向我承诺：只有在我自己有上学要求的时候，他们才会送我去上学。后来我才了解到，这个许诺给他们带来了巨大的不安，因为尽管我一天天地长大，可就是没有想学习的意愿。他们请求校长罗伯特·马丁先生给我多加引导。有一天，马丁先生带着我和一些已经上学的小伙伴们去远足。之后不久，我便提出要去马丁先生的学校上学，爸爸妈妈深深地松了口气。那年我已经八岁了，所提申请爸妈当然会同意。后来的人生经验告诉我，八岁的年龄上学是够早的了。

我很喜欢校园生活；要是有什么事情发生而耽搁了我去学校，我会不开心。而这样的情形总会时不时地发生，因为每天早晨家人给我的任务，就是去摩迪街的另一头打井水回家。水井供水量不足，时断时续的，有时候要等待好久井水才会冒出来。一群老妇人围坐在井边；她们已经在前一天晚上就把一些不值钱的罐子码成了一条排队的线，以确保早点轮到取水。可以料想，我和她们发生了无数次的争执，而且从来都不会向这些受人尊敬的老太婆低头。为此，我还赢得了“坏小子”的美誉。或许，我就是打那时开始养成了能言善辩、争强好胜的个性，并且这样的个性伴随了我整个人生。

就是由于要帮家里打井水，我常常上学迟到，不过校长知道原委后也就原谅了我。还有一件事我要在这儿提一下：通过熟人的介绍，我有份放学之后在商店打杂的差事。现在回想起自己的人生，我有种心满意足的感觉，因为自己刚刚十岁就可以成为父母的帮手。很快，我得到顾客的信任，为他们记录与商店之间生意往来的各类账目。就这样，我早在孩提时期就略微知晓了生意经。

不过，我在学校里也有烦恼事。男孩子们给我取了个绰号，叫我"马丁的宠物"；而有时候我走在大街上，就可以听到这个讨厌的名字。小时候的我，不怎么明白这个绰号到底意味着什么，但感觉似乎是对我最大的羞辱。现在我明白了，正是这个绰号妨碍了当时的我和校长无拘无束地沟通，为他做些本该做好的事情。我对自己唯一的校长、优秀的老师心存感激，很遗憾自己没有机会在他生前报答他。

在这里我要提及一个人，我的姨父劳德，也就是乔治·劳德的爸爸；他对我一生的影响至深。爸爸在纺织厂一刻不停地工作，白天几乎无暇顾及到我。而姨父呢，他在高街开了间小商铺，日子过得比较清闲。注意了，高街可是贵族店主的聚集地，甚至称得上是丹弗姆林的高档商业区。西顿姨妈在我刚刚开始上学的那年便去世了，这对姨父的影响颇深，只有他的独子乔治和我的陪伴才得以慰藉。姨父非常擅长和小孩子沟通，教会了我俩好些知识。我记得他是这样教我们英国历史的：想象各个朝代的国王在房间的某个地方，做着熟悉的事情。就这样，今天的我还能感觉到，约翰国王就坐在壁炉台的一旁签署着《大宪章》[①]，而维多利亚女王呢？她抱着孩子坐在门外。

---

①《大宪章》首次规定了英国政治自由和公民自主权，由当时的国王约翰于1215年6月签署。

难怪多年之后，我可以在威斯敏斯特大教堂的牧师会礼堂找到所有君王的名册。大教堂里的一个小礼拜堂里有块平板，上面的文字告诉人们，奥利弗·克伦威尔的尸体就是从那抬出的。我从姨父膝旁学到的历史是：这位伟大的共和君王给罗马教皇去信，通知这位神圣的教皇，“如果继续迫害新教徒的话，梵蒂冈将听到大不列颠轰鸣的炮声”。毋庸多言，我们冠以克伦威尔“领袖”的头衔是名副其实的。

正是从姨父那我学到了苏格兰的早期历史知识：关于华莱士、布鲁斯、伯恩斯其事其人的，关于布莱德·哈里的历史，关于斯科特、拉姆齐、坦纳希尔、霍格以及弗格森等等。坦诚地说，那时正是伯恩斯的诗句激发了我对苏格兰人的偏爱（或者也可说是爱国激情），这样的情怀贯穿我整个的人生。当然，华莱士是我们的民族英雄，他的血脉里洋溢着英雄气概。可悲的是，有一天在学校里，一个可恶的大男生告诉我说，英格兰的面积比苏格兰的大多了。我向姨父求证，他宽慰我说：“根本不是那样的，奈格（卡内基的乳名），如果把苏格兰平展开来，她可就大多了。可是，你愿意把我们的高地碾平吗？”

啊?！那可不行！姨父的话只是对我这年轻爱国者的安抚而已。后来，就英格兰人口多于苏格兰这个问题，我又向姨父求教。

“没错，奈格，人口比例是七比一。可是，在班诺克本战役中我们赢了，当时他们的士兵人数比我们多得多。”[①] 于是，我又高兴了起来——英格兰出兵不少，可最终输了，胜利的荣耀是我们苏格

---

① 班诺克本，苏格兰中部小镇，位于格拉斯哥东北偏北的班诺克河畔，该河为福斯河的一个支流。1314 年 6 月 23 日，布鲁斯旗下的罗伯特在此打败了爱德华二世领导下的英格兰军队。

兰的。

有这么一句至理名言：战争引发更多的战争，因为每一次战役都为将来的开战埋下了孽种，从而导致民族之间世仇延绵。美国男孩的成长经历和苏格兰的相仿，他们是读着华盛顿和福吉谷战役的故事长大的；他们知道英国人雇用黑森人杀害了美国人，因而他们憎恨英国人。这也是我和我那些在美国成长的侄甥们之间情感的写照。苏格兰在那次战役中是正义的，战争是英格兰人挑衅而起的，英格兰人是坏蛋。只有等到我的侄甥们长大成为真正的男子汉的时候，他们的偏见才可以被根除；否则，偏见有可能根深蒂固。

自打我向姨父求教之后，他便经常把客人带回家，向他们保证他可以通过诗歌和歌曲的感染力调动起多德（乔治·劳德）和我的一切情绪：要么哭泣，要么大笑，要么握紧小拳头随时准备开战。华莱士被叛徒出卖的故事，是姨父的一张王牌，他的讲述总是让我们呜咽不止，我们幼小的心灵完全被那恒定不变的结局撕碎。姨父每次说起这个故事，我们都是如此反应。当然，姨父在每次的讲述里都会不断添加绘声绘色的修饰语，不过他从来都不使用任何道具。英雄人物对孩子的影响是多么神奇啊！

我在高街与姨父一家的相处，开启了我和多德终生的兄弟情谊。多德、奈格是我们在家中的相互昵称；我不叫他乔治，他也不叫我卡内基，我们一直到老都相互直呼多德、奈格，没有其他名字可以蕴涵我们之间那么深厚的情谊。

从高街的姨父家回到镇子尽头的摩迪街自己家有两条路可走：一条路要经过阴森森的教堂墓地，那里夜晚没有灯光；另一条路则灯火明亮，沿途还要经过“五月门”。每当我要回家的时候，姨父总是露出坏笑，问我会走哪一条路回家。而我呢，总是回答说要走经过墓地的那条路，因为我脑子里会想起华莱士的英勇气概。我很满意自己经受住了“五月门”十字路口灯光的诱惑，从来都没有改变回家的路径。通常，在经过黑漆漆的墓地、穿过修道院门拱的时候，我的心都快提到嗓子眼了。黑暗中，我吹起口哨壮胆，一边缓慢地挪着脚步，一边思索着假如华莱士遭遇到敌人、天灾或者鬼怪的时候该会怎样出击。

多德和我在小时候从来都不喜欢罗伯特国王。在我们看来，他仅仅是个国王而已，而华莱士则是人民的第一英雄。约翰·格拉姆爵士名列第二。如我这般受熏陶而来的强烈苏格兰爱国情结，可以影响一个人的一生。如果要探察我那突出个性——勇敢——的根源，我相信终究会落到华莱士这位苏格兰民族英雄身上。对于男孩子来说，英雄就是一座精神力量的高塔。

来到美国之后，当我发现原来其他国家也有他们值得骄傲的东西时，我甚至曾有过心痛。如果一个国家没有华莱士，没有布鲁斯，没有伯恩斯，那有啥可骄傲的呢？我发觉，由于苏格兰地区罕有游人到访，因而当地人至今仍然保留着我这样的想法。只有随着年岁的增长和阅历的拓宽，人们才会意识到，其实每个国家都拥有其独特的英雄、传奇、传统和成就。然而，若干年之后，不管这个星球上有多少国家比苏格兰强大，真正的苏格兰人都不会找出任何理由来降低他对祖国业已形成的高度评价。当然，他会找出充足的理由来抬高其他国家，因为这些国家都有许多引以为荣的东西，这些骄傲足以激励他们的子孙后代恪尽其力，为生他、养他的那片土地争光。

经年之后我才发觉，美国这片新大陆于我来说只不过是个暂时的居所，我的心留在了苏格兰。我的心境和彼得森校长的小儿子的相仿：小男孩在加拿大时，有人问他是否喜欢那个地方，他的回答是，加拿大“作为观光之地非常不错，但我永远都不会生活在离布鲁斯和华莱士的遗骸那么遥远的地方”。

第 2 章 丹弗姆林与美国

劳德姨父真棒,他在教育方面非常重视背诵,多德和我因此受益良多。那会儿,我俩经常穿上长袍或衬衫,把衣袖卷得高高的,戴上纸做的头盔,手里挥舞着木条做成的长剑,再把脸蛋儿抹得黑黑的,就这样,多德和我面对着长辈以及同学背诵起戏剧里的台词来。我们俩轮番扮演诺弗尔和格兰纳温,或者是罗德里克·杜和詹姆斯·菲茨詹姆斯。

我清晰地记得,当时在处理诺弗尔和格兰纳温之间那句著名的对白时,我们对重复"真他娘的虚伪"这句话颇有顾虑。起初,我们以轻声的咳嗽来掩盖那个令人反感的词语,结果总是把观众们逗乐。有一天,姨父劝我俩应该把台词"他娘的"说出来,他还担保我们不会因此受到责骂。那可是我俩非同寻常的一天呀。由于担心演出时会说得不好,我们时常排练这句台词。我总是扮演格兰纳温,所以弄得满口都是那个脏字;而因为偷吃了禁果,我那会儿整个人都沉浸在迷迷糊糊的状态里。就这样,我完全理解了玛乔丽·弗莱明的故事:有天早上她生气了,沃尔特·斯科特询问原因,她回答道:"斯科特先生,我今早感到非常生气。我真想说'他娘的'(突然间背过身去),可是我不能说。"

后来，说这个“可怕的”台词，倒是成了我们表演的一个亮点。牧师在神坛上可以说“该死的”而没有过错，所以我们在背诵台词时说脏话也可以免罪了。还有另外一件事情让我记忆犹新。诺弗尔和格兰纳温之间起了冲突，诺弗尔说：“我们再这样下去的话终究一死。”1897年我在《北美时评》上发表了一篇文章，当中就引用了这句话，碰巧给姨父看见了，他立马从家乡给我来信，说他知道我是从哪学到那句话的。这世上只有姨父懂我。

姨父所采用的教育方式，使我的记忆力得以极大地加强。所以，我认为让年轻人受益的最佳方法，就是鼓励他们选取脍炙人口的文学片段进行持久的背诵。只要是我喜欢的东西，我都能够快速学会，这让我的好友们感到惊讶。其实，我能够记住任何东西，不管是我喜欢的还是讨厌的，不过，如果文字材料平庸，没有给我留下深刻印象的话，我很快就会把那玩意儿彻底忘掉。

小时候，在老家丹弗姆林上学的时候，其中的一个考验就是要牢记《旧约》里的“诗篇”双行体诗歌，所以我不得不天天背诵。而我的温习计划是怎样的呢？就是在准备上学之前看上一眼诗歌。从家里慢慢走到学校，也就五六分钟的光景，可我就是能够在那样短的时间里很漂亮地完成背诵任务。我们的第一节课就是诗歌背诵；由于准备充分，我得以顺利通过考验。可是，假如要我在课后半小时再重复背诵那些诗句，恐怕我只有落荒而逃了。

我所挣到的第一笔小钱（家里父母的奖赏除外），来自我的老师兼校长马丁先生，他要求我在全校师生面前背诵伯恩斯的诗——《人生来注定悲伤》。行笔至此，我想起好些年前和约翰·莫利先生在伦敦就餐时的情景。当聊及华兹华斯的时候，莫利先生对伯恩斯的《晚年》赞不绝口，告诉我他一直都在找这首诗歌，可就是没有在《晚年》的标题下找到。当时我饶有兴致地背诵起部分诗句来。莫利先生马上掏出硬币来奖赏我。哈哈，莫利先生真伟大，尽管他不是我的校长兼老师马丁先生——我所认识的第一个“伟大”之人——但于我来说，他真的很伟大。不过，“老实人约翰”莫利也确实是个大英雄。

我们家的大人没有过多干涉孩子们的宗教信仰。当别人家的孩子必须在学校学习《简明教义手册》的时候，多德和我却获得了豁免。我也不知道家里人是怎么为我们考虑和安排的。我们家族里的所有成员，包括莫里森家和劳德家的，都纷纷反对那个教义小册子。在神学和政治观点上，我们都相当激进，这一点我非常清楚。我们家族成员中没有任何一人是正统的长老会教徒，我的爸爸、艾特肯姑姑和姑父、劳德姨父以及卡内基叔叔，他们都不是加尔文教派的信徒。不过，在后来的岁月里，他们中的好些人都从瑞典神秘主义哲学家斯韦登伯格那里寻找到了精神慰藉。而妈妈呢，她从来都不对宗教议题表达她自己的观点和看法。妈妈既不和我谈及宗教，也不去教堂做礼拜，因为我们家早年没有请帮佣，她总有干不完的家务活，就是在星期天她都还要为我们做饭。妈妈酷爱阅读，钱宁的“唯一神教派”在那段日子里给她带去了殊胜的欢悦。她真了不起！

我童年时期的苏格兰，处于一种政治和宗教极为动荡不安的局势。我不仅听说了政治世界里的那些最为激进的思想，例如废除特权、提倡公民平等、建立共和政体等等，而且还耳闻了大人们对许多宗教议题的辩论。我不假思索，很容易就陷进了长辈们的思维观念里。我清晰地记得，加尔文教派的苛刻教言，于我来说曾经是一场噩梦，不过在受到身边长辈思维的影响之后，我那种心态很快就过去了。有一天，正当牧师布道，讲解婴儿遭到天谴那一节内容时，爸爸从座椅上站起来，离开了长老会教堂。这件事一直都深深烙印在我的脑海里，伴随着我的成长，因为那时我刚开始接触宗教，上教堂做礼拜。

当时爸爸难以接受牧师的讲道，他说："如果那就是你的信仰、你的上帝的话，那我要去寻求更完美的宗教、更高贵的上帝。"爸爸离开长老会教堂之后就再也没有回去过，不过他并没有终止对信仰的追求，而是参加了其他教会的各类活动。每天早上，爸爸都要去祷告间祈祷祝福，那情形给我留下了深刻的印象。他一直心存虔诚，真可谓是真正的圣徒。所有一切宗教派别于他来说，都是正义的、美好的。

他认为宗教理论可以有多种派别，但信仰只能有一个。我好骄傲，因为爸爸比牧师懂得还要多，牧师布道时描绘不出上帝的美好，却反而勾勒出了《旧约》里那个残忍的复仇者——安德鲁·D.怀特在自传里称其为"永远的虐待狂"。所幸的是，这种无知的观念已经成为过去。

小时候，我最大的乐趣之一就是养鸽子和兔子。只要一想到爸爸那时不厌其烦地为这些小宠物搭建安乐窝，我便心存感激。那时候，我们家成了小伙伴们玩耍的大本营。妈妈一直都认为家庭熏陶是引导家里两个男孩步入正途的最佳方式。她曾经说过，其乐融融的家庭氛围是熏陶的第一步。所以，只要是我们兄弟俩和邻里孩子们的乐事，她和爸爸都愿意奉陪。

我的首次"从商"经历是这样的：雇请小伙伴们打理小兔子一个季度，服务期满后的报酬是以他们的名字给小兔子冠名。每到周六，我便会吆喝上一群伙伴为兔子觅食去。回想当初和伙伴们订立的那个苛刻条件，现在我内心都感到不安，可那时他们大多都非常满意，整个季度都和我一起采集蒲公英和三叶草。他们为我付出劳动，可补偿就是一个冠名权。唉，我真该给他们一些报酬，可是我那时身无分文。

我非常珍视这次经历，那是我最早期的组织能力展现，也是我这一生创造物质辉煌的源泉：我的成功并非在于自己的学识和作为，而在于知人善用，善用那些比我更有见地的人——这是人人都该拥有的宝贵常识。我不懂蒸汽机车的结构原理，不过我努力去理解比机车还要复杂得多的部件——人。1898 年，我在苏格兰高地旅行，当在一处小旅馆停下来的时候，一位男士走过来作自我介绍。他就是麦金托什先生，苏格兰地区了不起的家具制造商——我后来了解到他为人不错。他告诉我之所以冒昧自我介绍，是因为他就是当年被我召集去照料兔子的玩伴之一。他说那时候自己不善言辞，只是对兔子宠爱有加，且有一只兔子是以他的名字冠名的。可以想见，和他相遇我有多么高兴，他是我长大之后重逢的唯一一位“兔子玩伴”。我希望我俩的友谊常青，希望和他经常见面。（就在我阅读这份手稿的当天——1913 年 12 月 1 日，收到了他的一封来信，他在信中回忆起我们共度的孩童时光。他的来信温暖着我的心田，希望我的回信也可以让他感到温馨。）

由于蒸汽机的推广和技术改良，老家丹弗姆林小作坊生意人的光景越来越糟糕。经过最后的权衡，我们给远在美国匹兹堡的两位姨妈去信，表达了投奔她们的意愿。我还记得父母亲写信时讨论“投奔”的措辞，他们说那并非是为了他们自己，而是为家里两个幼子的前途考虑。当然，姨妈们给了我们一个令人满意的回复。于是，我们家将织布机和家具悉数拍卖。打那之后，父亲嘹亮的歌声时常在母亲、弟弟和我的耳边缭绕。他唱道：

向西，向西，向着那自由的陆地，
滔滔密苏里河水奔涌汇入大海，
辛劳的人们巍然屹立，
纵然再苦再穷，肥沃土地的馈赠就在那里。

然而，拍卖的收入不尽如人意。织布机卖不出几个子儿，父母还差 20 镑才足以凑够我们举家去美国的路费。还好，由于母亲仁义的禀赋，她身边总会有那么多忠实的密友围绕。在此，请允许我向大家描绘一段有关友谊的逸事：在劳德姨父以及莫里森舅舅的担保下，亨德森夫人（我们家里人倒是习惯她出嫁前的娘家名字——艾拉·弗格森）借出了这急需的 20 镑给我们。此外，劳德姨父给我们出了不少的点子，还帮我们打点好了所有的出行细务。就这样，1848 年 5 月 17 日，我们离开了故乡丹弗姆林。是年，父亲四十三岁，母亲三十三岁，而我呢，十三岁，弟弟汤姆才五岁；他长着一头人见人爱的漂亮头发，一双黑眼睛炯炯有神。无论在哪出现，弟弟都是人们关注的焦点。

来到美国，我就没有再上学了，只上了一个冬季的夜校；之后，晚上跟一位法语老师学习过一阵子。法语老师擅长演说，从他那里我学会了激昂陈词的门道儿。我还学会了读、写、算术的技巧，并开始接触代数和拉丁语。在一次跨洋旅行中，我写过一封信给劳德姨父，不过信被退了回来。从当时信中的书写来看，我那会儿的字写得比现在美观多了。我曾非常用功地学习英语语法，可语法水平只相当于学龄儿童。除了一些有关华莱士、布鲁斯和伯恩斯的书籍以外，我的阅读量甚少，不过，对好些诗句则是耳熟能详、铭刻在心。对了，孩提时代的童话故事我也了如指掌，尤其是《天方夜谭》里头的故事把我带进了一个全新的世界。当我如饥似渴地读着那些故事的时候，我仿佛身临其境。

那天清晨，我们乘坐的公共汽车从深爱的故乡丹弗姆林出发，沿着通往查尔斯顿的运煤铁轨一路飞奔。记得我当时站立在车窗旁，泪眼婆娑地看着窗外，直至故乡渐行渐远，那庄严而神圣的大教堂最终在眼帘中消失。离开故乡后的前十四年的每一天里，我的思绪几乎和那天清晨的离愁一模一样，我总是问自己："什么时候我才能够再见到你呀？"我脑海里时刻都浮现出大教堂高耸尖塔上那守护神般的文字：罗伯特·布鲁斯国王。我记忆中的童年以及我所知悉的仙境，都和这古老的大教堂及其悠扬的钟声息息相关；每天夜晚八点钟声便会响起，那是我该歇息、上床睡觉的信号。在《山姆大叔马车游英伦》一书中，我曾提及路过大教堂时的那座宏钟，不妨在此作一引述：

> 马车驶往廊桥的时候，我和沃尔斯教长正站立在马车的前排位置。这时，我听见大教堂传来宏钟的第一遍钟声，那是为我母子俩而敲响的。我双膝跪下，泪水不知不觉间奔涌；我侧向教长，告诉他我情难自禁。有那么一会儿，我感觉自己快要晕倒了。幸亏，不远处没有人群聚集，我有时间调整心绪。我的上齿紧咬着下唇，直咬到流血；我喃喃自语道："没啥大不了的，保持冷静，你必须稳住。"这世上再也没有任何一种声音如教堂宏钟般亲切、悦耳，它缭绕在我的耳际、渗入进我的灵魂，以温柔的力量令我折服。

在我孩童时期，我总是伴着教堂的晚钟进入无忧无虑的梦乡。在每一个夜晚，要么是父亲，要么是母亲，亲吻着把我抱进睡篮，告诉我他们所理解的钟声的含义。在他们亲切、平和的叙说中，我所听到的都是对钟声的赞美，以及对美好天堂和天父的神往。在我的理解中，钟声里从来都没有恼怒的意味，从来都没有，有的只是怜爱，万般的怜爱。这会儿，我又听到了这样的钟声；钟声的含义犹在，她以无微不至的关爱欢迎漂泊的母子回归天父的怀抱。

这物质的世界没有能力给予我们馈赠，唯有这大教堂的钟声是为我们的归来而长鸣，给予我们荣誉般的犒赏。那时，我就认为弟弟汤姆真该和我们一块儿回老家。因为在我们离开家乡前往美国的时候，他已经开始领略到了这宏钟的美妙。

卢梭曾经希望在悠扬的乐声中逝去。如果我可以选择的话，我愿意聆听着大教堂的钟声渐渐沉入昏黄的世界，永久睡去；钟声会告知我人生的赛跑已到尽头，同时呼唤我入睡，就如当年她召唤那个长着一头漂亮头发的小男孩入睡那般。

我收到许多读者的来信，信中都有提到以上的描述。有些读者甚至详细诉说当时看到文字时泪流满面的情形。这些文字是我的肺腑之言，或许这就是深深感动读者心灵的原因吧。

一艘小船把我们全家带到爱丁堡，我们再从那里的福斯湾换乘轮船前往美国。当我被大人从小船抱往汽轮的时候，我冲向劳德姨父，使劲儿环箍着他的脖子，大声哭闹：“我不能离开你！我不可以离开你！”一名好心的水手把我俩掰开，再抱起我放到汽轮的甲板上。待我重归故里与之会面时，我亲爱的老姨父说那是他所经历过的最伤感的别离。

我们乘坐八百吨级的“韦斯卡斯”号汽轮从格拉斯哥的布鲁米洛起航。在那长达七周的航行里，我逐渐和船上的水手熟络起来，从中知道了各类绳索的叫法。由于船上工作人员短缺，急需乘客的协助，因而我还充当了引导乘客听从船长指挥的角色。结果，每逢周日水手们的聚餐都会有我的份儿；我和他们一起分享葡萄干布丁。离船登陆的时候，我还真是依依不舍。

我们的目的地纽约让人眼花缭乱。在老家时，大人曾经领我去爱丁堡见过女王，那是我出国前到过的最远的地方。格拉斯哥是我们移民美国的周转地，可那会儿我们没有时间四处逛。跻身纽约这第一大工业繁华之都，其人声鼎沸的热闹和亢奋令我无所适从。在纽约逗留期间，有件事情令我难以忘却：有一天，我正穿行在古堡花园的宝林绿地，“韦斯卡斯”号汽轮上的一位水手长罗伯特·巴里曼双手将我揽入了怀抱。走出船舱的他是那么时尚；穿着蓝色的夹克、白色的长裤，是我那会儿见过的最帅气男人。

他把我领到一家冷饮摊前，为我叫了杯汽水，那是我喝过的最美味的饮料，如上帝赐予的甘露般甘醇。至今，我脑海里还清楚记得甘露般的汽水泡沫从那雕工精美的黄铜水杯里溢出，那是任何东西都无法比拟的华丽景象。这之后我常常经过花园，老妇人的冷饮摊依旧，它让我想起那亲爱的老水手。我试过去找他，可毫无音讯；真心希望我能够为他的暮年生活增添些人生乐趣。他就是我心目中的汤姆·鲍林[①]。每当那动听的旋律响起，我仿佛看见了“威风凛凛”的亲爱老友巴里曼。可惜呀！他已经去了天堂。然而，他的仁慈心肠让我景仰，我是他忠实的朋友。

① 《汤姆·鲍林》是流行于18世纪末的一首歌曲，又名《水手的墓志铭》。

在纽约，我们只认识斯隆夫妇，即名噪一时的斯隆三兄弟（约翰·斯隆、威利·斯隆和亨利·斯隆）的父母亲。斯隆夫人（尤菲米娅·道格拉斯）是我母亲在老家丹弗姆林儿时的玩伴；而斯隆先生则是我父亲的纺织工友。我们一家去拜访过他们，受到了热情的款待。1900年，威利从我手中买下了纽约的一块地；地块是为他两个出嫁的女儿购买的，在我家房子的对面；这样一来，正如我母亲在苏格兰时的情形，我们两家第三代的孩子们就玩在一起了。

由于纽约移民代理商的诱导，父亲带着我们经由伊利运河的布法罗、伊利湖抵达克利夫兰，再南下去往比弗，这趟在如今乘火车只需要十个小时的路程，那会儿走水路却长达三个星期。那会儿还没有火车可以通达匹兹堡，更别提通往西部的任何小镇了。旅途中，我们看见伊利铁路在修建中，熙熙攘攘的施工队伍正忙碌着。在年轻人的眼中，世间一切都是美好的，作为运河船上的小旅客，那三个星期留给我的记忆都是纯粹的欢乐，只有一个晚上是例外：我们滞留在比弗港码头，等着转乘汽轮北上俄亥俄，抵达目的地匹兹堡。那天晚上，我们第一次尝到了蚊子的凶猛。母亲遭受的伤害尤甚，第二天早晨她几乎无法睁开眼睛看东西。蚊子在我们每个人身上都留下惨不忍睹的印记。不过，具体的细节我记不起来了，虽然被蚊子叮咬，但我还是酣然入睡。一直以来我的睡眠都很好，从来不知“恐怖的夜晚、孩子的地狱”为何物。

匹兹堡的朋友们一直在伸长着脖子等待我们到达的消息；他们热情而贴心的接待，使得我们忘却了旅途的辛劳。大家一起在阿勒格尼市区安顿了下来。霍根叔叔的弟兄在丽贝卡街的街尾开了家小小的纺织店。店铺是两层楼的，楼上有两个房间，那就是我们一家的落脚点（房子是姑姑艾特肯的，所以我们不用付房租）。

霍根叔叔很快就放弃了织布生意，而父亲则接替他的行当，开始编织起桌布来。父亲不仅是织布工，还是经销商；因为找不到大批量订货的商家，他只有自己挨家挨户去推销，因而桌布的收益很微薄。

和以往一样，母亲这回又出来充当救兵了。这世间是没有任何事情可以把她压垮的。母亲年少的时候在外祖父的商行里学过缝镶鞋子的手艺，现在这手艺得用来帮补家用了。费普斯先生是我在阿勒格尼市一位朋友和合伙人亨利·费普斯先生的父亲，他和我外祖父干的是同一个行当，都是了不起的鞋匠。母亲从他那接些缝镶鞋子的活儿，一周赚取四美元。我们家没有请用人，所以母亲除了缝镶鞋子，还得操持家务。她真是个了不起的女人！母亲每天都要忙活到深夜。当活儿告一段落的间隙，小弟弟就会坐在她的膝盖上，帮她给缝线打蜡、穿针引线。而母亲呢，就像当年教导我那样，她给弟弟背诵苏格兰的经典民谣，或者是讲些寓意深刻的故事。

这就是穷苦的实诚孩子优于富家子弟的无价之宝。母亲不仅是母亲，还充当了保姆、厨子、家庭教师、导师和教母的角色。父亲也不仅是父亲，还是榜样、向导、顾问和朋友！这就是弟弟和我的成长氛围。这样的教育传统，富家子弟和权贵后裔可曾拥有？

尽管母亲家务繁重，但这并没有造成她和邻里之间的隔阂；邻居们很快就结识了这位睿智而善良的女人，每当遇到麻烦事儿的时候，她们都会向母亲请教或求助。好些人都告诉我，母亲为她们做了不少的事儿。那些年，无论我们居住在哪儿，无论穷富的邻里，都会找到母亲为他们的难题出谋划策。无论走到哪里，母亲都是那么出类拔萃。

第3章　匹兹堡与我的营生

当前于我来说最重大的问题是，我可以找到怎样的活儿糊口？我已经满十三周岁了，多么渴望自己能够在这片新天地里干些事情来贴补家用啊。可这个念头还是过于大胆了，仿佛噩梦般令我头疼。我那会儿老是想着要赚钱，老觉得我们家一年得赚300美元，也就是说每个月我们得有25美元的收入，总感觉只有那样的一笔钱，我们家才不至于依靠别人的救济。好在那时候的生活日用品都很便宜。

那会儿，霍根叔叔的弟弟常常会和父母亲谈论我的出路。有一天，我目睹了母亲在家里表现得最为悲愤的一幕，这是我终身难忘的情景：他建议家人给我配个小货篮沿街叫卖，因为他觉得我聪明肯干，若我在码头区做个小贩，肯定会有不少的赚头。当时母亲正埋头忙着针头线脑的活儿，一听到这话，她猛地从座椅上跳了起来，朝着他挥起了双手。那是我有生以来第一次感知一个被激怒的女人的模样。

“什么？你叫我儿子做小贩？和码头上的粗野俗人混在一起？没门儿！我宁可把儿子扔进阿勒格尼河也不准他去做小贩！滚一边去！”母亲边吼边指向门的方向。霍根先生只好抽身离去。

母亲站在那儿，仿如悲剧中的女王。随即，她瘫坐下来，泪流满面、抽泣着。然后，她把我们兄弟俩揽入怀抱，让我俩不要在意她的失态。她说，这世上可做的事情千千万；只有步入正途，我们才算是世间有用之人，才能受到尊重、得到赞赏。母亲刚才被激怒的一幕简直就是海伦·麦格雷戈回击奥伯迪斯通那一幕的翻版：海伦威胁说"要把战俘碎尸万段，要碎得如花呢子布上的格子那般小"。不过，就发怒的缘由，母亲与海伦完全不可并论。母亲认为沿街贩卖不是安分的行当。她一直教育我们不可以游手好闲；在她看来，贩卖是不光彩的营生，小贩就是无业游民，他们那种游离浪荡的状态让人不生好感。是的，妈妈宁愿怀抱着我们哥儿俩枯萎老去，也不愿意我们和那些低俗的叫卖贩子为伍，将美好的青葱少年时光给抛掷掉而毁了一生。

回顾自己年少时的奋斗历程，可以这么说，我们家是这片土地上最为荣光的。强烈的荣誉感、独立、自尊，就是我们的家风。沃尔特·斯科特认为，伯恩斯是他所见过的最富于远见之人。我认为自己的母亲和伯恩斯不分伯仲。正如伯恩斯所言："即使转向虚空，她那双眸依然放射着荣誉的光芒。"

母亲那高尚的心灵拒绝任何的低俗、自私、欺骗、诡诈、粗鲁、阴险以及油嘴滑舌。父亲也是正直之人，因其贵族的气质而深得众人景仰。生长在这样的家庭里，弟弟汤姆和我也自然而然地养成了良好的情操。

母亲怒斥霍根叔叔胞弟之后不久，父亲就感觉到是该放弃手工织布作坊了。他放下织布机，去棉织厂工作。厂主布莱克斯托克老先生的家乡也在苏格兰，他和我们家一样，都居住在阿勒格尼市。同时，父亲也为我在老先生的厂子里谋到了一份绕线工的活儿。这是我的第一份工作，周薪 1.2 美元。那可是一段困苦的时光：寒冬里，老爸和我得摸黑起床、吃早餐，赶在天亮前到达工厂，午间匆忙用餐，再接着不停歇地干到天黑。冗长的工时压得我喘不过气来，我感觉不到丝毫的工作乐趣。不过，再阴郁的云层里都会有一线亮光，那就是，我能为自己的世界、自己的家出力了。没错，我是百万富翁，可当前数百万的进项都比不上我年少时第一个周薪所带来的喜悦。少年的我可是家里的好帮手了，我有能力养家糊口了，再也不是父母的负担了。此前，我常常听见父亲欢快地唱起那首《扁舟荡起》，歌曲最后那句是我的奋斗目标。我是多么想做到呀！

埃里克、乔克和甄妮蒂，
大清早起床、走出家门，
划着扁舟、抓捕雀鳝，
为我们大家排忧解难。

不过，我还是得告别这份绕线的活儿了。埃里克、乔克和甄妮蒂再怎么能干、持家，都还是得先接受正规教育的。苏格兰在世上最早建立了教区学校，这要求父母亲，无论出身贵贱，都必须承担起儿女的教育职责。

辞去绕线的活计后不久，阿勒格尼市一家线轴厂的厂主约翰·海伊先生把我招去了。老板是我们苏格兰人，当时他正需要一名男小工，我便去他那了，周薪 2 美元。不过，那活儿比之前的绕线活还要枯燥；我要在工厂的地下室操作一台小型蒸汽机，还得烧锅炉。这样的活儿当时于我来说是太为难了。夜复一夜，我熬守在车床边测量蒸汽气压;有时候,我担心气压太低而招致上面工人的抱怨,而有时候呢,我又担心气压太高,害怕锅炉会爆炸。

不过,出于男孩的自尊,我没有向父母倾诉自身的压力和烦恼。他们有自己的烦心事,我得像个男子汉,要有所担当,不可以再给他们添麻烦了。我的期望值颇高,盼着每天都有所不同。虽然我无法知道每天的变化在哪里,但我相信只要持之以恒,改变总有一天会到来。而且,我总是反问自己:面对困局,华莱士是怎样做的,而我这个苏格兰男人又该怎样做。有一点我是深信不疑的,那就是,华莱士永不言弃。

机会终于来了。有一天,海伊先生要填写一些报表,可他没有配备文员,他自己又不擅长文字工作。他问我会写哪种字体,接着就让我做些文字活儿。结果,他很满意我的表现。之后,海伊先生便将填写报表的活儿交给了我,他感觉那样省事多了。我不仅能写,而且还会算,这可正中他下怀。我认为这心地善良的苏格兰老先生,真的是被我这长着浅色头发的男孩打动了。他没有再让我开蒸汽机,而是安排了别的事情给我做。那些活儿没有那么让我生厌,不过还是有点美中不足。

新的活儿是,我得把新加工好的线轴浸泡在油桶里。还好,我可以一个人待在专设的车间里干活,可问题是,我的胃受不了那机油的味道,反应相当强烈,不管我怎样下定决心,不管我对自身的弱点有多么恼怒,我就是遏止不了反胃和恶心。就算想到华莱士和布鲁斯都无济于事。不过,如果不吃早点和午饭的话,晚餐时我的胃口会好一些,而且分配的任务也能完成。华莱士、布鲁斯的忠实信徒,是宁死不屈、从不轻言放弃的。

自从结识了和蔼可亲的老板海伊老先生,我在棉纺厂里工作能力明显长进了。老先生记账是采用单本的方式,我是可以胜任的。不过,我听说所有大公司都是以复式方法记账的。经与同事约翰·费普斯、托马斯·N. 米勒以及威廉·考利讨论,我们纷纷决定去上冬季夜校,把这更为庞大的记账体系学到手。我们四人一块儿去了匹兹堡一所名为威廉姆斯先生的学校学习复试记账法。

1850 年年初的一个夜晚,我刚从棉纺厂下班回到家中,便听说电报公司的经理戴维·布鲁克斯先生向霍根叔叔打听在哪可以招到一位优秀的男孩做信差。布鲁克斯先生和霍根叔叔都是狂热的跳棋玩家,招聘信差的话题就是他们在下棋那会儿说起的。就是这么一个不经意的小事儿,成就了最具纪念意义的瞬间。一个词语、一本书,甚或是一个音调,不仅有可能左右个人命运,还可能影响一个国家的前途。布鲁克斯先生是个敢作敢为之人,任何东西在他看来都是小事一桩。有人劝告他不要去理会那些鸡毛蒜皮的事儿,可他依然故我;他常常会反问,哪些算是鸡毛蒜皮的事儿? 年轻人应当牢记:上帝所赐予我们的最好礼物,往往就是蕴涵在小事当中。

霍根叔叔向布鲁克斯先生提及了我的名字,说看看我是否愿意接受这个职位。我当然愿意。我还清晰记得父母为此还开了家庭会议。我如从笼中被放飞的鸟儿般欢呼雀跃。母亲同意我改行做信差,可父亲不同意,他认为我年龄太小了,个头也不够高,没法子胜任。很明显,2.5 美元的周薪,说明这份工作是为更强壮的男孩设立的,因为这份工作有可能要求我在夜间都要飞奔在乡道上传送电报,那样是会遭遇危险的。总之,父亲要我保留现有的工作。不过,之后他改变了主意,让我辞工去尝试一下信差的滋味儿。我觉得他一定是和海伊先生讨论过我的去留;海伊先生认为那样会对我的未来发展有利，尽管我的离去会给他带来工作上的不便，可他还是建议让我去尝试新的工种。他告诉我说，万一我在那干得不咋的，还是可以回到他那儿；棉纺厂的大门是一直为我敞开的。他真的好慈祥。

事情就这么定下来了。布鲁克斯先生叫我到河对岸的匹兹堡和他见面。父亲想和我一起去，最后决定最远他只可陪我到位于第四大街和伍德大街拐角处的电报公司门口。那天无疑是个黄道吉日，阳光明媚。清朗的晨光中，父亲和我从家里出发，徒步穿越阿勒格尼市区去匹兹堡，走了差不多两英里。来到公司门口，我坚持自己上二楼，自己去电报间见那位大人物。我要独自面对命运的安排，所以我叫父亲止步，不要再陪着我。之所以我会那样做，可能是因为那时候我已经把自己看作美国人了。那之前，玩伴们总是冲着我喊“苏格兰佬！苏格兰佬！”。“是呀，我就是苏格兰人，我为此而自豪！”我这么回击他们。不过，在与人交谈的时候，我会尽量不带丁点儿苏格兰口音。上楼的时候，我想象着自己独自面对布鲁克斯先生的情形：或许，我那好心的苏格兰老父亲不在场的话，我的表现会更好一些。

那天我穿了件白色亚麻衬衫，那是我唯一的一件礼拜服。通常，我只在做礼拜的时候穿上它作衬里，外加一件蓝色紧身外套。在电报公司干活的最初几个星期里，我都是天天穿着这件亚麻衬衫。每逢周六，不管是我值夜班，还是下晚班回到家几近午夜，母亲都会把我的衬衫清洗干净、熨烫妥帖，为的是我能够穿着如新的衣服参加礼拜。可以说，英雄母亲的关怀无微不至，为的是让我们全家得以在这个家乡以西的国度里施展拳脚。父亲也是如此；虽然工厂的超时劳作让他筋疲力竭，但他自始至终都鼓励我要依照教规,像个英雄般坚强地生活下去。

面试的结果:我被录取了。交谈中,我小心翼翼地告诉布鲁克斯先生自己对匹兹堡市不怎么熟悉,有可能胜任不了这份工作,也有可能不被录取,不过我此行就是来接受考验的。布鲁克斯先生问我何时可以去上班,我回答说如果有需要我这就留下来。回忆起当时的情形,我感觉现在的年轻人可以从我的回答中得到些启迪,那就是要抓住每一个机会不放,否则就是大错特错。这个职位不一定是我的,因为或许有其他的意外,或许还会有其他人来应聘,但由于我抓住了这个机会,我如愿了。既然已经得到了这份工作,我就要尽己所能保有这个岗位。鉴于我初来乍到,好心的布鲁克斯先生叫来一个小伙领着我四处看看,还吩咐他教我业务。趁着空当儿,我飞奔下楼,来到街道的拐角处,告诉了父亲我要留下工作了,并且要他赶紧回家把好消息带给妈妈。

就这样,1850 年,我迈出了真正的人生第一步。曾经,为了 2 美元的周薪,我猫在漆黑的地下室里操作蒸汽机,满身上下全是煤污,人生毫无前景可言。现在,我猛地一下子上升到了天堂。是的,在我看来,这就是天堂！这儿有报刊、有笔墨,还有灿烂的艳阳笼罩着我。分分秒秒间,我无时无刻不在学习,我有很多知识需要学习,我知道得太少了。我感觉自己的一只脚正踏在天梯上,随时准备着向上攀登。

唯一令我担忧的是,我尚无法很快记住各个商户的地址,以使信件快速送达。为此,我先记下街道一边商户的名称,再记下街道另一边的商户。夜晚,我连续不断地强记各个公司的名字。很快,就算闭上眼睛,我都可以将沿街的各个公司分毫不差地一一道来。

接下来,就是熟悉各个公司的工作人员,这对于信差来说是非常有利的，因为一旦认识了某位公司成员或雇员，我就可以省下不少跑腿的时间。譬如，我原本是要将电报送往公司的，但如果我碰巧在街上遇见了该公司的人员，我就可以直接将电报给他。同时，这对仍处于孩提时期的我也算是个值得炫耀的成就，因为友善之人在街上遇见相熟的儿童信差，往往都会停下来对男孩夸奖一番（大部分人对信差都非常友善）。

1850年的匹兹堡和现在的情景可是大大不同。那时候，这座城市尚未从1845年的那场火灾中恢复元气。那年4月10日的大火摧毁了城中的整个商业区，因为房屋大多是木质结构，只有少数是砖墙的，所有建筑都没有防火力可言。城市及其周边的人口加起来也不足四万。那会儿，商业区最大的范围也就仅限于第五大道，街区非常之安静，唯一显眼的也就是那座戏院而已。我们阿勒格尼市可就不一样了，联邦大街到处都是商务公司，大片的空地将各个公司建筑隔离开来。记得小时候，在现今第五区正中有个池塘，我还在上面溜过冰呢。我们联合钢铁公司的原址也在那儿，只是经年之后，那片地改作了菜地，种甘蓝菜了。

罗宾逊将军可是我那会儿的服务常客。他是首个在俄亥俄河西岸出生的白种人。我目睹了第一条电报电缆从城东拉进市中心，而之后呢，我还见过全美第一台连通俄亥俄州和宾夕法尼亚州的火车机车，那是经由运河从费城转运过来的，从阿勒格尼市的一艘驳船卸载下来。那时候还没有铺设连通东部的火车铁轨，旅客们只可乘船经由运河到阿勒格尼山脚下，再从那儿转乘火车，约30英里的路程，去到霍利戴斯堡，然后再乘船沿着运河抵达哥伦比亚，再一次乘坐火车，经81英里的路程方可到达费城。一趟下来，旅客必须足足耗去三天的时间。

那时候，城际之间的日常交通已经建立起来，所以对于匹兹堡这座城市来说，一天中最为重大的事情莫过于往返于市区和辛辛那提之间渡轮邮包的接收和派发。由于匹兹堡市是运河与江河运输的中转枢纽，因而东、西两大片区的货物转递，就成了该市当时最重要的业务。虽然有座轧钢厂已经运作，可一年连一吨生铁都生产不出来，而且好几年之后其每年连产一吨钢都达不到。由于缺乏合适的生产燃料，生铁铸造在起步阶段毫无建树。尽管这世上最为优质的焦炭就暗藏在数英里之外的地底下，可人们当时做梦都没有料到焦炭可用于熔化提炼铁矿石。当然，人们当时也没料到天然气同样已经在这座城市暗藏了数千年。

当年市区里的四轮马车车夫也就不过四五个人，不过，就那么几年的工夫，车夫身边就多了侍从跟班了。到了 1861 年，当地年鉴中提到最为轰动的金融事件，恐怕就是法恩斯托克先生退出商业圈，由合伙人支付其撤资，数额高达 17.4 万美元。这在当时可是一笔巨款呀！可在今天看来，也不过是区区小数目而已。

信差的工作让我很快就结识了这座城市里的大人物。律师行业在匹兹堡很有名气。大法官威尔金斯是行业的魁首，他本人以及麦坎德利斯、麦克卢尔、查尔斯·夏勒等法官，以及夏勒法官的搭档埃德温·M. 斯坦顿，我都混得熟络。尤为值得一提的是，埃德温·M. 斯坦顿真的是极好的人，我只不过是个小男孩，可他当时就注意到了我的存在。(后来，埃德温·M. 斯坦顿任职战争部部长，是林肯的得力助手。) 在商界我也认识了不少名人，迄今尚在人世的有托马·M. 豪、詹姆斯·帕克、C.G. 赫西、本杰明·F. 琼斯、威廉·肖、约翰·查尔方特、赫隆上校等。在我们做信差的看来，这些人物都非常了不起，是人生的楷模。他们的人生经历也证实了这一点。(唉,1906 年当我校对到这一段落的时候,他们都先后离世了。世人都逃脱不了这肃穆的人生进程呀!)

无论从哪个方面来说,我的信差生涯都是令我愉悦的,也正是这份职业让我和朋友之间奠定了深厚的友谊。由于资历较长的信差得到提拔,公司招募了新人戴维·麦卡戈接替原职,他就是后来大名鼎鼎的阿勒格尼河谷铁路公司主管。我俩搭档派送东线的电报,西线则由另外两个男孩负责。那时,东、西区两家电报公司是分立的,尽管同处一幢大楼里。戴维和我很快就成了铁杆弟兄,其中的一个重要因素是,我俩都流淌着苏格兰人的血脉。虽然戴维出生在美国,但他的父亲是纯正的苏格兰人,连说话都带着苏格兰音调,就像我父亲那样。

戴维进来后不久,公司又要招聘员工,他们问我是否能够找到合适的人选。我没费啥劲儿就把密友罗伯特·皮特凯恩拉过来了。就是他,后来接替了我在宾夕法尼亚铁路公司匹兹堡办事处的主管工作。和我一样,罗伯特是土生土长的苏格兰人。就这样,匹兹堡东线的电报信差全是苏格兰男孩儿了:戴维、鲍勃(罗伯特的昵称)和安迪。当时我们的周薪是2.5美元,那可是高薪了。每天早上,我们仨轮流打扫办公室,那是我们分内的活儿。可见,我们都是从最底层做起的。后来,洪·H.W. 奥利弗以及 W.C. 莫兰也加入了信差的队伍,和我们一样,他们也是从底层起步做上去的。他俩后来参军入伍,继而分别成为奥利弗兄弟制造公司的老板和城市律师事务所主任。在人生的赛道上,富人的儿子所害怕的竞争对手,并非其姑姨家的儿子,而是那些奋勇前行的年轻拼搏者——打扫办公室的那匹“黑马”,才是富家子弟该关注之人。

在做信差的时光里,乐子还是蛮多的。只要电报能够及时送达，我们这些跑腿的男孩儿，就可得到水果批发店老板满满一袋子的苹果犒赏，当然还有面包店里的糕点呀、糖果店里的甜食啦！男孩儿可喜欢那些老板了，因为他们待人和善，对男孩儿的勤快和及时有颇多赞许，有时候还会叫他们在返回公司大楼时把回复的电报一并捎上。我还真想不到还有哪份工作能够让男孩儿受到更大的关注了；而对于积极向上的能干孩子来说，关注度可是关键之所在呀！英明之人往往青睐聪慧的孩子。

在那些日子里，我们这些男伙计还有件额外开心的事儿：如果送信目的地有点儿远，超过了常规距离的话，我们就可以额外得到10美分的补贴。不难想象，这些“10美分电报”是多么炙手可热，大伙儿为此而争抢吵闹，有时甚至不按照先后顺序抢先送递这些远距离的信件。这演变成了我们之间唯一的严重芥蒂。我提议大伙儿“联营”，即共同承担这些信件的投递，等到周末的时候再来平均分配外快。大伙儿推举我做财务长。此后，伙伴们之间又恢复了往日的欢悦与平和。这种联营方式没有任何的虚伪，是真正意义上的合作。这是我在商海的第一次试水。

伙伴们认为他们自己有绝对的权利处置这些额外收入，所以纷纷在附近的糖果店开设自己的消费账户。有时候，账户上会出现大量的赤字和呆账，作为财务长我不得不提请店老板注意；当然，店老板是不会负责为嘴馋的伙计买单的。我们当中罗伯特·皮特凯恩最贪嘴，他似乎每一颗牙齿都是那么嗜食糖果。有一天，当我责备他的时候，他向我亮出了心里话：胃里长了好多寄生虫哦，如果不给塞满糖果，肚子就会闹得慌。

第 4 章　安德森上校与书籍

因为心情愉悦，大伙儿送信时更加卖力了。我们需要隔天值晚班直至公司打烊。轮值晚班时，我极少在十一点前回到家，而正常班则是六点就下了。这样一来，自主学习、充电的时间就不多了，家里也自然觉得没有为我买书学习的必要。不过，仿佛福从天降，文学宝库的大门还是向我敞开了。

是詹姆斯·安德森上校（上帝保佑您！）为我打开了这扇门。他告诉大家，他的个人图书馆对外开放；馆里有 400 册藏书，每逢周六下午，年轻人都可以从中借出一册书籍，待下周六再换借另一本。我的朋友托马斯·N. 米勒先生提醒我说，上校可是第一个向“徒手打工的孩子”提供图书借阅的，那么像信差、店员等等类似的非徒手劳作的伙计是否也有资格借书呢？带着这个问题，我生平第一次致信《匹兹堡电讯报》，恳求将我们这群人囊括在内，因为尽管我们不是徒手劳作，但我们也是真正的蓝领工人。很快，可敬的安德森上校便接纳了建议，扩大了借阅读者范围。作为一名公众报刊读者，我的第一次投稿可算是成功了。

我的亲密朋友汤姆·米勒（托马斯的昵称）的家和安德森上校比邻，是他将我引荐给了安德森上校的，从而为我混沌暗淡的无知内心开启了一扇知识的阳光之窗。每天的跋涉奔波，还有那漫漫长夜的轮值，都因为有了书籍的陪伴而让我变得轻松愉悦，内心充满着期冀。我随身携带着书本，一有空闲就拿出来阅读。每每想到周六又可以换到另一本新书，我便会感到明天是那么美好。这期间我熟读了麦考利的文章，还熟知了他的成长历史。而班克罗夫特所著述的《美国历史》，是我研读得最细致的一本。兰姆的文章则是我当时的最爱。而对于大文豪莎士比亚的认识，我当时仅限于学校课本里的那几篇精选，对莎翁的兴趣是稍后在匹兹堡老剧院时培养出来的。

约翰·费普斯、詹姆斯·R.威尔逊、托马斯·N.米勒、威廉·考利，这些都是我圈子里的好伙伴，我们一起享受着安德森上校图书馆宝贵的借阅特权。多亏安德森上校的慷慨英明，好些在别处无法借阅的书籍，我都从他那儿如愿以偿。感谢上校，是他提升了我的文学品位，那是无价之宝，即使用全人类的金钱也无法交换。文学匮乏的人生是令人无法容忍的。感谢慈怀的上校，是他让我和伙伴们远离低级趣味和恶劣习气。后来，当幸运之神向我发出微笑、带来滚滚财源时，我完成了自己人生中的首个要务：为我的恩人建一座纪念碑。我在阿勒格尼市钻石广场上捐建了市政大厅和图书馆，而纪念碑就建于这两栋建筑的前方，上面刻有如下文字：

> 此碑敬献给宾夕法尼亚州西部免费图书馆的始创者詹姆斯·安德森上校。上校向打工的年轻人无私开放自己的图书资料，并且每逢周六躬身自任图书管理员一职。他不仅将书籍，而且还将自身，都奉献给了这个崇高的事业。作为“打工男孩”中的一员，出于感激和缅怀，安德鲁·卡内基特建此碑，

以此纪念詹姆斯·安德森上校；正是上校的尚举为年轻人启动了知识的大门和想象力的宝库，人格得以升华。

其实，我建造纪念碑是微不足道之举，只是聊表感激之情而已。早年的人生经历告诉我，在社区建立公共图书馆是城市规划的必需，其功效是无法以金钱来衡量的，它可以为那些天资聪颖而又胸怀远大抱负的孩子们提供健康成长的基石。我坚信，自己捐建的这些图书馆在日后可以证明这个想法是正确的。只要在每个社区的图书馆里有那么一个孩子，若他能够获得当年我从安德森图书馆 400 本名著中所吸取营养的一半，那么我就可以认定自己那些图书馆的建造绝对不是徒劳无功的。

这就好比“攀着大树好生长”，在我最适宜生长的时期，知识宝库的大门朝我敞开。图书馆最根本的裨益在于告诉人们：只要耕耘就会有所收获。年轻人必须自主获取知识，没有任何人能够逃脱这个路径。好些年之后，我惊喜地发现，父亲曾经在丹弗姆林和其他四位纺织工人一道收集起自家的书籍成立起了镇上的第一个流动图书馆。

那座流动图书馆的经历听起来蛮有趣的。在其壮大的过程中，图书馆搬来搬去，换了不止七个地方。第一次搬迁时，五位创始人用围裙兜着、两个煤桶装着，将书籍从织布作坊搬出。父亲是家乡图书馆创始人之一，而我又荣幸地成为了新近图书馆的创办人，这确实是我生命中最有意义的一次经历。通常，在面对大众演说时，我总是告诉大家自己是曾经创办图书馆的纺织工人后代，这可以是我最引以为傲的出身，无与伦比。不经意间，我追随父亲的脚印创办了图书馆，这可以说是天意，也是我极为自豪的缘由。父亲是我人生道路的导师，他是我所遇见过的最为和蔼、最为纯粹、最为慈祥的老人。

如前所述，是剧院激发了我对莎士比亚的热爱。在我当邮差那会儿，匹兹堡老剧院在福斯特先生的经管下正值鼎盛。电报公司为他提供免费电信服务，而作为回报，发报员则可免票入场看戏。这种特殊待遇在某种程度上也顾及到了送信的邮差，因为我感觉有时候男孩们会将福斯特的信件推迟到傍晚才送达，如此一来，当差的我们就可以蹲守在剧院大门的一旁，怯懦地请求看守让我们溜进二楼看戏，这个请求一般都会得到允许的。男孩们轮流给福斯特先生送信，这样大伙儿便都有了免费看戏的机会。

就这样，我渐渐熟知了绿色帷幕后面的那个世界。舞台上的场面蔚为壮观，虽无多大文学价值，但在一个年仅十五岁的少年看来，这足以让人眼花缭乱了。此前我没有见过任何壮观的场面，也没有过任何宏大华丽的概念。之前我没有见识过任何公共娱乐活动，没有上过剧院，更没有听过一场音乐会。我的工友戴维·麦卡戈、哈里·奥利弗、罗伯特·皮特凯恩也和我一样没有类似的经历。我们都被舞台上的聚光灯深深地迷惑住了，热切期盼着每一次被剧院恩宠的机会。

我对文学的鉴赏，源于其时当红悲剧演员“狂风”亚当斯在匹兹堡剧院出演的系列莎士比亚戏剧的角色。打那以后，我便对莎翁的作品情有独钟，其余一概不感兴趣。似乎，我不怎么费劲就可以记住台词，而以前我是无法感应到言语的巨大魔力的。仿佛，那些韵律和语调已经和我的身躯融为一体，随时浸润着我、唤醒着我。于我而言，这是一种全新的语言符号，正是它的戏剧再现培养了我的文学鉴赏力。此前我没有读过《麦克白》，是《麦克白》的舞台剧激发了我对莎翁的了解和兴趣。

在这以后的漫长日子里，我从《罗英格林》（德国神话中的圣杯骑士帕斯法尔之子）中认识了瓦格纳。我是在纽约音乐学院认识瓦格纳的，那会儿他演唱的《罗英格林》序曲令人耳目一新。他确实是个前所未有的天才，他和莎翁一样，引领着我攀登上人生更高的阶梯。

在此，还得说说我人生这一时期所发生的另一件事情。阿勒格尼市的一帮人，大概有那么百十号人吧，他们组织了一个斯韦登伯格社团，我们的美国亲人在那表现得很活跃。父亲离开长老会后加入了这个社团，当然我也被带了进去。可母亲对这个社交圈子不感兴趣；她历来尊重一切宗教信仰，反对宗派争端，可在这个问题上她坚持己见。她的态度，以孔子著名的学说来概括是再恰当不过了：君子务本，本立而道生。

母亲虽然鼓励孩子们参加教堂的礼拜以及主日学习，但不难看出，她并不信奉斯韦登伯格的教义，也不遵从《旧约》和《新约》里的规诫，她认为那些都不可以作为我们生活方式的权威指南。那会儿，我对斯韦登伯格的神秘学说充满了浓厚的兴趣，我那虔诚的艾特肯姑姑对我常常详细阐释“灵感”这一理念都赞赏有加，天真的老太太期盼着有朝一日我能够成为新耶路撒冷一盏熠熠发光的明灯，有时候我甚至觉得自己远不止于此，我甚至可以成为如她所谓的“言语的布道师”。

随着自己在这些人造神学理论之间的游离、徘徊，我的那些梦想渐行渐远。可是，我那亲爱的艾特肯姑姑，那个在苏格兰将小时候的我抱在膝盖上逗乐的老太太，对我的期冀却一如既往。她希望我的表兄利安德·莫里森在斯韦登伯格教义的引领下得以开悟，可表兄却信仰了浸信会，且接受了洗礼。这对于她这个福音传道者来说着实是不小的打击，尽管她该记得自己的父亲在爱丁堡时也有为浸信会社团布道的经历。

表兄变更宗教信仰之后的第一次拜访，并没有得到姑姑的热忱接待。表兄明白，在最虔诚的斯韦登伯格信徒姑姑看来，只有这一信仰方可抵达新耶路撒冷的入口。可是，表兄却退却了，姑姑觉得他给整个家族蒙羞。

“姑姑，你为何对我如此严厉呀？瞧瞧安迪，他也不是斯韦登伯格教徒呀，你都没有责备他。当然，浸信会也没好到哪里去。”表兄开始向姑姑哀求。

姑姑的回击相当迅猛：“安迪！噢！安迪，他可是一张白纸，可你呢，全身布满了涂鸦。”

从此，表兄在宗教立场上再也没法和亲爱的艾特肯姑姑保持一致了。或许我也有所变更，与任何教派都没有瓜葛。但是，利安德却选择了另一个教派，一个和新耶路撒冷毫不相关的教派。

我和音乐的第一次亲密接触与斯韦登伯格社团有关。圈中有人在教堂清唱系列曲目中精选出一些片段附在我们的赞美诗集里。对这些曲目我有着本能的喜欢，尽管自己的嗓音并不见得清亮，但凭着演唱时的“感情”投入，我成了唱诗班里的固定歌手。我有理由坚信，基于自己的热情投入，唱诗班的指挥柯森先生原谅了我时不时的跑调和走拍。当年，天真无邪的我所逐渐了解的整套唱诗班曲目，原来是音乐界所推崇的英国作曲家汉德尔音乐作品的精华，这可是个多么令人惊喜的发现呀！可以说，匹兹堡斯韦登伯格社团的小唱诗班启蒙了我的音乐素养。

我应当铭记，是父亲对故土苏格兰卓越吟游作品的钟情和悦耳咏唱，为我的音乐启蒙打下了良好的基础。苏格兰的那些古老歌谣，无论词曲，我都耳熟能详。民谣是抵达贝多芬和瓦格纳音乐造诣的基石。在我眼里，父亲的嗓音是最悦耳、最富于感染力的。尽管我没法拥有他那完美的嗓音，但是我或许秉承了他对音乐的那份挚爱。孔子的感叹时常在我耳际缭绕：不图为乐之至于斯也。

这期间还有另一件事情显示出父母亲的开明。当信差的我平时是没有假日的，只是夏季时有连着两个星期的休假，那时我会去俄亥俄州东利物浦，在叔叔家待着，和堂兄弟们一起去划船。我还喜欢在冬季里去溜冰。冬天里，我家对面的那条河会完全冰冻，深厚的冰层是溜冰的好去处，因而一到周六下班回家，我便会向父母提出是否可以在周日上教堂礼拜前先去溜会儿冰。对于普通的苏格兰家长来说，这可是个非常严肃的提问。可母亲在这件事上显得非常开明，她认为我爱玩多久就玩多久，而父亲则说我去溜冰没错儿，不过他希望我能够及时回去和他一起赶去教堂礼拜。

我认为，在当今美国 1000 个家庭当中应该有 999 个家庭会作出类似我父母亲的决定，或许在英国，绝大多数家长也会这么做的，但这在苏格兰是不可能的事情。今天，人们认为安息日最主要的意义，是给自己腾出时间参观画展和博物馆，去享受某种乐趣，而不是为自己那多半是想象出来的过错忏悔。相比而言，我的父母亲思想进步多了，四十年前他们就有了当下人们的看法。至少，和其他苏格兰人相比较，父母亲超越了那个时代的传统观念，允许我们在安息日去户外愉悦地溜达，阅读和宗教无关的书籍，这在当时可是稀罕事儿。

第 5 章　电报公司

大约在当信差一年之后，我被电报大楼一楼办公室经理约翰·P. 格拉斯上校相中，要求在他外出参加公众活动的时候帮他照看一会儿办公室的事务。格拉斯先生怀有政治抱负，具有一定的知名度。他不在办公室的时间越来越长，次数也越来越多，这倒是让我很快就熟悉了他分内的活儿。我负责接收客户来信，并且监督从电报间出来的信件准确分派到伙计手中，以确保信件及时送达。

这样的一个职务是蛮能磨练男孩的意志的。那时候，由于我可以不干自己分内的差使而招致伙计们的憎恨和排挤，他们还指责我小气、吝啬，因为我不乱花那 10 美分的外快。其实是他们不明了个中缘由而已。我是要节省下每一个硬币来贴补家用的。父母亲是明察秋毫的，我不会向他们隐瞒任何事情。我清楚知道家里只有父亲、母亲和我三个人挣钱养家，我知道我们每个人每周的收入，也清楚家里所有的开销。我们会商量着用挣来的钱去添置一些必备的家当和衣物。家里每增加一样物品，都会令我们快乐无比。我们是这世上最为团结之家。

母亲每节省下 50 美分就会将之小心翼翼地放进一只长筒袜

子里,日复一日,等攒到了200美元,我就负责将其兑换成20英镑邮寄给亨德森夫人,是她当年的慷慨解囊才得以让我们全家渡过难关。那可真是我们卡内基一家值得庆贺的一天呀!我们家再也没有债务了!噢,这是多么欢快的一天呀!是的,欠债是还清了,不过,亨德森夫人的恩情是永远无法结清的。今天,夫人虽近暮年但仍健朗。我上她家拜访时内心感觉自己是去一个圣地。每次回丹弗姆林老家时,我都会去看望她。无论世事如何变迁,我都无法忘却她老人家。(以上是我好几年前写下的文字,而今老人家已经仙逝了。“安息吧,和您的朋友们一道安息吧!”祈愿母亲这位善良、高贵的挚友一路走好。)

在当信差的日子里,有件事情让我欢呼雀跃不已:那是一个周六的晚上,男孩们排队站在柜台前等格拉斯上校给我们发工资。我排在第一个,正伸出手等待老先生给我11.25美元的薪水。可令我不解的是,他没有给我钱,而是给了我身后的男孩。我想这一定是弄错了,以前我都是第一个领到工钱的呀。其他男孩都依次领到了薪水,这下我的心情开始沉重起来,好丢脸呀!我做错事了吗?或许,我被炒鱿鱼了,得卷起包袱走人了。我真是给家里丢尽颜面了。那可是最难以接受的痛苦啊!等男孩们都走开的时候,格拉斯老先生把我拉到柜台后面,说我该得到较其他男孩更多的报酬。他决定每个月付给我13.5美元。

我的脑袋一阵晕乎,真怀疑自己是不是听错了。老先生将薪水交给我,当时都不记得有没有给老先生道谢了。我觉得是没有。我拿着钱一蹦老高地出了电报大楼的门,一刻不停地跑回家。我清楚记得自己在阿勒格尼河大桥疾奔,确切地说是在马车道上从桥头跳到了桥尾,因为人行道着实太狭窄了。在那个周六的夜晚,我将11.25美元交给了家里的财务总管母亲大人，只字未提留在口袋里的2.25美元——当时这笔钱的价值超过了我后来挣得的好几百万美元呢。

弟弟汤姆当年九岁，和我一块儿睡在阁楼上。躺在床上的时候，我把这个秘密悄悄地告诉了他。尽管年龄还小，但弟弟知道这笔数目意味着什么，我俩一起谈论起将来的打算。那是我第一次向他透露将来一起经商的愿想："卡内基兄弟公司"将是一个巨型公司，我们的父母亲将来也可以有马车出入。总有一天，我们会应有尽有的。当然，我们得为之努力奋斗。那时，我听说了一位苏格兰老妇人的故事：她的女儿嫁给了伦敦的富商。女婿邀请她去伦敦，且许诺居所就在他们家附近，出入可以马车代步。"坐在马车里，周边一个亲戚朋友都看不见我，那有什么好的？"她回答说。我的父母亲可是不一样，我要他们不仅体面地坐着马车在匹兹堡轧马路，而且回到故乡丹弗姆林我也要让他们坐着马车观光。

第二天，周日的早上，父母亲和我以及汤姆一起吃早餐的时候，我拿出了那笔额外收获的2.25美元。这可真是个天大的意外，父母亲好一会儿都没有缓过神来。不过，他们很快就明白了来龙去脉。父亲眼里充满了自豪，母亲的双眼都湿润了。他俩的神情是我、他们的儿子第一次成功和进步的最好证明，这是我最为激动和兴奋的人生巅峰，此后所获得的各种佳绩和赞誉都无法比拟。我也难以想象此后还会有什么能够激起我更大的兴奋。这就是人间天堂。我被父母的赞许深深地感染了，喜极而泣。

信差每天早晨的第一任务，就是在发报员上岗前打扫好卫生，这样我们就有机会触碰到电报机了。这可是个好机会，我于是很快就学会了键盘操作，而且和另一个站点的男孩交流了起来。我俩都胸怀壮志，因而在学会操作之后，两人总是迫不及待地寻找机会进行实操。

有一天早晨，我听到电报机发出呼叫匹兹堡的强烈信号，猜想那一定是有人非常想在那会儿展开通讯联系，于是我冒险作出回应，让打印纸带走动起来。原来是费城方面要往匹兹堡发出一封有关“死讯”的急电。对方询问我是否可以接收，我回复说如果他们能发得慢点儿的话，我可以试试。成功接收好这条消息之后，我立马跑出了发报室，焦急地等待着布鲁克斯先生，准备向他解释事情原委。还好，先生没有责备我的鲁莽，反而还表扬了我，同时也提醒我要细心，不能出错。没过多久，当电报员要离席一会儿的时候，我就会被叫过去顶替照看一下发报机。就这样，我掌握了收发电报的本领。

我应当感激那位懒惰得不行的发报员，是他的乐意相让才使得我有机会练习。那会儿，电报员都是在走动的纸带上阅读信息，再由他读给抄写员。当时有个这样的说法，说是西区有人学会了通过耳朵辨听声音就可以译出电报信息。对此方法我跃跃欲试。电报室里的麦克莱恩先生很快便成为这方面的专家，他的成功激励着我。很快，我也掌握了这种新语言的输出方式。这事连我自己都感觉很惊讶。有一天，趁着电报员不在的空当儿我又想实操一下，一位绅士模样儿的老抄写员对我的莽撞很是生气，他拒绝为我这个信差抄写电文。于是，我关掉走纸带，拿起纸笔准备用耳朵接收电文。我一辈子都忘不了他那惊讶的表情。他命令我将笔和便笺还给他。打那以后，亲爱的科特尼·休先生再也没有为难过我。他是我最忠实的好朋友和抄写员。

之后不久，我便遇上了好机会。格林斯堡有位操作员约瑟夫·泰勒要请假两周，询问布鲁克斯先生能否派人接替他的岗位。格林斯堡距离匹兹堡30英里。布鲁克斯先生把我叫去，问我能否胜任。我立即给了他肯定的答复。

“那好，”他说，“我们派你去那里试试。”

我是搭乘邮政车过去的，这趟行程令我愉悦，因为祖籍苏格兰的著名律师戴维·布鲁斯先生和他的妹妹碰巧和我同行。这是我人生的第一次短途旅行，也是我第一次细看自己所侨居的国度。在格林斯堡，我第一次享用旅馆，第一次在外用餐。我感觉那儿的食物真是好吃极了。

那是1852年，格林斯堡附近正在开挖沟渠、修筑路基，为建设宾夕法尼亚铁路做着准备。清晨出去散步时，我常常见证着工程的进展，真没有想到这之后不久我也进入了那家大公司工作。由于是第一次被电报公司委任要职，我不敢怠慢，小心谨慎地处理事务。在一个狂风暴雨的深夜，我坚守在办公室里，没有切断通讯设备，结果，由于距离按键太近，一阵雷鸣电闪将我从座椅上掀落到地下，这差点儿了结了我的职业生涯。打那以后，一碰上雷鸣电闪的天气，我在办公室就特别小心。两周后，我圆满完成了格林斯堡的工作任务，受到上司的赞许。这件事在其他男孩看来我是满载荣誉而归的。不久，我的职位便得到了提升。公司需要招聘一名电报员，布鲁克斯先生致电当时的业务总管詹姆斯·D. 雷德先生，向他推荐了我。雷德先生乃苏格兰男人中的优秀典范，我俩后来成了亲密战友。他从路易斯维尔回复说：“如果布鲁克斯先生认为安迪能够胜任助理电报员的工作，那就选用他吧。”终于，我成为了一名电报操作员，享受每月25美元的高薪，这对我来说可是笔巨大的财富。这真得感谢布鲁克斯和雷德两位先生，是他们将我从信差的岗位调拨上了电报操作室。那一年我十七岁,顺利通过了我的学徒期。现在的我可是个男子汉了,再也不是每天只挣1美元的小屁孩儿了。

对于年轻人来说,电报公司的操作室就是一所极好的学校,因为在那儿可以用纸和笔来进行创作和发明。在那里,我那点儿欧洲和英国的常识帮了大忙。千真万确,知识的重要性时时刻刻都得以体现。当年,海外新闻是通过有线电报从开普雷斯接收的,因而持续接收"邮轮新闻"成了我们最为紧要的工作任务。由于我最喜欢接收新闻,所以这项业务自然就落到了我的头上。

那时候,电报行业的工作设施相当简陋,一遇到强风暴雨,我们就不得不靠猜测来组合信息。大伙儿都说我的猜测力最强;我最爱做的事情,就是花些时间将传输过程中缺漏的单词填上,从而不打断发报员的工作。对于国外新闻来说,这种做法并不存在风险;即使新闻接收员大胆的改动有些不妥,那也算不了什么大事儿,不会招惹麻烦。就这样,我的国际视域得以拓宽,尤其是有关英国方面的,只要一看到起首的一两个字母,我便可以进行猜测,且十拿九稳。

匹兹堡所有报馆往往会派记者到电报大楼转录新闻快讯,后来,由一名记者代表所有的报馆专责此事。该记者建议将所接收到的新闻多做几个版本,于是我将所收到的新闻都多做五个版本,所得报酬是周薪1美元。这是我第一次为报馆工作,虽然报酬不多,但是这样的话我的月薪就涨到了30美元。那会儿,1美元可不是小数目。我们的家境逐渐好了起来,似乎百万黄金正向我们招手呢。

促使我的人生迈入新台阶的还有另外一件事情:我和五个铁

杆老友成立了“韦伯斯特文学社”。成员是我们精心挑选的，相互之间联系紧密。之前我们还组建了一个小型的辩论俱乐部，聚会地点就选在费普斯先生老父亲的家里，白天的时候，那儿是几个熟手鞋匠干活儿的地方。前不久，托马斯·米勒说，那个时期我曾就“治安官是否该由民众推举”这一议题展开过一个半小时的陈词。我感觉他的记忆力有点儿问题，细节可能有误，不过随他说去吧。“韦伯斯特”在当时来讲是城中最为起眼的一个社团组织，因此作为其中的成员我们感到无比骄傲。在鞋匠屋子里的辩论，其实就是我们为文学社奠定的准备。

我坚信这样的社团对年轻人的发展是最有裨益的，因为从书中汲取的知识不仅有助于辩论，而且促使我的思路变得更为清晰和稳定。之后我面对观众时的镇定自如，多亏了韦伯斯特文学社的社团经历。那时候（同时也是现在），演讲时我遵循着两个准则：在听众面前自如表达、交流，而非自顾自说；保持自我，不模仿他人，不拿腔拿调。

终于，我成功地做到了不必按键而仅凭电报声音就接收信息。这项技能在当时的人们看来非常稀罕，所以好些人前去公司观摩。我的表现备受关注，人们赞不绝口。有一天，一场巨大的洪灾摧毁了斯托本维尔与惠灵之间25英里路段所有电报通讯的联络，于是，公司派我到斯托本维尔接收所有东区与西区之间递送的信件，每隔一两个小时将成捆的信件送到去惠灵的小船上，然后再背着要发送的信件返回。就这样，在洪水泛滥的一个多星期里，经过匹兹堡公司方面的协调，东区与西区之间所有的电报通讯畅通无阻。

在斯托本维尔临时受命的时候，我得知父亲准备去惠灵和辛辛那提销售他自己编织的桌布。于是我到码头等他，可小船很晚才到岸。我走上船去迎候父亲，得知他为了省钱没有坐在船舱里，而是一直待在甲板上。当时我内心有种说不出的伤感。一个纯朴的好人，却要忍受舟车劳顿。虽然内心难过，但我还是宽慰他道："没事儿的，爸爸，你和妈妈很快就可以坐着自己的马车出行了。"

父亲向来保守、腼腆，略带敏感，对人极少表达溢美之词（典型苏格兰人的特征），唯恐自己的儿子喜形于色而飘飘然。不过，一旦他有所触动也往往难以自已。我的话语显然触动了他；他紧紧抓住我的手，轻言细语道："安德鲁，我为你自豪。"（父亲当时的眼神经常在我脑海里浮现，永世不忘。）

父亲说话的声音微微颤抖，似乎因感觉自己说得过多而不好意思起来。他和我道晚安，并嘱咐我赶快回去办公。当时我留意到他的双眸饱含着泪水。年复一年，父亲的话语一直在我耳边萦绕，温暖着我的心田。我俩之间是非常了解的，虽话语不多，但字字珠玑，这就是苏格兰人的特质。他感受得越多，表达得越少。一点儿没错！在他看来神圣而圣洁的地方是不容亵渎的，沉默是金。父亲堪称世上最可爱的人，深受朋友爱戴；尽管他不属于任何一个宗教派别，也不信奉神学，但他有颗虔诚的赤子之心；他不怎么谙熟世俗礼仪，但他是个高尚、足以上天堂之人。虽然沉默寡言，但他待人和蔼友善。可惜呀，父亲这次西部之行过后不久就离开了人世；在我们有能力让他过上安逸舒适生活的时候，他却上天堂了。

我回到匹兹堡工作之后不久，就结识了一位了不起的人——托马斯·A. 斯科特，他所在部门的同事都称其为"天才"。他来到匹兹堡担任宾夕法尼亚铁路公司的区域经理。他的上级主管是罗姆贝特总经理，在阿尔图纳地区，他俩之间有频繁的电报联系，因而斯科特先生常常夜间跑来电报公司，有几次碰巧是我值班。我认识他的一位助理，有一天他告诉我一件令我惊奇之事：经理问他能否让我去他办公室当差兼做报务，这位年轻人回答说："这不太可能，他都已经是电报员了。"

听他这么一说，我按捺不住了，说道："可别这么快说绝了。我可以去他那里打工。我想跳出纯粹的办公室活计。赶紧去告诉他我的想法吧。"

结果，我于 1853 年 2 月 1 日成功跳槽了，成为了斯科特先生办公室的伙计和发报员，月薪 35 美元。据我所知，月薪从 25 美元一下子涨到 35 美元，可是当时最大的涨幅了。就这样，公共电报线临时拉进了斯科特先生位于火车站的办公室；而宾夕法尼亚铁路公司则可以在不妨碍普通公共电报业务的情况下专用这条线路，直至铁路完工为止。

第6章　铁路公司

离开电报公司的发报室，进入到一个全新的开放世界，起初我感觉这样的改变并非如意。那时候我刚满十八岁，不过依旧单纯乖巧，不像大多数同龄男孩那样叛逆。令人难以置信的是，直至那时，我还从未说过一句骂人的脏话，也很少听说过类似的粗鲁之言。我对卑鄙下流没有任何概念，一直以来我接触的都是善良正派之人。我很幸运。

可现如今，我得和粗人为伍了，因为我的办公室临时设置在厂房的一个角落，而货运列车车长、扳道工以及消防员的大本营也都集中在这里。这些人和斯科特先生以及我共处一隅，他们随心所欲，怎么方便就怎么做。确实，这样的工作环境和我的习惯格格不入，为此我高兴不起来。智慧树上的果实是良莠不齐的，但在体验之初我必须来者不拒。还好，厂房那里还是有家的甜蜜和温馨感的，因为那里不乏像我这样胸怀奋斗梦想的年轻伙伴，他们有教养、绅士、没有歹毒之心，希望通过自身努力成为受人尊重的良民。在十八岁的年龄，我开始厌恶与我的本性和早年所受教育背道而驰的事物。不过，与粗人打交道的经历或许于我也是有益的，因为按照斯克塔斯哲学的观点（神学与哲学互不相关），这般经历促使我对嚼口香糖、抽烟、发毒誓、说脏话等等产生厌恶和反感。这种厌恶反应一直留存在我的生命长河中，这可真是我的幸运。

我并非想表达这样的观点：上述类型之人都品行不端、生活堕落。在那个年代，恶言相向、污言秽语、嚼口香糖、抽烟等等恶习，相比当今更为盛行。当时铁路建设是新生事物，吸引了一大批以前从事水运的粗俗工人。不过，这群人当中也不乏优秀的年轻人，他们身居要职，因而举止得体。我必须说明的一点是，他们对我都表现得非常友善。现如今，我偶尔能听到一些关于他们的消息，好些人仍然健在，这真令人欣慰。后来，斯科特先生有了自己的办公室，我俩一块儿使用，因而情况终于得以改善。

过了不久，斯科特先生派我前往阿尔图纳市支取每月的工资清单和支票。那时候，铁路还没有修到阿勒格尼山脚，我必须翻过这座山脉才可到达目的地，这可是一段非同寻常的长途跋涉。公司当时只在阿尔图纳地区修造了几幢房子，商铺还在搭建中，现在大城市的景象那地方压根儿就没有。在阿尔图纳，我平生第一次见到了铁路系统的大人物罗姆贝特先生。那会儿，他的秘书是我的好朋友罗伯特·皮特凯恩，他的这份工作是我帮他找到的。就这样，戴维、鲍勃和安迪还是在同一家公司上班。我们都离开了电报公司，但又都一起来到了宾夕法尼亚铁路公司。

罗姆贝特先生与斯科特先生在处世为人方面大不相同。前者不苟言笑、呆板固执。有一次，他刚和我说上几句话就突然发出邀请道："今晚你们得来我家一块喝茶。"我和罗伯特当时都感觉好惊讶。我结结巴巴地应允，并焦灼不安地等待着约定时间的到来。时至今日，我一直都认为那是我最为荣幸的邀约。罗姆贝特太太非常和蔼，她丈夫是这样介绍我的："这是斯科特先生的安迪。"我为自己是斯科特先生的下属而感到自豪。

在从阿尔图纳返程的途中我遭遇了一次事故，它几乎葬送了我的前程。次日清晨，我折返匹兹堡，因为工资清单和支票太多，包裹放不进衣服的口袋，我就把它塞进了马甲的内里，感觉这样比较安全。那会儿，作为新进入职、充满好奇心的铁路职员，我特喜欢乘坐火车。那天我乘坐的列车，是驶往霍利戴斯堡的，途经好些山峦，一路上的颠簸可真是不小。中途我猛然感觉那包裹有点不对劲儿；结果，我惊恐地发觉工资袋有可能随着列车的颠簸而震落了。我把包裹给弄丢了！

这个过失定会毁了我的一生，不过，掩盖事实是不可能的。上司派我去取工资清单和支票，这本是件光荣的任务，可我却把东西给弄丢了，多么可怕的噩梦！我和司机说明了情况，判定是在这几英里的范围内给震丢的，请求他调头去帮我寻找。司机真是个好人，他答应了。于是我沿着铁轨仔细查看，在一条河岸距离水面好几英尺的地方发现了包裹。包裹失而复得！我赶紧跑过去一把抓住。这太不可思议了，我几乎不敢相信自己的眼睛。我把它紧握在怀里，一刻都不容松手，就这样，我紧拽着包裹直到安全抵达匹兹堡。这事儿只有火车司机和列车防火员知道，他俩都向我保证不告诉其他任何人。

这事情过去了很长一段时间，我才鼓足勇气告诉上司。要是这包裹滚落下再远几英尺的地方，那工资单和支票就被水流给冲走了。那我得为公司勤恳工作多少年，才可弥补损失和负面影响呀！自信是成功的必备要素，然而运气也是非常重要的，要不然我有可能就因为这次过失而失去上司的赏识。因此，我从来都不主张对待年轻人太过严厉，哪怕他犯过一些严重的错误。我一直在寻思：要是在距离霍利戴斯堡数英里的水域找不到那个包裹，我的前程会是怎样的呢？直至今日，我还能准确地找到那个遗落包裹的地点；打那以后的日子，每当我旅行经过那座山峦的时候，我仿佛总能看到那浅棕色的包裹安然于河岸边，它似乎在安慰我说："孩子，没事儿了！上帝会保佑你的，但下不为例！"

关于奴隶制，年轻时候的我就已经持有坚定的反对态度。1856年2月22日共和党国民议会在匹兹堡召开首届会议，尽管当时我年龄尚小，没有投票权，但对会议的召开我热烈欢呼。每当那些显赫要员出现在大街上的时候，我都要行注目礼；我非常仰慕威尔逊、黑尔等参议员。之前，我曾为《纽约每周论坛》组织过规模为一百人的铁路工人俱乐部，偶尔也会大胆向大编辑霍勒斯·格利里投去一些评论文章。为唤起民众对奴隶制弊端的重视，格利里先生尽了不少的努力。

第一次见到自己的评论变成铅字登载在那家热力四射、言论自由的刊物上，毫无疑问，我感觉自己的事业生涯迈向了新的里程碑。我将那份周刊保存了好些年。今天回过头来看内战发起的动因，所有人都会感觉代价太大了、一点儿都不值得，因为这个国家需要废除的不仅仅是奴隶制度，松散的联邦制、州政府的过多权力等等，都是阻碍强大中央集权政府建立的因素。而南方派别的观点更是离心的。如今，在最高法院的统治下，律师与政治家各方都持有一半的话语权，这样由双方共同作出决议是非常适宜的，因为只有意见的统一，才能促使各个领域的基础更为巩固。所以，各个管理部门必须统一标准，在结婚、离婚、破产申请、铁路监管、企业监控等等方面的运作，都必须在具体的标准下由一个领导统领。（时至1907年7月的今天，当我再次读到自己多年前写下的这段话时,感觉自己是颇具前瞻思维的。文中所提及的都是当今的热点话题。)

之后不久,铁路公司便建立起了自己的电报线路,因此公司也需要更多的电报员,新雇员的培训大多安排在匹兹堡进行。由于电报业务增长的速度惊人,我们的机器设备几乎不够用了,因而公司必须增设新的机器和部门。1859 年 3 月 11 日,我任命昔日的工友戴维·麦卡戈担任电报部的主管。有人认为是我和戴维开创了全美铁路系统 (或许还有其他领域) 雇用年轻女性担任电报员的先河。我们安排女电报员在各个办公部门轮岗实习、培训,再安排合适她们的办公室岗位。我表妹玛利亚·霍根小姐就在这第一批女性雇员之列。她后来成为了匹兹堡货运站的电报员;好多实习生都被送往她那儿进行培训,她的办公室都快成培训学校了。依据我们的观察和经验,年轻的女电报员较之同龄的男电报员显得更为可靠。在女性所从事的各种行业中,我认为电报员是最为合适的职业了。

斯科特先生是位非常了不起的上司,我很快就和他熟络起来。在我的眼中,他就是伟人,也正是我年轻时英雄偶像的具体化身。接触不久,我便感觉他将成为宾夕法尼亚大铁路公司的总裁,而后来他确实坐到了这把交椅上。在他的引导下,我渐渐掌握了一些本职工作以外的本领。我清楚地记得,自己当时对一件突发事件的处理,造就了我职位的重大晋升。

那时候,公司的铁路运行是单边的。尽管以电报调度发车并非惯例,但有时也是必须的。当时,只有主管而非其他人,可以对宾夕法尼亚铁路系统的任一路段发布指令。由于铁路系统的全局管理尚处于初始阶段,而且专门的人员培训还没有展开,所以发布电报指令在当时是冒险的权宜之计。一旦有意外发生，斯科特先生就必须连夜赶往事故现场指挥、疏通，因而他经常没法在早晨赶回办公室。

有一天早晨，当我到办公室时，得知铁路东线发生了一起严重的事故，造成西向的特快客运列车延误，可是信号员正指挥着东向的列车往前开，这样一来，双向驶来的货运列车只能僵持在侧轨上。由于一时找不到斯科特先生，我最终还是忍不住赶去处理，哪怕会招惹麻烦。“毁灭，抑或名垂青史”，这些念头在我脑际闪过。我心里明白，一旦出现失误，我就有可能被解雇，这不仅丢脸，还有可能摊上刑事责任。而往好处想的话，我则可以让货运列车动起来，为车上彻夜未眠的工作人员解除疲惫。我可以把事情摆平的，我清楚自己能够做到！我常常协助斯科特先生写指令，我明白该怎么做，所以我开始行动起来：我坐在工作台前注视着每一个信号，以斯科特先生的名义发出指令让列车依次挪动，小心地将列车调度到另外的站点。就这样，当斯科特先生回到办公室的时候，一切都已恢复到正常的状态。先生听说列车有误点时，第一反应就是：“啊？现在情况怎么样了？”

他急速走到我的身边，拿起笔准备写指令，我忐忑地说道：“先生，因为当时我没办法找到您，所以今早我以您的名义发出了指令。”

“那运转正常了吗？东线的特快专列走到哪了？”

我拿出刚才的指令文件给他看，并标出货运列车、道碴列车、特快专列等在轨道上的运行位置、所途经的站点，还告诉了他每个列车长的答复。一切运转正常。他注视了我好一会儿，而我却不敢正视他。我不知道等待我的将是怎样的结局。他一言不发，只是将整个处理经过又仔细过了一遍，之后还是不说话。过了好一会儿，他离开我的办公桌回到他自己的座位上。事情就这么过去了，他对我的处置方式既不表示赞同，也不埋怨指责。明摆着，假如一切顺利，那就万事大吉；但要是捅了娄子，那可就是我的责任。不过，我注意到，打那以后，斯科特先生早上都准点来上班了。

当然，我一直保守着这个秘密，从没向任何人提起。铁路系统人人都认为那次指令信号就是斯科特先生亲自发出的。从此我决定，就算再有类似的情况发生，我都不可以擅自指挥列车的运行，除非得到授权。正当我为自己当时的行动感到懊恼的时候，匹兹堡货运部负责人弗朗西斯卡转述了他和斯科特先生之间的对话。

“你可知道我手下那长着浅棕色头发的苏格兰小鬼干了啥好事儿吗？”

“不知道呀。”

“他没有得到任何授权，却以我的名义将一列列火车调度了出去。多亏了他，要不我可是要受到责难了。”

“他的处理得当吗？”弗朗西斯卡问道。

“当然很好，非常好。”

弗朗西斯卡的转述让我放下心来，而且还给了我一个暗示：若再有类似情况发生，我还是可以大胆地处置。打那以后，斯科特先生极少自己亲自发送行车指令了。

当时在我看来，宾夕法尼亚铁路公司的总裁约翰·埃德加·汤姆森，就是最了不起的大人物，后来我们钢铁厂的厂名就是以他的名字命名的。他是那种最不苟言笑的沉默之人，寡言的程度在我看来和格兰特将军不相上下，但将军在家人和朋友面前还是较为健谈的。不过后来我了解到，他的拘谨完全是羞怯所致。有一次，他来到斯科特先生的办公室，站在电报机一旁招呼我为“斯科特的安迪”，这让我好生惊讶。原来，他听说了我替斯科特先生调度列车的事。年轻人能够和高层接触，且得到认可和赏识，其人生的奋斗阶梯就攀上成功的半途了。所以，有志向抱负的孩子就应该去做些超越自己职能范围、足以引起大人物刮目相看的事情。

从此，若斯科特先生要出差一两个星期的话，他就会向罗姆贝特先生提交申请，询问能否授权给我负责调度。他这么做是冒险的，因为那时的我只是个十几岁的少年。不过，他的申请得到了批准，这可是我人生中的黄金机遇呀！斯科特先生外出期间，道碴列车出了一起事故，其余运转顺利；事故是列车人员不可原谅的疏忽造成的。这起事故令我相当烦恼和窝火，我决意要严格执行铁路公司的规章，在调查取证后毫不留情地开除了主要责任人，且对负有相关责任的另外两人做了暂停职务的处理。斯科特先生回来后得知了此事，有人向他建议重新作出调查和处理。我也感觉自己做得有点儿太过了，但事已至此，我只有告诉他一切都处理妥当了。就我对事故起因的调查以及对肇事者的处理，有人请求斯科特先生重新考虑，对此我坚决反对；越是受到压力，我就越是不同意。在这个微妙的关键时刻，斯科特先生通过我的眼神而非言语，就看出了我的态度。他默许了。

有可能，斯科特先生当时有此担心：我做得太过于严苛了。他的担心很可能不是多余的。当此事过去经年，我任职部门主管的时候，我内心里一直对被我停职过一段时间的两人怀着内疚感。我对自己的第一次执法感到良心不安。经验告诉我们，温和才是最强大的力量。必要时轻微的处罚是有效的；对于首次犯错的人来说，重罚是完全没有必要的，明智的宽恕往往才是最好的办法。

和我交往甚密的有五人，我们组成了六人的小集体。随着阅历的丰富，生命与死亡、今生与来世等，都成了我们绕不开的神秘话题，我们不得不为此而奋力搏击。养育我们的父母都是善良忠厚的，尽管他们信仰的不是同一个宗教派别。我们一直深受匹兹堡长老会教区牧师的太太麦克米伦夫人的影响，是她将我们带进了她丈夫的社交圈。(此刻是 1912 年 7 月 16 日，我正在校读此段文字之际，书桌前正摆放着麦克米伦夫人在她八十高龄时从伦敦寄来的一封短信。信中告知我，她的两个女儿都于上周在伦敦出嫁了，女婿都是大学教授，一个留任英国，另一个受聘于波士顿。两教授都系出名门，加之都同属英语语系，这两桩婚姻可算是门当户对了。) 麦克米伦先生是老派的加尔文教派信徒，相当的保守、严谨，而他魅力四射的妻子则是天生的年轻人领袖。我们和她的交往更为轻松，所以她家是我们最为乐意的聚会点。正因为此，我们中有人会偶尔去她丈夫的教堂礼拜。

米勒就是在那座教堂听到有关预定论的布道，这激起了我们对神学的兴趣和关注。米勒先生圈子里的人都是坚定的卫理公会信徒，不过汤姆对教义则知之甚少，因此他对这个预定论深感惊恐，诸如，婴孩儿要么生来就是荣耀高贵的，要么则恰恰相反要下地狱。而令我深感惊讶的是，据说汤姆在布道结束之际还找麦克米伦先生论理。最后他禁不住大声辩驳道："麦克米伦先生，如果你的观点是正确的话，那么你的上帝则是个彻头彻尾的魔鬼。"牧师听罢顿时目瞪口呆。

这次布道内容成了我们周日下午聚会时的讨论主题。这个预定论是正确的吗？抑或是错误的？汤姆与牧师的辩驳会招致什么样的后果呢？麦克米伦夫人还会欢迎我们做客吗？或许，我们不该冒犯牧师……还好，牧师夫人还是一如既往地欢迎我们，谁都没有收到逐客令，真的，一个都没有。米勒·卡莱尔在这个问题上的争执，给我们留下了深刻的印象，而且接受了他的最终观点："假如那是不可信的话，那么看在上帝的分上，就让它名誉扫地吧。"只有真理才可以让我们获得自由，我们要追求真理，纯粹的真理。

不过，一旦到了实质性的探讨，我们便游离在一个接着一个的教义漩涡当中，仿佛蒙昧时期的人类，将教义一一否定。不记得是谁最先提出了这条教义的探讨：人类至高无上的事业就是如上帝般宽容、仁慈。经过仔细的探究，我们一致认为：每一个文明时期都会产生属于那个年代的上帝，蒙昧的观念会随着人类的进步和发展而得以改良。这之后我们都变得没那么神神叨叨的了，而我呢，对真正的宗教信仰则更加虔诚了。幸好，危机过去了，麦克米伦夫人没有将我们赶出她的社交圈子。这可是值得记住的日子。但是，不管怎么说，我们还是决定站在米勒的一边，哪怕冒着被逐出圈子或更加糟糕的风险。我们年轻人在神学方面确实显得桀骜不羁，但对宗教信仰还是充满敬畏和虔诚的。

我们的小集体遭受了一个重大损失：约翰·菲利普从马背上摔了下来，不幸罹难，这个事件给我们的打击真不小。我还记得当时的喃喃自语：约翰是回老家去了，他回到出生地英格兰了。不久的将来我们也会随他而去的，我们会永远在一起。对此我深信不疑。这不是我心底的期盼，这是迟早必然要发生的事情。所幸身处痛苦的人都会拥有这样一个避难所。我们都应该遵从柏拉图的谏言，永不放弃恒久的期冀：期待是高贵的，收获是丰厚的，所以我们应当想尽办法促使自己快乐起来。这话颇有道理。来世，我们和自己最亲爱的人长相厮守；今生，缘分让我们一生相伴，这可真是个不可思议的奇迹。所以，让永恒的信念安抚我们的内心吧！正如柏拉图所言，“信念犹如疯狂的魅力”。永远牢记，今生我们都背负着各自的重任，而上帝一直在护佑着我们。我们的信条是：持有来世观或否定来世都是不明智的，因为这两种观念尚无法验证，但是我们还是应该心存期冀。“家就是我们的天堂”——这就是我们的格言，我们不认为“天堂就是我们的家”。

这些年来家中的财富一直在稳步增长。由于斯科特先生主动给我加薪，我的月薪从35美元升至40美元。我其中的一个工作任务是每月给员工发薪水。公司以银行支票的方式发放工资，故而我总是将支票换成两个20美元的金币。在我看来，金币是世上最可爱的工艺品。我们的家庭会议作出一项大胆的决定：买下一块地以及上面的两套小房子。其中一套房子是我们住的，霍根叔叔和婶婶曾经住在有四个房间的另一套，后来他们搬走了。之前我们多得艾特肯姑姑的帮助，才得以在她纺织作坊楼上的小房子里安家，现在我们可以将屋子腾空归还给她了。当我们拥有这套四居室的住房时，霍根叔叔却过世了；当我们搬到阿尔图纳时，就让婶婶搬回老房子住了。记得当时房子的总价是700美元，我们支付了100美元首期，准备每半年支付一次贷款利息，那是我们尽最大努力挣到的全部积蓄。此后不久，我们便偿还了债务，我们成了真正的有产者。但是，就在贷款还清之前父亲却过世了，那是1855年10月2日，我们家经历第一次生离死别。我们唯有化悲痛为力量，因为家父身后还欠下一笔医疗费用，家中三位成员继续担负起生活的重任。那一段时期，我们没有多少积蓄。

在美国谋生的早年，有件事情给我留下了欢乐的回忆。我们斯韦登伯格社团主席戴维·麦坎德利斯先生和我父母亲相识，不过，除了周日教堂里的几句寒暄，我记不起他们之间还有过什么密切的接触。不过，主席和艾特肯姑姑很熟络，他和姑姑说过，如果家母在丧夫的困难时期需要用钱的话，他很乐意提供帮助。他听说过很多有关我英雄母亲的为人处世之道。

当一个人得到锦上添花般的许诺，或者，当一个人有能力报恩的时候却得到善良的支持，他该是多么欢喜呀！我的苏格兰母亲，在失去丈夫、成为无助的寡妇之际，其长子方才成人，次子尚值豆蔻年岁。她的不幸遭遇令麦坎德利斯动了恻隐之心，他想以最为适当的方式施以援手。虽然母亲婉拒了，但我们家人心里还是对先生报以感激之心。我坚信人在事业打拼的关键时刻还是应当得到帮扶的。这世间不乏人性的光辉，人们不仅乐意，而且会竭尽全力向那些值得相助的弱者伸出援手。而那些受助者呢，只要他怀有自助之心，则不必介怀他人的恩典。

父亲的过世迫使我变得更加懂事，学会了更多管家的经验。母亲还是不停地干着给鞋帮子镶边的活儿，汤姆也没有辍学，我则继续跟随斯科特先生在铁路公司忙活。就在那会儿，幸运女神敲响了我的大门：斯科特先生询问我是否有 500 美元的积蓄；如果有，他则介绍给我一个投资的好机会。那时候，我口袋里就剩下不到 5 美元，我哪有哪怕是 50 美元的投资基金呀！可是，我不想错过这次和上司以及大亨们共创财富的机会。于是，我斗胆承诺可以想办法筹到这笔资金。斯科特先生随即告诉我说，他能够从威尔金斯堡车站代理商雷诺兹先生那里买到 10 股亚当斯快车的原始股。当天晚上回到家里，我便把这件事告诉了母亲，她没有多想就明白该怎么操作这事儿。她啥时候有过失手呢？那时我们已经为房子支付了 500 美元，于是她想到了一个解决办法：将房子抵押出去贷款。

次日清早，母亲便乘坐轮船前往东利物浦，晚上才到达。在那儿，她通过老哥筹到了贷款。她老哥是镇上的治安官，在地方小有名气，因而手中掌握着大批农民的投资款。母亲将我们家的房子作了抵押，带着500美元回家了。我旋即将钱交给斯科特先生，很快就得到了渴望已久的10股股票。出乎意料的是，我还得交100美元保证金，好在斯科特先生非常大方，他允许我方便的时候再还给他。

这是我的第一笔金融投资。过去的那些时日确实比现在红火多了，亚当斯快车公司股票比现在的红利可观多了。一天早上，一封署有“安德鲁·卡内基先生”的信件出现在我的桌面上。“先生”这字眼足以让尚是少年的我受宠若惊。在白色信封的一角盖有亚当斯快车公司的圆形印章。我打开信封，发现里面是一张纽约黄金交易银行的10美元支票。我这辈子都忘不了这张支票以及出纳员“J.C.巴布科克”的亲笔签名。我的第一次投资就有了回报，那可是不用辛苦劳作就可以等来的收入呀!“我明白了！”我大声嚷道，“这是只会下蛋的母鸡呀！”

我们的朋友圈有个惯例，逢周日下午都会在树林里聚一聚。那天，我带上第一张分红支票来到我们最爱去的小树林，等大伙儿坐下来，我便取出支票给他们看。大家感到相当意外，因为没有人能够想象我投资的回报如此丰厚。我们商定人人合伙参股，把钱积攒起来，寻找机会投资。数年之后，我们平分了股票收益。

至目前为止，我们这个圈子的合伙人都没怎么壮大。我们匹兹堡货运代理商的太太弗兰西斯卡斯夫人为人非常和蔼，有时她会邀请我去家中做客。她经常说起我第一次上她家按门铃时的情景；她家位于第三大道，我是奉斯科特先生之命去送信的。她请我进门，出于羞怯我没有进去。这么多年来，我都没有接受她的邀请上她家吃饭，我很害怕到别人的家里，直到年长一些时才稍微放松、大方些。斯科特先生偶尔会坚持要我去他住的酒店和他一起用餐，这些时光于我来说是美好的享受。据我的记忆，在所有我进出过的房子当中，只有罗姆贝特先生在阿尔图纳的房子可以和弗兰西斯卡斯家一拼。两家的房子都宽大无比，房门大厅入口朝向大街，这在我看来是相当时尚的。

斯托克斯先生是宾夕法尼亚铁路公司的首席律师。有一次，他邀请我去他格林斯堡的乡间别墅度周末，这是我平生第一次在陌生人家里过夜。斯托克斯先生对我发出邀请可真是有点儿奇怪，像他那样才华横溢的高级知识分子怎么会对我感兴趣呢？我得到的这份殊荣起源于我投给《匹兹堡日报》的一篇时评。小时候我就是日报的读者，我当时的梦想之一是成为一名编辑，而霍勒斯·格利里以及《论坛》则是我理想的标尺。很奇怪，当有天我有能力买下《论坛》时，它却失去了吸引力，就好比一颗丧失了光泽度的珍珠。人生不过如此：当空中城堡在我们耄耋之年垂手可及的时候，它们已经魅力不再。

我那篇以匿名方式发表的文章讨论了市民对宾夕法尼亚铁路公司的看法，刊载在《匹兹堡日报》专辑的显著位置，责任编辑是罗伯特·M. 瑞迪，这着实让我惊讶。有一天，我在电报室收到斯托克斯先生发送给斯科特先生的电报，询问后者是否知道由瑞迪责编的那篇时评的作者。我明白瑞迪先生是无法说出作者的，因为他不认识我。但我还是有点儿担心，因为一旦斯科特先生看到原稿的话，他一眼就能够看出我的笔迹。因此，我只有向斯科特先生坦白自己就是文章的作者。先生告诉我,他早晨就读过文章了,正惊讶谁会这么写呢。我发觉他有所疑虑。之后不久,斯托克斯邀请我上他家度周末,这是我人生的亮点之一。从此以后,我们成了好朋友。

斯托克斯先生的豪宅富丽堂皇,但给我留下了深刻印象的是他藏书室里的一个大理石壁炉。壁炉拱门的正中大理石上镌刻着一本开着的书,上面写着:

不会思辨之人是白痴,
不愿思辨之人是瞎子,
不敢思辨之人是奴才。

在壁炉上文字的衬托下,斯托克斯先生家中其余的一切物件都黯然失色。这些高贵的词语让我心潮起伏。我对自己发誓:总有一天,总有一天,我要拥有自己的藏书室,并且室内镌刻的文字也要如这座藏书室那般令满堂熠熠生辉。那是我曾经的梦想。今天,我的梦想在纽约和斯基伯实现了。

经年之后的一个周日,我又和斯托克斯先生在他家中见面了,那也是一次值得回忆的聚会。那时我已经是宾夕法尼亚铁路公司匹兹堡分部的主管了。其时的内战,南方各地被打得落花流水,我也因此而热血沸腾。斯托克斯先生则主张民主,竭力反对北方为维持统一格局而动武。他的观点几乎让我失去理智而大声嚷道:“斯托克斯先生,六周之内,我们就要把持有你类似观点和立场的人统统绞死。”

就在我写下这些文字的当儿,我都还能“听”到他的窃笑声。

当时他向隔壁房间的妻子喊话："南希，南希，听见这苏格兰小毛孩儿的话没？他说六周之内像我这样的人都要被绞死。"

那段时间，怪事儿接二连三。在斯托克斯先生家中聚会后不久，他就要我为他在华盛顿地区的自卫队谋求一个现役少校的职位，我当时在战争部秘书处，协助政府管理军用铁路和电报业务。斯托克斯先生如愿以偿，摇身一变成了上校。这位质疑北方为了联邦而动武的民主人士，居然亮剑于国家神圣的统一大业当中。人们起初就宪法权利展开了理论研究和论争，而当战旗飘扬的时候，情形就发生改变了。群情激昂的时刻，人人都加入到宪法之本的讨论当中。联邦和星条旗，是全体民众的关注所在！但这些已经足够了。宪法应当确保这个国家只有一面旗帜。正如英格索尔上校所言："美国的上空容不下两幅飘扬的旗帜。"

第7章　宾夕法尼亚铁路主管

1856年，公司提拔斯科特先生，让他接替罗姆贝特先生担任宾夕法尼亚铁路主管一职。他把我一并带上，去阿尔图纳就任。那年我虽已二十一岁，离开匹兹堡和家人对我来说还是个不小的考验，但对职业生涯的拓展激励着我勇往直前。母亲很替我高兴，尽管她身上肩负的担子要更沉重了。而之所以我乐意“跟随领导”，是因为斯科特先生一直以来对我真诚相待。

斯科特先生的高升激起了一些人的嫉妒，更为艰难的是，甫一就任他就得应对罢工事件。由于妻子刚在匹兹堡去世不久，他感觉非常孤单。在阿尔图纳，他还是个陌生人，在新的工作岗位上除了我之外没人乐意陪伴他。那时，他还没把孩子们从匹兹堡接过来，把家安顿好，所以他要求我和他一起住了好几个星期的铁路宾馆。我和他共住一间大卧室；似乎，他很想我一直待在他的身边。

工人罢工愈演愈烈。记得有天半夜我醒来，得知有趟货运列车在米夫林地段因车上工人的甩手离去而停运了，从而导致铁路全线中断。当时，斯科特先生睡得正酣，我有点儿不忍心叫醒他，他实在是压力太大、太疲惫了。不过，他还是睁开了眼睛，似乎在半梦半醒中；我向他建议由我一个人去处理，他嘟哝着同意了。我来到办公室，以他的名义和工人展开谈判，承诺第二天在阿尔图纳听取意见。我最终说服他们重返各自的岗位，交通也得以恢复正常。

铁路工人的反叛情绪蔓延，传染给了商铺的员工，他们也正迅速组织起来表达不满。这个消息的获悉说来有点儿怪：一天夜晚，我正走在回家的路上，四周一片漆黑，突然有个人紧随着我，凑过来对我说："你曾经有恩于我，当时我就认定一旦有机会我就要报恩。我曾在你匹兹堡的办公室找过你，向你申请铁匠的活儿。你告诉我说匹兹堡这边没有这样的岗位，或许在阿尔图纳会有。你叫我等一会儿，帮我发个电报过去问问。你很有耐心，仔细查阅我的推荐信，帮我寻找机会。结果我在这里有了份好差事，妻儿全在这里。这是我最为美满的人生。所以，我得为你着想，告诉你一件事儿，不过，可不能让别人看见我俩在一起。"

我停下来侧耳细听。原来，他得知商铺的伙计正展开签名，决议下周一开始罢工。事不宜迟，第二天一大早我就将此事禀告了斯科特先生，他立马在各大商铺发出通告，解雇所有签名意欲罢工的店员，并通知他们去办公室结算工资。我们将此前已经获悉的那份签名名单公之于众。店员们惊愕不已，罢工危机也随之化解。

一生中我遭遇过许多事件，而往往会因为类似这位铁匠的及时消息而渡过难关。对底层人士的稍微关注，哪怕只是一句善意的问候，都可以带来意想不到的回报。好心总是会得到好报的。直至现在，我都会时常遇到那么一些人，虽然早已忘了他们姓甚名谁，但他们却还能够记得起我曾经尽力施与的些微帮助。内战期间，凭借自己在华盛顿负责政府的铁路和电报业务的便利，我帮过好些人搭乘火车，其中有上前线看望负伤生病儿子的父亲，不久还帮助他将其儿子的遗体运回家乡。类似的事情我总是竭尽全力施以援手。我要感恩那些给我机会效劳的人们，有能力给予他人帮助是我人生极致的快乐。这就好比“赠人玫瑰，手有余香”；善虽小，但回报却是无量的。许多时候，我们对劳苦大众的善心相助，其意义和价值远远胜于对百万富翁的一个帮忙。英国诗人华兹华斯说得多么正确啊！

> 好人的一生是以优秀的品质造就的——
> 出于善心和爱意的善举，
> 细腻，无私，默默无闻。

在阿尔图纳，我跟随了斯科特先生两年，其间我经历了一起针对铁路公司的重要诉讼，我是此案的重要证人。案件由斯托克斯上校在格林斯堡审理，他是我的第一任雇主。考虑到我有可能被原告传唤出庭作证，斯科特先生请求审理延期，并安排我尽快离开当地。这当然于我是好的转机，而且我还可以趁机去看望米勒和威尔逊这两个铁杆弟兄，他们那会儿在俄亥俄州克里斯兰的铁路部门工作。我坐在最后一节车厢的车尾位置上，正欣赏着沿途的风景，一个农民模样儿的男人向我走来，手里捧着个绿色的小包裹。他说火车上的司闸工告诉他，我是宾夕法尼亚铁路公司的，因而拿出一个火车车厢模型，让我瞧瞧。模型是他为夜晚行车的铁路车厢设计的。

他就是著名的 T.T. 伍德拉夫，当代文明不可或缺的卧铺车厢发明人！他从包裹里取出模型的时候，我一眼就感受到了这一发明的重要性。我问他是否愿意前往阿尔图纳，且向他保证，一旦我回到那里马上就向斯科特先生汇报此事。由于脑子里老是想着卧铺车厢的事儿，我迫不及待地赶回阿尔图纳，将想法向斯科特先生和盘托出。先生认为卧铺车厢的设计可行；他赞许我抓住了一个绝好机会，并叫我发报给专利人，要求他前来商谈。伍德拉夫先生来了，与公司签订了合约，公司决定生产两节卧铺车厢投入运营。令我直感惊讶的是，伍德拉夫先生问我是否乐意加入到他的新事业队伍当中，并许诺给我 8% 的股份。

我相信，这项事业的收益一定不会低的，于是我立马接受了他的邀约。所订造的两节车厢的费用，是交货之后按月分期支付的，因此我必须分摊 217.5 美元的首期费用。我大胆决定向当地银行借款，我给银行经理劳埃德先生说明了原委，记得当时他伸展着长臂（他的身高大概是六英尺三英寸或四英寸）拥抱着我表态道："为啥不呢？我当然乐意借给你。安迪，你是好样的。"

这就是我平生的第一次贷款，而且还是一位银行经理放贷的。这是年轻人职业生涯中值得自豪的一刻！卧铺车厢运营得不错，每月的收益就足以抵偿贷款。这是我第一桶金的来源。（1909 年 7 月 19 日，当我再次校阅到此时，收悉劳埃德先生外嫁女儿的来信，得知她父亲深深地挂念着我。这真是个令我开心的好消息。）

母亲和弟弟来到阿尔图纳之后，家里的生活发生了一些变化，我们必须雇请一个用人打理家务，因而家里就不单只是纯粹的自家人了，这让母亲感觉非常不痛快，她不乐意陌生人闯进我们自家人的生活范围。她已经为我们做得太多了，她为两个儿子付出了一切，可这就是她生活的全部，她以一种强悍女人所特有的嫉妒拒绝陌生人在自己家里干活。一直以来都是她为儿子们洗衣做饭、缝缝补补、打扫整理，有谁敢剥夺她作为母亲的看护、操劳的权利呀！可是，我们还是要请一个女用人呀。请来了一个，走了，再请来一个，又走了，用人的不断更换确实搅乱了我们家庭生活的快乐，而且他人的服务怎么也取代不了母亲的真爱付出。不熟悉家人的陌生厨子，虽然也会为我们烹制丰盛的佳肴，但那是有偿的工作任务，唯有母亲亲手下厨所做的美食才富有甜蜜的馨香，因为那是她奉献的见证和表达。

我够享福的了，其中的幸运之一就是，年幼时既没有保姆，也没有家庭女教师相伴。这没啥好惊讶的，穷人家的孩子就是要比自以为生来幸运的富家公子小姐更有爱心，他们热爱家人，孝敬长辈。父母亲的绵绵关爱深深影响着他们的童年、少年时期的成长。对孩子而言，父母亲就是人生的一切，容不得任何第三者的插足。父亲就是孩子的导师、玩伴、顾问，而母亲呢，则是保育员、裁缝、家庭教师、管家、玩伴、英雄……总而言之，她就是无所不能的女神。这些财富，富家子弟是不可能拥有的。

然而，总会有那么一天，尽管母亲还没有来得及觉察儿子已经长大成人，但他已拥抱着、轻吻着他心目中的女神，向她细说儿子该为她付出的理由：儿子在世俗世界里摸爬滚打，有时候真的觉得生活有所改观会更加美满；年轻人更倾向于欢愉的生活方式，家里应当做些改变以适应年轻朋友的来访。尤其是辛苦劳碌的母亲不应该再做粗活，应当过些安逸的日子，看看书，出外走走，会会朋友，简而言之，就是要过上和她高贵女士身份相一致的日子。

确实，母亲是很难接受这样的改变的，但最终她还是意识到了改变的必要性，或许，她第一次感觉到自己的长子日益强壮了。“亲爱的妈妈，”我的双手依然搂着她，哀求道，“您一直以来都在为我和汤姆倾情付出，现在该是我为您做些事情的时候了。让我们成为好伙伴吧，这样我就可以想着该如何才能好好服侍您。现在该是您享受贵夫人清福的时候了，您就该坐上四轮马车，让用人来伺候您。汤姆和我都希望您过这样的好日子。”

我最终说服了母亲，开始和我们一道外出拜访左邻右舍。她压根儿不必特意去学习上流阶层的礼仪，那些她天生就懂；而至于说到教育背景、学问、敏锐的观察力以及慈怀之心，更是鲜有他人可及。(原稿我写的是“无人可及”，后来换掉了，但我还是坚持保留个人看法。)

由于斯科特先生的侄女丽贝卡·斯图尔特小姐的到来，我在阿尔图纳的日子过得舒适多了，她是前来帮忙斯科特先生打理家务的。她简直就是我十全十美的姐姐角色，特别是当斯科特先生去费城或别的什么地方出差的时候；我们经常待在一起，下午的时候一起骑自行车穿越小树林。那些年里，我俩一直都是那么亲密无间。我在1906年翻阅她的来信时，感觉到自己亏欠她的实在太多了。她比我大不了多少，但举止行为却显得比我成熟多了，俨然就是我的大姐姐。在那段时光里，她就是我心目中完美的淑女。令人遗憾的是，岁月的沧桑使得我们天各一方。她的女儿嫁给了萨瑟克斯伯爵，后来举家移居海外了。(1909年7月19日，我和夫人终于见到了这位情同手足的姐姐，丈夫过世后，她一人独自在巴黎生活，她的女儿和她的妹妹都生活得称心如意。这真是太好了！年轻时的真挚友谊是无价之宝。)

斯科特先生在阿尔图纳待了大约三年就又升职了。1859年，他就任公司副总裁，在费城办公。这样一来，我的去向就得作出慎重的考虑。他该带着我一同前往呢？还是将我留在阿尔图纳跟随新任的领导？一想到这些问题，我便茫然无措。与斯科特先生分离已经够我难受的了，同时还得听命于新的上司，我真的难以接受。这么长时间以来,萦绕在我心中的全都是斯科特先生的事务,我从没想过离开他会有多大的事业发展。

从费城和总裁会面回来后,斯科特先生把我叫到家中细谈。他告诉我说,去费城就任已是定局,人事部主管伊诺克·刘易斯先生将接替他主管这里的工作。自然而然,他也谈到了我的去留,我竖起耳朵倾听:“好吧,该你说了,你觉得自己有能力管理好匹兹堡分部吗?”

当时我正处于万事无惧的年龄,认为啥事儿都不是大事,都得去尝试,虽然别的人,尤其是斯科特先生不会这么认为。我时年二十四岁,约翰·拉塞尔勋爵是我的偶像,因为他曾胸怀海峡舰队总长的壮志。华莱士和布鲁斯也是我的偶像,他们同样胸怀鸿鹄之志。我回答斯科特先生说,我想我可以胜任。

“那就好。”他说,“波兹先生(当时匹兹堡分部的主管)要提拔到费城的运营部,我推荐你去接替他现在的职位。他同意让你去锻炼锻炼。你心目中的薪水是多少?”

“薪水?”我感觉被冒犯了似的,“我怎么会在乎薪水呢?薪水我不在乎,我只想要职位。我能回到匹兹堡分部,能干你以前主管的事务我已感觉足够荣耀的了。您愿意给多少就给多少吧,不必给得比现在多。”

那会儿我的月薪是65美元。

“不瞒你说,”斯科特先生说道,“当年我任职匹兹堡主管时的年薪是1500美元,波兹先生的年薪是1800美元。我认为就任初期你拿1500美元年薪比较合适,若你表现出色,将来给你1800美元。这样你满意吗?”

“噢,求求您了!”我说,“不要和我提钱的事儿。”

因为，这不仅仅是薪水这么简单。很快，我的升职令下来了。就这样，我有了自己主管的部门，在匹兹堡和阿尔图纳往返列车指令单上的签名再也不是“T.A.S.”，而是“A.C.”，这是我莫大的荣耀。

1859 年 12 月 1 日，我接到了匹兹堡分部主管的委任书。我准备马上搬家，尽管阿尔图纳的起居很舒适，我们在郊外一处风景宜人的地块拥有一幢带有庭院的大房子，可以尽享乡村田园生活，但是，能够回到老朋友当中生活，这样的变化还是令我欢欣的，虽然匹兹堡城里烟雾缭绕、脏乱不堪。弟弟汤姆在阿尔图纳的时候已经学会了电报业务，因此他和我一块儿回去，当我的工作秘书。

上任之际的第一个冬季，是我人生中最为难熬的日子。当时铁路建设非常粗糙，设备效率低下，完全应对不了繁重的日常运转。那时候，铁轨就铺设在巨石上，需要用铸铁墩子加以固定。我记得有天夜晚，一共有四十七个墩子发生了断裂。因此事故频发也就不足为怪了。在那段时日里，我作为部门主管，每个夜晚都得出去处理事故：发电报调度列车，清除所有的障碍……事无巨细，我都得照顾。有一次，我连着八天都在铁路上处理突发事件、清除路障。或许，在所有担任此职务的管理人员当中，我是最没有人情味儿的差劲头儿；凭着强烈的责任心，我不知疲倦埋头苦干，且让下属也跟着没日没夜超负荷干活，从没有思量过普通人的承受极限。我在任何时间、任何地点都可以倒头酣然入睡；晚间，我时不时抓紧半个小时躺在肮脏的货运车厢里睡上一会儿，也就算是睡过觉了。

宾夕法尼亚的铁路运输量因内战而日益繁重，我不得不组建一支夜班值岗的队伍。不过，将夜间铁路运营管理交由列车调度员是得经过上级部门同意的，这有点儿困难，所以我没有征得上级领导的明确授权就这么做了。或许,我是越权指挥夜间列车调度员第一人,至少在宾夕法尼亚铁路系统是第一人。

1860 年,我们一回到匹兹堡,就在汉考克大街(现在的第八大街)租了一幢房子住,并在那住了一年有余。当时的匹兹堡烟雾弥漫,对其脏乱的描绘再怎么夸张都不为过。假如你将手掌放在楼梯的栏杆上,一会儿就会变得黑乎乎的;你刚刚洗干净污垢的脸颊,不到一个小时,就和一小时前的一模一样;人人都是蓬头垢面的模样儿。我们刚从阿尔图纳的青山绿水中回来,生活多少有点儿不适应。很快,我们就考虑要搬到郊野去居住。很幸运,公司货运代理戴维·A. 斯图尔特先生向我们推荐了郊外位于赫姆伍德区他家附近的一幢房子。我们立即搬了过去,并安装好了电报线。这样,当有紧急需要的时候,我就可以在家中处理公司事务了。

我们在这儿开始了新的生活。乡村风景宜人,花团锦簇。这儿的住户大多都拥有五到二十英亩的田产。赫姆伍德区的面积达数百英亩,那儿森林繁茂,峡谷幽静,溪水潺潺绵延。我们房子的四周还有一个花园。母亲一生中最为快乐无忧的时光就是在这乡村度过的,她种些花草,养养鸡禽,就这样享受着田园美景。她对花草情有独钟,几乎从不采摘鲜花。我清楚记得,我因拔了一根小草儿而受到她的责备:"这是绿色的生灵。"从此,我记住了母亲的教诲,再不糟蹋任何一朵花儿。从家里出发去上班的路上,我老想着要摘朵花儿别在纽扣的锁眼儿上,可我还是忍住了。

乡村生活让我结识了一些新朋友。赫姆伍德是贵族富人区,好些当地富裕之家都在这景色迷人的郊外购置房产。因为我是年轻的管理人员,他们常常邀请我去家中做客。年轻人喜欢音乐,我们经常张罗音乐晚会。他们谈论的话题都是我从来没有听说过的,于是，我给自己定了一条要求，只要听到新的玩意儿，我就得去学。因为每天我都可以学到新的东西，因此感觉到快乐欢欣。

在这里，我结识了范德沃特兄弟：本杰明和约翰。约翰后来和我结伴远游，我俩一起游历过好多地方。“亲爱的范迪”是旅行时我对他的昵称。我们的邻居斯图尔特夫妇和我们日益亲近，还建立起了永久的情谊。令我尤为开心的是，斯图尔特先生后来还和我们一起搭档开拓事业，范迪也成了我的合作伙伴。而我们在新家的最大收获，则是结识了宾夕法尼亚西部的望族之后——我敬重的威尔金斯法官。当时瘦瘦高高的威尔金斯法官虽已年近八十，但精神矍铄，气度非凡。他待人接物谦和，但又不失威严，是我所遇见最有才识的长者。他的妻子是副总统乔治·W. 达拉斯的女儿，是我所见过最美丽迷人且和蔼可亲的贵妇人。这对伉俪的女儿威尔金斯小姐、夫人的姐姐桑德斯太太及其子女，都住在赫姆伍德的豪华府邸。这处豪宅的辉煌和英格兰的男爵华府不相上下，是当地文人雅士的聚会地点。

尤其令我欢喜的是，我在聚会地还是蛮受欢迎的。音乐会、看手势猜字谜游戏、由威尔金斯小姐领衔主演的戏剧……这些都成了提升自我的好途径；而法官，则是在繁星点点的史册中我所认识的第一人。交谈中，他给我留下了永生难忘的印象，他会说“杰克逊总统曾经告诉过我……”，还会说“我告诉惠灵顿公爵要那样做……”。法官早年（1834 年）曾是杰克逊总统任期的俄国外交使节，在和俄国沙皇的会晤中同样是那么轻松自如。法官的娓娓道来似乎让我触摸到了历史的真面目。这座豪宅给予了我全新的视野，与这家人的交往极大地激励了我对自我修养的更高要求。

政治议题是威尔金斯一家和我之间唯一的观点对立所在，虽然大家都默不作声，但内心里都各执己见。我是强烈的废奴主义者，主张废除奴隶制度，政治倾向类似于当时英国的共和党人。而威尔金斯法官则支持南方强大的美国民主党，因为他们一家和南方的名门望族有着千丝万缕的联系。有一次，在赫姆伍德，我刚走进他们的客厅，便听见人们在热烈讨论着新近发生的一起在他们认为可怕的事件。

“你怎么看这件事？”威尔金斯夫人对我说，“达拉斯（她的孙子）来信说，西点军校的司令官强迫他和黑人并排坐着！你有听说过这样的事情吗？这难道不是奇耻大辱吗？黑人能入读西点军校？”

“喔！”我回应道，“威尔金斯夫人，过去的情况更糟糕呢。我听说他们当中还有人上天堂了呢！”

听到这，大家一言不发。亲爱的威尔金斯夫人严肃地说道：“卡内基先生，那是另外一码事。”

那时我收到的最为珍贵的礼物，是出自亲爱的威尔金斯夫人之手。夫人一直都在编织一块阿富汗毛毯，好些人问她是为谁而织的，可这女王般的可爱老太太好几个月都守口如瓶，直到圣诞节临近，编织完工之际，她小心翼翼地将毛毯包装好，附上温馨的节日祝福卡片，差遣她女儿将礼物寄给我。礼物准时送达纽约我当时工作的地方。高贵的夫人给我寄来如此珍贵的圣诞礼物！这条阿富汗毛毯我从未用过，只是常常取出来给好友们欣赏。毛毯是我所有财富当中最为神圣的宝贝。

在匹兹堡，我还非常幸运地结识了才华横溢的利拉·爱迪生，她是不久前刚过世的爱迪生博士的女儿。很快，我便和她们一家熟络起来，真的感谢她们给我带来的种种收益，因为这是受过良好高等教育的一家人。来自爱丁堡的女主人曾聘请卡莱尔做孩子们的家庭教师；她的女儿利拉后来留学海外，法语、西班牙语、意大利语说得和英语一样流畅。和这家人的交往，让我意识到自身因缺失高等教育而带来的遗憾，我们之间的沟壑是无法形容、难以估量的。幸好，我们有来自苏格兰的“相通血脉”，这一纽带给我带来了强大的力量。

爱迪生小姐是可交之人，就好比你有一颗真正的钻石，她就能够将钻石打磨抛光成耀眼的珠宝。她是我最要好的朋友，尽管她对我的举止总是提出严格的批评。从此，我开始注重自己的言语表达，如饥似渴地阅读经典原著。我留意该如何更好地与人打交道，简而言之，就是要求自己的言行举止更加温文尔雅、彬彬有礼。此前我在穿着方面是比较随便的：笨重的长筒靴，松松垮垮的衣领子，这些粗犷的着装是当时的西部风格，我圈子里的人都认为那样很有男子气概。其实，任何衣着一旦被贴上浮华的标签是很被人瞧不起的。记得在铁路公司上班时见到过一位戴着小山羊皮手套的绅士，当时我们一群所谓追求男子气概的人都嘲笑他。多亏了爱迪生小姐，是她教会了我什么才是优雅的穿着。在住到赫姆伍德之后，我的穿着细节有了明显的改进。

第 8 章　内战时期

1861 年，内战爆发。斯科特先生将我召去华盛顿，任命我为战争部部长助理，主管交通运输部。如此，我又当了他的助理，负责政府军用铁路和电报业务，同时着手组建一支铁路运输官兵队伍。这是战争初期政府的关键部门之一。

联邦军团的先遣部队在巴尔的摩受阻，导致巴尔的摩至安纳波利斯之间的铁路线瘫痪，和华盛顿的通讯联系中断。当局需要我带领辅助军团开通费城至安纳波利斯的铁路干线，这是从分支线延伸到枢纽的一个交汇点，从而接通开往华盛顿的列车。我们的首要任务是修复分支铁路轨道，让重型列车得以通过。这项工作耗时数天，我们成功地将巴特勒将军和几个军团运送到华盛顿。

我坐在开往首都列车的车头；一路上，列车开得小心翼翼。在距离目的地华盛顿不远的地方，我发现电报线被木桩压住了。于是我命令火车停下来，亲自跑过去搬开木桩，由于没有想到电线被木桩压住之前已经被扯到一边，因此在松开时，电线把我打翻在地，重重地弹击到我的脸颊，脸上顿时开了一道口子，鲜血直流。可以这么理直气壮地说，除了前些日子那一两个在巴尔的摩大街上受伤的士兵以外，我是“为国流血”的第一人。能够成为有用之人，为国家作出贡献，我感到无上的光荣。我真的是以实际行动作奉献的：夜以继日地工作，终于打通了与南方的通讯联系。

不久，我们的指挥部搬到了弗吉尼亚州的亚历山大，布尔溪血战之际我们就驻扎在那儿。起初我们对战况持怀疑态度，但很快战事就明朗化了，我们必须尽快调度所有的火车开往前线，将战败的官兵运送回来。伯克站是距离前线最近的一个站点，我到那儿指挥一列又一列的火车抓紧装运可怜的伤兵。由于得到情报说南方军正向我们逼近，我们被迫关闭伯克站，我和电报员乘坐最后一列火车前往亚历山大。那儿也是一片恐慌、混乱，工人们纷纷出逃。第二天早上我们清点人数，真是万幸，我们部门剩下的人数是比较多的；只有少数几个列车长和火车司机搭乘小船躲避到了波多马克河对岸，其余大部分人都留了下来。尽管每天夜晚敌人的枪炮声不断，但第二天早上我们的电报员一个不少，人人都依旧坚守在岗位上。

回到华盛顿不久，我便将指挥部设在了斯科特上校所在的战争部大楼里。由于我主管着电报和铁路两个部门，因而有机会见到林肯总统、苏华德先生、卡梅伦部长以及其他一些要员。偶尔间的私密接触让我无比开心。有时候，林肯先生还会来到我的办公室坐下，等待电报的回复，而有时他仅仅是坐着，焦虑地琢磨着军事情报。

这位非凡人物的肖像幅幅都惟妙惟肖，和他本人像极了。他的五官特征非常明显，所以任何人画起来都能心领神会。在我看来，安静状态下的林肯先生和普罗大众没有二致，而一旦他处于兴奋状态或是演讲之时，他的眼神就透出过人的才智，脸庞绽放着光芒，这是我在其他人身上无从寻获的。总统先生生来举止得体，对任何人都是那么和蔼可亲，哪怕面对的是办公室的小职员。他无微不至地关怀着每一个人，上至苏华德先生，下至送信的男孩，他的言语都是那么温文尔雅。他的人格魅力源于平等地对待每一个人。或许，他不善言辞，但他的平易近人往往赢得众人的尊重。即便是说件很平常的事情，他的表述方式都是那么独特。真是好遗憾，我当时没能将他那闪烁着智慧之光的言语认真记录下来。林肯先生是我所遇见能与普罗大众打成一片的第一伟人。就像海伊部长所说的："很难想象林肯先生需要旁人的伺候，人人都是他的伙伴而非侍从。"他是最完美的民主践行者，其一言一行都彰显着人人平等的理念。

1861年，当梅森和斯莱德尔被从英国邮轮"特伦"号带走时，人人都明白邮轮对英国来说就意味着庇护权，我们为此都忧心忡忡，这肯定只有一个结局：要么开战，要么交还俘虏。内阁会议决断这个议题的时候，部长卡梅伦正好缺席，因此斯科特先生作为战争部部长助理参与了讨论。我竭力让斯科特先生明白，英国无疑会就这一事件宣战，我力劝他支持交还俘虏而非开战，因为从美国的法律条款来看，邮轮享有搜查豁免权。由于不清楚国外局势，斯科特先生倾向于扣押俘虏。不出我所料，会后他告诉我，苏华德认为扣押俘虏就意味着开战。起初，林肯总统也倾向于扣押俘虏，但最终还是听从了苏华德的政策。论题悬而未决，内阁会议延至翌日，届时卡梅伦以及其他内阁成员都可以在场。苏华德请斯科特先生转告卡梅伦，一旦回来就去见他；他希望自己的观点在会前可以得到部长卡梅伦的支持，因为他有预感，卡梅伦是不主张移交俘虏的。第二天，一切如愿。

当时，华府的混乱局面人尽皆知。我难以描述自己内心的感受。我亲眼看到身为指挥官的斯科特将军由两人搀扶着走出办公室，穿过人行道，坐上他的专车。他老了，年迈体衰，不仅身体难以支撑，脑子也不管用了。老先生曾经显赫一时，是共和政体的顶梁柱。他的手下，后勤供应主管泰勒将军，在某种程度上可以说就是他的翻版。似乎也没有其他合适的人选了；为了通信的畅通以及人员和物资的运送，我们都是和他打交道。其他人都循规蹈矩且均已壮年不再，好些必须果断解决的事情，在他们那儿却要等待好几天才有结果。至少在我看来，政府找不出任何一个年轻有为的官员。长期的和平岁月，使得政府机构变得陈腐不堪。

虽然没有和海军部门有过接触，但我了解到情况也好不到哪里去。海军并没显示出它的重要作用，只不过是在编的一个军制而已。战败，还是战败！只有更换各个职能部门的领导，前景方可乐观，可这不是一两天就可以做到的事情。我们必须尽快生产出有效的武器，可显然这项要务被耽搁了，政府部门难辞其咎。但令我惊讶不已的是，蔓延在各个后勤部门的混乱局面很快就得到了控制，后勤人员有条不紊地执行着命令。

由于运营部门受到关注，我们的运作便显示出了巨大的优势。部长卡梅伦授权斯科特先生（他已经是上校了）不必等待战争部官方的缓慢决策，他可以径直去做自己认为必须做的事情。这项大度的授权可真派上了用场；多亏了部长卡梅伦的大力支持，内战初期归属政府的铁路部门和电报部门发挥了重要的作用。卡梅伦部长才干出众，能把握住问题的要害，其麾下的将军以及各个部门的头儿都难望其项背。可是，林肯总统迫于舆论的压力，最终将他从岗位上撤换了下来。其实，了解内情的人都明白，如果其他部门的管理能够像卡梅伦领导的战争部那样，那么好些灾难性的败阵就可以避免了。

洛希尔——这是卡梅伦的昵称,他喜欢人们这么叫他。他很重情义,九十岁高龄时还来到苏格兰探望我们。当坐在我们的四轮马车前排,穿越途中的一个峡谷之时,他因叹服于眼前的壮丽美景而虔诚地摘下绒帽。途中,我们谈到职务的升迁,一致认为人人都得通过自身的努力才可得到职位,除非是政府需要的人才,且在非常紧急的情况下,候选人方可得到提名。谈及此,洛希尔顺带讲起了林肯第二任期时发生的一件事。

有一天,卡梅伦在宾夕法尼亚州哈里斯堡近郊的家里收到一封电报,电文上说林肯总统要约见他。他即刻赶往华盛顿。

林肯总统说:"卡梅伦,我身边的人劝我竞选连任。他们说那是我义不容辞的职责,我是唯一能够把握国家命运的人。去相信诸如此类的说辞,我真是愚蠢呀。你说我该怎么办?"

"呵呵,总统先生,二十八年前杰克逊总统也遇到这样的情形,他把我叫去,所讲内容和您刚才说的一模一样。那会儿,我在新奥尔良收到他的信函,接着花了十天的时间才赶到华盛顿。我告诉杰克逊总统,个人认为最佳的办法是,促使美国其中一个州的立法机构通过决议案,要求船长在遭遇暴风雨时不得离弃船只,诸如此类。如果有一个州这么做了,我想其他地方政府也会效仿的。杰克逊总统赞同我这个主意,于是,我便返回哈里斯堡了。由于准备充分,决议案最终得以通过。正如我所料,其他州也紧跟着做了。这不,他赢得了第二任总统任期。"

"不错,"林肯道,"那么你现在也能够这么做吧?"

"不,不,"卡梅伦回答道,"我和你走得太近了,总统先生。不过,如果您乐意的话,我可以找到一个朋友来帮您。"

“好呀，”总统说，“这件事就交给你啦。”

卡梅伦找人叫来福斯特（他也是我们的客人，当时和洛希尔在同一辆马车上），请他去查阅杰克逊总统当年的那些决议案。紧接着，我们将决议案略微修改，以便适应新的形势和状况。立法通过之后，接下来的结果就和杰克逊总统当年的情形一样了。再次前往华府的当晚，卡梅伦参加了总统主持的招待会。当时宽敞的东大厅被人群挤得水泄不通，幸亏卡梅伦像林肯总统一样身材高大，林肯在拥挤的人群当中发现了卡梅伦，举起戴着白手套的双手朝他大喊：“今天又有两个州通过了，卡梅伦，又有两个。”他的意思是又有两个州通过了《杰克逊—林肯决议案》。

这是政治生活中的亮点。二十八年间在几近相仿的情势下，同一个人被两位美国总统请去出谋划策，而且促成了他们的候选人提名和成功连任，这是非同寻常的。这正如我在一个纪念场合所言：所有的一切都是筹划好的。

在华盛顿我无缘见到格兰特将军，因为直到我离开时他仍然在西部。不过，在往返华盛顿的途中，他在匹兹堡短暂休整，为调往东部作必要的准备。在他往返的途中我都有见到他，并和他在匹兹堡一起用餐。那会儿，列车上还没有配备餐车。在我所认识的身居要职的大人物当中，格兰特将军是最其貌不扬的一个，压根儿不会给人留下任何第一印象。我记得战争部部长斯坦顿说过，他在西部视察部队的时候，格兰特将军和随从都上了他的车；他眼瞅着一个个都进到车里，当迎面见到格兰特将军时，他暗忖：噢，我认不出哪位是格兰特将军，不过这位肯定不是的。其实，那人就是格兰特将军。（自传完成之后过去了多年，当我再次读到这儿的时候，忍不住笑了。这可真是难为格兰特将军了，因为我老是拿他来说事儿。)

在战争年代,人们谈论得最多的是“战略”,以及将军们的战事安排。让我感觉讶异的是,格兰特将军和我谈论起这些事来毫无顾忌。当然,他知道我是作战室的职员,而且和斯坦顿部长很是熟络,对局势的进展有一定的了解。但是,当他和我说到以下这番话时,还是令我蛮惊讶的。

“嗯,总统和斯坦顿打算派我去东线指挥作战,我同意了。我要去西部作必要的准备。”

“这正是我所预料的。”我说。

“我想让谢尔曼接管我的工作。”他说道。

“那样的话举国上下都要炸开锅的,”我说,“我认为在人们的印象中该由托马斯将军来接任您的职位。”

“是的,我明白。”他说,“我知道那帮人的想法。可托马斯会第一个站出来说谢尔曼是这项工作的理想人选,那是毋庸置疑的。事实上,西线战场已经干得很漂亮了,下一步我们必须推进东线的战场。”

他的确就是那么做的,那也正是格兰特表达策略的方式。我很荣幸在这战争岁月里和他相识相知。若要找出这世上没有任何装腔作势之人的话,非格兰特莫属了,林肯在这一方面都不及他。格兰特安静、慢性子,而林肯则总是充满活力和激情。我从未听过格兰特在表述时使用冗长而华丽的语句,或者是在表达方式上下一番功夫。不过,若大家认为他古板、保守,那就错了。有时候他非常健谈,口若悬河,令人佩服。他对事物的观察非常敏锐,表述简明扼要。而当感觉没什么可说的时候,他就一言不发。我留意到战争期间他对下属的夸奖毫不吝啬,说话时的态度就像慈父在开导孩儿般亲切。

在西线战事中有这么一个故事:格兰特将军在那开始过度酗酒,其参谋长罗林斯大胆力劝他要节制酒量。格兰特明白只有真正的朋友才会这么对待他。

“你真是这么认为的吗？我可一点儿都没有注意到啊。真是怪了！”格兰特说道。

“没错,我就是这个意思。您的手下已经开始议论这事儿了。”

“那你为什么不早点儿和我说？我再也不沾一滴酒了。”

将军说到做到,再也没有喝过酒。后来,有好几次我和格兰特全家在纽约一起吃饭,我亲眼见到将军将酒杯搁置一边。凭着顽强的意志,他坚持滴酒不沾。据我所知,这种笃定的意志力是极其罕见的。有些人的克制只能持续一段时间,例如我们中的一个合伙人三年未沾过一滴酒,可遗憾的是,到头来还是没有敌过酒精的诱惑。

格兰特总统在任期间被指控在人事任免和管理方面涉嫌受贿、贪污,其实他身边的朋友都认为他是非常清贫的;迫于压力,他宣布取消惯常的国宴,因为那是他的薪水所无法承受的:每次宴请都要花去 800 美元。在第二任期内,他的年薪从 2.5 万美元涨至 5 万美元,这能让他有些积蓄,虽然金钱和地位他都不太注重。据我所知,在其第一任期结束之际,他已身无分文。可是我发现,欧洲的官员普遍认为格兰特将军利用职权在人事任免上收受贿赂。众所周知,在美国这些站不住脚的指控是没有任何分量的,但那些不顾一切为其他地区和国家制造公众舆论的人达到目的了。

当今,英国不接受民主政体的主要原因是,民众普遍认为美国政治体制腐败,共和主义的观念更是腐败滋生的温床。不过,谈及两个国家的政治,我可以毫不犹豫地说,在新的共和政体里若存在一个腐败分子的话,那么在旧的君主制度下就有一打那么多,只是腐败的形式有所不同罢了。在君主政体中,贿赂的媒介是头衔而非金钱。官职在这两种政体中都是普遍适用的奖赏。其差异是,君主政体的国家赞成这一做法,头衔是公开授予的,接受者以及民众都不认为那是贿赂。

我 1861 年前往华盛顿工作的时候,以为内战会很快结束,但很快就从情势上判断,问题不是一两年就可以解决的。政府必须为此组建稳定的官员队伍。宾夕法尼亚铁路公司不可以没有斯科特先生,先生也决定让我回到匹兹堡,因为那儿非常需要我,而且也是政府对宾夕法尼亚铁路公司的要求。因此,将华盛顿手头的工作交予他人之后,我们都回到自己原来的岗位。

从华盛顿回来,我平生第一次罹患重病。我病得一塌糊涂,在勉强撑着处理完自己手头的事情之后不得不休假。得病过程是这样的:一天下午,在弗吉尼亚铁路干线干活的时候,我感觉自己中暑了,相当难受。稍微舒服一些之后,我再也不能待在高温下作业,必须远离阳光的灼热;天气一旦太热,就会让我萎靡不振。(这就是为何这么多年以来苏格兰高地才是我夏季的避暑胜地。我的家庭医生一再强调我必须避开美国的炎夏。)

病假请求得到宾夕法尼亚铁路公司的批准。利用这难得的长假,我回了趟故乡苏格兰。1862 年 6 月 28 日,我时年二十七岁,陪伴着母亲,叫上好朋友米勒,登上了开往英国的"埃特纳"号邮轮;我们在利物浦上岸后旋即前往丹弗姆林。回到这片生我养我的故乡,我思绪万千、感慨良多,一切仿佛是在梦中。每靠近苏格兰一英里,我内心的激动就增加一分。母亲的心情也和我一样;记得第一眼看到熟悉的黄色灌木丛时她惊呼起来："看呀！那是金雀花、金雀花呀！"

母亲激动得泪流满面，我越是安慰，她越是情难自已。而我呢，感觉仿佛置身于一片神圣的土地，真想扑向她的怀抱，亲吻她……就这样，怀着激动、兴奋之情，我们回到了故乡。途经的每一个景物，我们都可以立即辨认出来，不过我实在是好困惑：为什么在我的印象当中那些景物要高大得多呢？终于，我们来到了劳德姨父的家——那是姨父教会我和多德许多生活哲理的老屋。一进家门，我便大喊："你们都在这儿呀！这儿的每一样东西都和我离开时一模一样呢，不过你们现在都把它们当玩具玩儿了吧。"

在我儿时看来和百老汇不相上下的高街，可与纽约高楼大厦媲美的姨父家的店铺，还有那小时候周日常常跑去玩耍的环绕小镇四周的小山丘，房屋的高度，街区间的距离……这儿的一切全都缩小了。我仿佛置身于小人国：我一伸手几乎就可以碰触到我出生那间屋子的屋檐，还有小时候我们每到周六都得花好大劲儿才能赶到的海边，也只不过有三英里的距离，小时候我们采集过海螺的岸边礁石也不见了，只剩下普普通通的平坦浅滩。我唯一的母校，学生时代的记忆——小时候读书时的校舍，打闹和赛跑的操场，此刻在我的眼中似乎都成了微缩景观。那些漂亮的屋舍，如布鲁姆大厅、福德尔大楼，尤其是多尼伯瑞斯德音乐学校，都显得那么微不足道。省亲之旅之后，我去了趟日本，在那儿我见到好些如玩具般小型的房子，这让我想起故乡的祖屋，两者大小不相上下。

故乡的景物似乎都变小了。甚至莫迪街头的那口老井，那口让少年的我尝到不少苦头的老井，都变得和我脑海中的影像不一样了。不过，还是有一个景致仍然是我梦中的模样儿——那座古老、肃穆的大教堂没有给我带来失落感。大教堂依然气势恢宏，塔顶还是镌刻着让我过目不忘的文字：罗伯特·布鲁斯国王。大教堂的钟声也还是那么悠扬，乍一听见，还是令我心旌激荡。钟声是我的集结号，渐渐地，大教堂周边的景物、皇宫的遗址等等，在我眼中都恢复了原有的真实比例和规模。

亲人们非常热情友好，当中年纪最大的要数亲爱的夏洛特婶婶，一见到我们回来，她便兴高采烈起来："噢，我说嘛，你们总有一天是要回来的，总有一天会在高街开一家商铺的。"

能够在高街开间商铺，是婶婶对成功的理解。她的女儿女婿已经成功地做到了（两人都是我的至亲，虽没有很多的接触和联络）。她的侄子在她眼里更是前途无量、无所不能。当店老板在老家可算是贵族了，哪怕是在高街卖蔬菜水果，也要比莫迪街上的店主强多了。

婶婶是我小时候的保姆，所以她老喜欢说起我小时候的事儿。她说给我喂食时要准备两把调羹，因为只要调羹离开我的嘴巴，我就会尖叫哭闹。后来，钢铁厂厂长琼斯上尉形容我"出生时就有两颗牙齿，胃口比普通人大"，因为增加新的厂房和产量都难以满足我的欲望。由于我是家族新一代人中的第一个孩子，亲人们都非常乐意照看我，婶婶就是其中的一员。她们都和我说起童年时期的好些恶作剧和玩笑话，其中的趣事让我感觉自己是个懂事早熟的孩子。

我是听着长辈的至理名言长大的。父亲当时教了我一句格言，我很快就学以致用了：那次从三英里外的海滨回家，我还是个小男孩儿，所以父亲得背着我，黄昏时我们走到山坡的一处陡峭处，他实在是太累没法挪动了，想叫我自己走一段。结果，我是这么回应的："爸爸别急啊，男子汉要有毅力，要坚持不懈哟，对吧？"

他忍不住笑了起来，只好继续背着我前行。他这是自找麻烦呀。不过，我相信当时他一定感觉到背上的负重轻了不少。

当然，在家的时候，劳德姨父就是我的老师、辅导员、激励者。在我八岁那年，他教给我的知识培养了我的爱国心、想象力以及浪漫情怀。虽然现在我已二十七岁，劳德姨父在我心目中还是那么伟大，没人可以取代他在我心目中的位置。我俩常常一起漫步聊天，我仍然是他的奈格——这是我在他口中唯一的名字，永远不变的名字。我亲爱的劳德姨父，不，不仅是姨父，他意味着更多。

在家乡的日子如梦如幻，让我激动难眠，加之外感风寒，我发烧了。由于病情有点儿危急，我在姨父家躺了六个星期。那时苏格兰的医疗制度像神学一样严格（现在两者都温和多了），我不得不让医生抽血做各种各样的检查。我本来就贫血，所以病好后我好长时间都无法站稳。结果，我的省亲之旅以养病结束。好在返程时我的身体恢复得比较快，回到美国时我已经可以工作了。

记得回去上班的那天，公司为我举行了隆重的欢迎仪式，令我深深感动。东线工人集聚在礼炮一边，我乘坐的火车经过时，礼炮齐鸣。欢迎仪式给我留下了深刻的印象；或许，这是下属们第一次看到我的真情流露。我明白自己有多么在意他们，我也很开心知道他们同样关心着我。其实，工人总是会以实际行动报答我们的善意。如果我们与人真诚相待，那么我们就不必担心他人是否也同样真诚地对待我们。物以类聚，人以群分。

第 9 章　桥梁建设

内战时期，钢铁的价格涨至每吨 130 美元，即使是这个价格，也无法确保按时交货。由于铁路的兴建需要大量的钢材，因而美国的铁路建设很快就出现了停工的危机，这一事态促使我于 1864 年在匹兹堡组建了一家制轨企业。合伙人和创业资金都不成问题，先进的钢轨轧机和高炉等设备也已就位。

那时候，机车的需求量也很大，因此我和托马斯 · N. 米勒先生于 1866 年在匹兹堡成立了火车机车生产厂。我们这家企业一直都繁荣兴盛，所生产的机车在美国享有盛誉。截至 1906 年，企业的股票从原来的 100 美元涨到了 3000 美元，涨了近三十倍；当年的这一纪录在今天看来仿佛就是神话。企业办得非常成功，该股票的持有者每年都可以得到大笔的分红，这充分证明了我们经营理念和策略的正确；我们“要做就做最好的”。可以说，我们的成功是前所未有的。

在阿尔图纳工作的时候，我见到过宾夕法尼亚铁路公司生产的第一座小型钢构桥。我意识到那是又一个成功的标志，因为它意味着桥梁的建造不必依赖太多的木材，而是代之以钢铁，从而获得更耐用的铁路路轨。就在不久前，宾夕法尼亚铁路沿线上的一座木枕路桥被烧毁，导致交通中断了八天。如果钢构桥取而代之，我们就可以避免这样的损失。我向钢构桥设计师 H.J. 林维尔，以及宾夕法尼亚铁路桥梁建造负责人约翰·L. 派珀及其合伙人西弗勒先生提议，邀请他们来匹兹堡与我一道组建公司建造钢构桥。这是全美首家钢构桥梁建造公司。我邀请好友、宾夕法尼亚铁路公司的斯科特先生加入到我们的投资队伍里，他欣然应允了。我们各占五分之一的股份，约合 1250 美元。我参股的资金是向银行借贷的。现在看来，那笔借贷微不足道，但"涓涓细流汇成大海"。

就这样，1862 年，派珀西弗勒公司成立了，次年，该公司并入奇世通桥梁公司。我为"奇世通"这个名号感到无比的骄傲，因为它是最优秀的桥梁建设公司，在宾夕法尼亚备受关注，因而宾州也被称为"奇世通州"。据我了解，钢构桥最初是在美国得到广泛使用的，后来才在全世界推广。我致信匹兹堡的钢铁生产商，为新公司筹集到足够的信贷。接着，我们开办了一些小型木材店，几座桥梁的建造也相继开工。我们当时使用的主要材料是高质量的铸铁，桥梁建造得非常棒，极大地支持了繁重的交通运输。至今，好些铁路钢桥依旧在使用当中。

有人向我们提出了挑战：能否在斯托本维尔地区架起一座长达 300 英尺横跨俄亥俄河的铁路大桥？现在回头想想，对我们建造能力持怀疑态度的人看似多么可笑。不过，那是在钢铁时代之前，全美的桥梁几乎还都没有使用过熟铁。虽然我们主要的建造材质都是铸铁，可我还是竭力劝说合伙人无论如何尝试一番；最终，我们签署了合同。不过，我记得非常清楚，当铁路公司的总裁朱厄特来视察工厂，看到堆放在一旁、即将用于建桥的笨重铸铁零部件时，他转过身来对我说道："我认为这些沉重的铸件是不可能撑得起来大桥的，更不用说能够承载横跨俄亥俄河的列车了。”

然而，事实证明了一切。这座大桥承担着繁忙的交通重任，相当坚固，一直沿用至今。我们原以为在这项重大工程中可以赚上一笔，可由于建造期间的通货膨胀，最后几乎将利润都贴了进去。宾夕法尼亚铁路公司的总裁埃德加·汤姆森得知这一情况之后，同意额外拨款补贴我们的损失。他所说的理由是，合同签订之时双方都无法预料日后的情形。埃德加·汤姆森真是个了不起的大好人，虽代表宾夕法尼亚铁路公司一方，但还是我们亲密的合作伙伴。不过，在此我必须说明这不容忽视的观点：法律精神高于一切。

林维尔、派珀和西弗勒都才干非凡。林维尔是工程师，派珀是机修工，风风火火的，非常能干，而西弗勒则相当沉稳可靠。派珀上校技术非凡；有一次，宾夕法尼亚铁路公司总裁汤姆森曾告诉过我，有座烧毁了的桥梁需要修整，他宁可派遣上校只身一人而非整个工程队前往处理。上校有个“软肋”——特别喜欢马，这对我们来说实在是太幸运了，因为讨论工作的时候气氛难免过于激烈，那时候上校常常会显得较为暴躁，这时只要我们一提及马的话题，他那火爆的情绪就可以被压下去。他可以将其他一切事情抛诸脑后，全神贯注于马的话题。假如他劳累过度，我们就让他休假，去肯塔基州为我们挑上一两匹良马。在挑选马匹这件事上，他是我们唯一信任、值得托付的人。但是，他对马匹的狂热有时也会给他带来严重的后果。有一次，他来到办公室的时候我们发现他一只手里握着马鞭，半边儿脸上满是黑乎乎的泥浆，衣服是破的，帽子不知给丢哪儿去了。他向我们解释说，他想驯服一匹肯塔基小快马，结果连缰绳都弄断了。如他所言，当时的“舵效航速”失控了。

派珀是位绝好的同事，我们都叫他“管子”。只要他喜欢上某个人，比方说我，他就会永远追随在这人身边。后来，我移居纽约，他就将这份情感转移在我弟弟身上；他总是叫弟弟托马斯，而非汤姆。出于赞赏我的缘故，他后来给予我弟弟更高的礼遇。他非常尊敬汤姆，汤姆所说的任何话语在他看来就是法律、真理。他非常嫉妒我们的其他机构，例如，我们的钢铁厂为奇世通公司提供钢材，而他在那里并没有任何直接的投资。工厂的管理人员和上校就质量、价格等有过一些争执，但只要一遇到我弟弟，他就软下来了。有一次，他向弟弟抱怨说，那一年所供应的钢材价格不正确。事实是，当时谈好的价格就是“净价”，而何为“净价”并未明确。他想弄明白“净价”这个词语的真正意味。

“哦，上校，”我弟弟解释道，“净价就意味着不再有任何其他附加。”

“好吧，托马斯，就这样定了吧。”上校满意地回答道。

所以，将一件事情讲明白是有很多表达方式的。如果弟弟将“净价”说成“不再有所扣除”的话，争执的麻烦可就惹大了。

有一天，上校好不恼怒，因为在邓白氏公司发布的商业公司排行榜上，奇世通桥梁公司处于“BC”级别。此前他从没有看到过这样一本小册子，当得知自己的公司被贴上“不良信誉”的标签时，他忍不住要去找律师起诉这家出版商。后来，经汤姆解释说，奇世通之所以得到这样的评价，是因为公司从来没有任何的借贷，他的怒气就平息了。上校喜欢过“无债一身轻”的日子。有一阵子，好些小型商户财务紧张，周边的公司均濒临破产。其时，我正准备前往欧洲，他走来对我说：“您外出时，假如我不在任何单据上签名的话，州长是不可能从我们公司拿走任何东西的，对不？”

“当然，”我答道，“他不能。”

“那就好，我们静候您的归来。”

一说起上校，我就想起另外一个独特之人——来自圣路易斯的伊兹上尉。我们是在共同建造桥梁的日子里相识的。上尉生来就是个天才，只不过是缺乏一些科学知识，难以扶正他那超常的机械思维。他似乎属于那种希望按照自己的原创规划做好所有事情的人。若没有充分的放弃理据，他是会认定一条道彻底走下去的。他完成了圣路易斯大桥的设计方案之后，我将图纸交给林维尔先生过目，因他是全美桥梁设计方面著名的权威。林维尔看后找到我，显得忧心忡忡，他说：“要是按照这个方案建桥的话，大桥是立不起来的，因为它连自身的重量都无法承受。”

“哦，”我说，“伊兹上尉会来和你商讨这件事的，你可以委婉地向他讲明这一点，给个适当的定论，引导他往正确的方向思考。还有，不要和其他任何人说起这事儿。”

林维尔先生将事情处理得非常漂亮。可是在建造过程中，可怜的派珀根本没法遵从伊兹上尉的特殊要求。起初，派珀因接了这么大的工程项目而高兴，所以对伊兹上尉非常客气。起初，他甚至不称呼他为上尉，而是施以热情的招呼：“伊兹上校，您好！见到您非常高兴！”但随着事态的逐渐复杂，我们注意到他的问候变得冷淡了，不过他仍旧会说：“早上好，伊兹上尉。”他的热情一直都在降温，直到有一天，我们非常惊讶地听见派珀称他为“伊兹先生”。而快到工程结束的时候，派珀已经将称呼从“上校”的头衔变更为“吉姆·伊兹”了。其实，早在工程完工之前，人们就时不时地在“吉姆”的称呼之前加上“D”了[①]。伊兹上尉的才干、魅力和情趣都是毋庸置疑的，不过，若仅靠其专业知识而忽略他人的实

① 意指 donkey，意为驴子，隐喻为“傻瓜”“顽固分子”。

践经验和帮助，他是不可能建造起密西西比河上第一座长达 500 英尺跨度的桥梁的。

桥梁竣工之后，我跟派珀上校一起在圣路易斯多逗留了几天，以防在所有工程款项结算支付之前大桥被他人占用而发生意外。待上校拆移走大桥两端的木板支架，拟就好一份警卫执勤换岗计划后，他便非常渴望乘夜班列车回到匹兹堡的家中。我真不知道该如何挽留他，多亏想起了他的那个软肋。我说，我很想在这几天为姐姐买一对拉车的马匹，作为她的生日礼物赠送给她；我听人说圣路易斯盛产良种马，不知他有否见到过上乘的马匹。

派珀上校中计了。他向我介绍自己以往见过的驾车马匹的种类、参观过的养马场，滔滔不绝。我询问他是否可以在这儿再多待上几天，帮忙挑选马匹。我很清楚，他得来回观察、试驾才能作出最后的决定，这够他忙活些时日的了。果不出我所料，他最终挑中了一对绝佳良种马；可接着麻烦事儿又来了：他不敢将马匹给火车托运，得船运才安全，可一连好几天都等不到合适的船只。显然，上帝又帮我了。在上校眼里，这世上唯有马是头等大事，他不可能扔下马匹不管自顾自地离开这座城市。就这样，我们掌控着大桥的使用权，派珀上校也成了罗马传说中了不起的英雄赫雷修斯。他人品极好，是我最为垂青的合作伙伴之一；他为了大桥的安全付出了巨大的努力，应该得到嘉奖。

一直以来，奇世通桥梁公司的业绩是我最为满意的。全国几乎其他所有从事钢铁桥梁建造的企业都失败过，它们所建造的好些桥梁都垮塌了，或被强风刮倒，造成灾难性的铁路事故，但类似的灾难从未出现在奇世通公司所建的桥梁上。我们的桥梁能够抵御强风的袭击，这可不是运气使然，我们采用了最好的材料，没有任何偷工减料。我们的工厂生产铸铁，后来又生产钢材。我们的公司就是最严苛的质检员，只建造最安全的桥梁，别无他求。若桥梁图纸设计得不科学，或有人要求使用低劣、难以承重的材料时，我们会断然拒绝签约承建。只有那些配得上奇世通桥梁公司烙印的工程，我们才会承接（我们所建造的桥梁几乎遍及全美各州）。我们的自豪感就如同卡莱尔对其父亲的感受。当年，其父亲在安南地区建过一座桥，他引以为荣。“那是一座诚信之桥。”这了不起的儿子如是说。

诚信策略是我们成功的秘笈。创业是需要好几年时间打磨的，只有当工作业绩得到认可之后，事业才可稳步向前发展。从事建造业的企业都应当接纳质检员，而不是抗拒、排斥他们。只有坚持高标准，才有可能出产优良产品，高素质的人员理应竭力追求卓越。我未听说过有哪家公司可以凭靠欺诈、偷工减料而取得成功。即使是在竞争激烈的年代，尽管事事关乎价格，但若要成功，质量依旧是大企业成功的关键所在。企业中的每一个员工，无论是高管还是底层工人，都必须关注生产质量。此外，干净整洁的生产车间、精密优良的工具设备以及悉心维护管理的工作环境，也是重要的因素，不容我们忽略。

有位声名显赫的银行家，在匹兹堡参加银行家大会期间参观过埃德加·汤姆森的工程。他属于一个拥有数百代表的政党，他细察工程之后，对我们的经理如是说：“这些工程似乎只归属于某个了不起的人。”

我非常高兴听到银行家这样的评论，他道出了成功的秘密之一。只有了不起的人，才会有非凡的产品。有家颇有分量的企业总裁向我炫耀说，曾经有个质检员斗胆在他们工厂出现，结果被他们的员工赶跑了，此后他们再也不必担心其他质检员去找他们的麻烦。这被他当作一件幸事而津津乐道，但是，我个人认为，这家公司是无法经受竞争考验的，一旦时势艰难，他们会遭殃的。我的这个想法最终得到了验证。制造业首要考虑的是质量，之后才是成本，而且是在经历了漫长的岁月磨练之后。

这么多年下来，在奇世通公司的运作和管理上我事必躬亲；一旦有重大合约的商榷，我必在场参与。1868 年，有一次我和公司的工程师沃尔特·凯特，前去爱荷华州的迪比克竞标当时一个重大的铁路桥梁建设项目。这座大桥将横跨密西西比河，从跨度上来说，建造任务是非常艰巨的。其时，河水已经冰冻，我们只能乘坐雪橇过河。雪橇是由四匹马拉的。

我们那次竞标的成功，证明细节是获胜的关键。其实，在所有的投标中，我们的出价不是最低的。我们的竞争对手是来自芝加哥的一家桥梁建造公司，招标委员会已经准备将合约判给他们。不过我不肯放弃，坚持和委员会成员沟通，结果，我欣喜地发现他们对铸铁和熟铁特质的差异性一无所知。我们一直都是使用熟铁做桥梁上端的框架，而对方则是用铸铁，这个发现让我确定了和招标委员会商谈的中心议题，我向他们解释这两种材质所建造的桥梁分别被过往船只碰撞的不同后果：采用熟铁所造桥梁被撞后或许只是弯曲变形，而铸铁的呢，则肯定会断裂，最终导致整座桥梁垮塌。可喜的是，当中的一位成员，众所熟知的佩里·史密斯先生力挺我的观点，向委员会证实我对铸铁的陈述是可信的：有一天夜晚，他在黑暗中驱车，撞上了铸铁造的电线杆，结果路杆碎成了好几截。如果在佩里·史密斯先生的证言之前我就轻易得到了上苍的青睐，我是否该受到责难呢？

“嘿，先生们，”我说，“这才是关键所在。只要多花那么一点儿钱，你们就可拥有一座坚不可摧的大桥，这座以熟铁为材质的大桥能够抵御任何轮船的撞击。我们从未建造过，以后也永远不会建造质量低劣的桥梁。我们的桥梁是永远屹立不倒的。”

闻听此言，会场安静了下来。桥梁公司总裁、参议院议员艾利森先生问我能否容他们再考虑一下。于是，我退出会场回避。没过多久，我就被叫了进去；他们说如果我同意将标价降低一点，合约则归我们公司。我同意让步，那只不过是几千美元而已。史密斯先生那个铸铁路灯杆撞得可真及时，他给我们带来一项利润极为丰厚的建造工程。尤为重要的是，我们战胜了所有的竞争对手，获得了迪比克大桥建造的资质，这是一种荣誉。与此同时，此次竞标为我和美国最优秀、最有价值的公众人物艾利森参议员奠定了终生友谊的基石。

这段往事的意义显而易见。假如您志在必得，那么竞标时您必须在场。只要您在场，类似那意想不到的“撞碎路灯杆”的事情就有可能助您中标；如果可能的话，您可坚守现场，直至将合约装进自己的口袋回家。在迪比克桥梁项目竞标时，我们就是这么做的。尽管当时我们被告知可以先离场，合约将随后寄到，不过我们宁肯留下来，虽然心情焦虑，但我们看到了迪比克桥梁项目竞标过程中更为迷人的内幕。

在我们完成斯托本维尔大桥的建造之后，巴尔的摩和俄亥俄铁路公司觉得，非常有必要在帕克斯堡和惠灵顿两地之间也建造两座跨越俄亥俄河的大桥，以阻止它们最大的竞争对手宾夕法尼亚铁路公司占据决定性的优势地位。摆渡过河的时代即将成为过去。正是这次项目合约的签订，让我有幸结识了身居要职的加勒特先生，当时他是巴尔的摩和俄亥俄铁路公司的总裁。

我们殷切地向对方出示设计图纸和建造方案，以表达对两座桥梁安全竣工的信心，可是我发现，加勒特先生坚持认为我们不可能如期完工，所以他想让自己的公司建造引桥和短跨度桥段，问我是否允许他们采用我们的专利。我回答说，这是我们的荣耀，我们的技术能够得到巴尔的摩和俄亥俄铁路公司的认可，比得到十倍的专利费都更值。他们可以采用我们所有的专利技术施工，还可以使用我们所有的东西。

毫无疑问，我这个决定给这位铁路巨头留下了极好的印象。他显得非常高兴，完全出乎我意料的是，他竟将我拉到他的私人办公室，和我海阔天空地神聊起来。他特别提到曾经和宾夕法尼亚铁路公司之间的争执，其中包括总裁汤姆森先生以及副总裁斯科特先生，他也明白那都是我特别要好的朋友。我告诉他，在我来见他之前经过费城斯科特先生处，副总裁先生问过我的去向。

"我告诉他，我要去拜访您，希望得到建造跨越俄亥俄河大桥的项目合约。斯科特先生说我极少干蠢事，但这次可说不准，加勒特先生是永远不会将我考虑在内的，因为人人皆知我以前供职于宾夕法尼亚铁路公司，一直和前雇主保持着良好的关系。我说，没错，但我们还是要去把加勒特先生的项目合同拿到手。"

听罢，加勒特先生马上说，当涉及公司利益时，他往往是选用技术最佳的合作企业。他手下的工程师已经确认我们的技术和方案是最好的，这下，斯科特先生和汤姆森先生可是领教了他唯一的合作原则——公司利益至上。尽管他非常清楚我曾是宾夕法尼亚铁路公司的员工，可他就是认为这项工程得交给我们去完成。

其实，这次会谈我不甚满意，因为加勒特先生给我们做的全是硬骨头，那是工程中风险最大、困难最多的部分，而他的公司却要利用我们的施工方案和专利技术修建那些跨度小却利润丰厚的桥段。我斗胆向他提问:是否感觉我们没有能力在他们完成砌体结构之际即刻开放大桥通车,所以才将工程划分为几个阶段来实施。果然,他承认是有这样的想法。我向他保证,这方面没有任何问题,不需要担心。

“加勒特先生,”我说,“以我个人的债券作担保,您看怎样?”

“那当然可以。”他说。

“那好,您听着,”我紧接着说道,“我来承担这个风险吧!我清楚自己在做什么,我会承担风险的。假如您将整个工程都交由我们来实施的话,一旦您公司的砌体结构准备就绪,我们建造的大桥就马上通车。您希望我交多少债券?”

“好吧,”他说,“10 万美元吧,小伙子。”

“行,没问题,”我说,“准备起草合同吧,把工程全部交给我们。我们公司是不会让我损失 10 万美元的。您懂的。”

“那当然,”他回应道,“我相信,一旦你交了这 10 万美元担保,你们公司一定会夜以继日地施工,而我也就可以如期验收。”

这是当时我们与巴尔的摩和俄亥俄铁路公司最大的合作项目。毫无疑问,我是可以赎回债券的,因为我的合伙人较之加勒特先生更加清楚工程的进度;在俄亥俄河上施工可不是件简单的事儿,我们必须赶在对方砌体结构等基础施工准备好之前完成桥梁上层架构,只有这样我们才可松口气,免责于合同的条例规定。

加勒特先生因其苏格兰血统而无比自豪;因为一起谈论过伯恩斯,我俩成了亲密老友,之后他还邀请我去他的乡间庄园做客。在乡村生活的美国人不少,但如他那般富于情调的乡村绅士并不多见。他的庄园面积多达数百英亩,环境优美,车道两旁如公园般诗情画意,园里圈养着一群良种马、牛、羊和狗,置身其中仿佛让人觉得是在享受着英国贵族大家庭的乡野生活。

造桥之后，加勒特先生决定铁路公司应从事钢轨制造，并且申请了贝塞麦专利的使用权。巴尔的摩和俄亥俄铁路公司可是我们最大的客户之一，所以我们很自然地急忙阻止他们在坎伯兰郡开设钢轨制造厂。其实，这是个注定要输的规划，因为我强烈地认为，如果他们自己钢轨用量不大的话，购买要比生产划算得多。我为此拜访了加勒特先生，与他讨论斟酌。当时他意气风发，因为对外贸易以及邮轮航线的兴旺，正在将巴尔的摩发展成商业港口；他亲自驱车，带上我和陪同的员工去看计划扩建的几个码头。看着海外货物从轮船上卸下，移送进火车车厢，他转过身来说："卡内基先生，这会儿你该意识到我们庞大运作系统的重要性了吧。你也可以理解为什么我们要自主生产工程所需的每一个配件，甚至钢轨了吧。我们不可以倚赖私人企业提供我们所需要的主要配件，我们得自给自足、自成体系。"

"没错，"我说，"加勒特先生，这主意很宏大，但实际上，您的'庞大系统'没有给我震撼感。我查阅过贵公司去年的财务年报，得悉你们去年货运总收入是 1400 万美元。而我执掌的公司是从山上直接采掘原材料的，然后自行生产、高价售出。相比于我们卡内基兄弟公司，贵公司着实小了点儿。"

我曾经的铁路公司学徒身份，在这件事上帮了我的大忙。此后我再也没听说巴尔的摩和俄亥俄铁路公司与我们竞争的说法儿，加勒特先生也和我成了终身不渝的好友。甚至，他还将自己饲养的苏格兰牧羊犬送给了我。我曾经供职于宾夕法尼亚铁路公司这一"芥蒂"也溶解在"我俩身上共同流淌着的苏格兰血液"中。

第 10 章　钢铁厂

虽然奇世通公司成立时间不长，但我一直都对它偏爱有加，因为它是我们所有其他公司的母舰。其时，熟铁优于铸铁已是不争的事实，为了保证工程质量标准，同时也为了制造市面上无可取代的型材，我们决意向钢铁制造业进发。出于一致的利益驱动，我和弟弟以及托马斯 · N. 米勒、亨利 · 费普斯、安德鲁 · 克罗曼组建了一家小型钢铁厂。米勒和克罗曼是钢铁厂的先驱，之后米勒又引荐费普斯加入。1861 年 11 月，米勒借给他 800 美元，买下工厂六分之一的股份。

我必须说明，我们对汤姆 (米勒的昵称) 感激不尽，因为他是我们钢铁制造业的创始人。时至此刻 (1911 年 7 月 20 日)，他依然健在。他是我们历久弥新的好友，我们时刻感受着他那可爱天性中散发出来的愉悦和开朗。岁月的风霜使他变得愈加温和，即便面对那些有悖于真正宗教信仰和立场的神论学说，他也不再暴跳如雷。时光可以使人变得更为通情达理，这是可喜之事。(1912 年 7 月 19 日，当再次校阅于此时，我不禁潸然泪下——我亲爱的挚友汤姆 · 米勒已于去年冬季在匹兹堡辞世。我和妻子前去参加了他的葬礼。从此以后，我的生命中逝去了一些东西，我的人生损失惨重，我再也无法见到当年创业时的第一个合作伙伴、耄耋之年的挚友。我可以随他而去吗？不管他在何方，我都可以随行吗？）

安德鲁·克罗曼在阿勒格尼市有家小型锻钢车间，当年我还在宾夕法尼亚铁路公司担任主管时，就感觉他那可以生产出质量最好的车轴。克罗曼是优秀的机修工，他认为任何与机械有关的事情，哪怕不被匹兹堡当地人看好，他都值得去尝试，并且应当作出成绩来。他考虑问题周全，是典型的德国人思维方式。他的产品成本颇高，但经久耐用。由于材质分析缺乏科学的计量方法，早年出产的车轴，使用寿命是个令人头疼的问题。

这位德国人的发明创造可真不少！他是第一个采用冷锯技术将冷铁精确切割之人。他发明了复位机用于桥梁接口的锻接，还打造出美国第一台通用轧钢机，而这些成品都出自我们的工厂。那次圣路易斯大桥项目进展到拱形桥体接龙时，伊兹上尉正为找不到连接轴而发愁（承约方无法提供），施工只有停顿下来。恰在此时，克罗曼告诉我们他可以捣鼓捣鼓，还说他知道其他人失败的原因。果真，他造出了连接轴，那是当时国内最大的半圆形连接轴。通过这件事，我们对克罗曼先生的信心倍增；只要他说能够研制出产品，我们就坚信他一定能行。

此前我有提及费普斯一家和我们家人的亲密关系，早年他们的长兄约翰是我的重要合作伙伴，而亨利则在我执掌的部门干了好几年，这家伙机灵聪明，活干得漂亮，总能吸引我的注意。有一天，他向大哥借了 25 美分，约翰以为他要干要紧的事，连问都没问就给了他 25 美分。翌日清早，《匹兹堡快讯》登载了这样一则告示：一名主动勤快的男孩祈盼工作。

这就是那精力充沛、勤快机灵的小鬼亨利借钱干出的好事儿，有可能这是他有生以来第一次花25美分。广告很快得到回应，颇负盛名的蒂尔沃斯和彼得威尔公司请这位“主动勤快”的男孩过去应聘，结果亨利得到了一份信差的活，而且每天早上的首要任务是打扫办公室，这是公司的惯例。征得父母的同意之后，这位年轻人就开始了商海浮沉的人生。这不是啥新鲜事，像他那样的孩子肯定是勇往直前、义无反顾的。很快，他便成为老板不可替代的得力助手，而且在公司的分支机构当了个小小的股东。亨利这小伙时刻都给人机灵的印象，因而没过多久就被安德鲁·克罗曼的合伙人米勒先生相中，一起在第二十九街上建起了炼铁厂。亨利是我弟弟汤姆的同窗好友，打小就在一起，在弟弟汤姆1886年去世之前，他们一直都保持着密切的合作关系。他们从事的工作大同小异，都在两人有共同来往业务的企业中持有相等的股份。

这位以信使起步的家伙是当今美国富豪之一，此刻已经开始向世人证实其剩余财富的使用去向。多年前，他在阿勒格尼市和匹兹堡的公园捐建漂亮的音乐学校，而且规定“学校必须在周日对外开放”，以此表明他是属于这个时代的。他的捐赠和规定引发了民众极大的反响，牧师纷纷召集礼拜集会谴责他的做法是对安息日的亵渎，但是普通老百姓却一致反对这种小心眼的观点，市政议会当局也欣然接受了他的捐建。对于牧师们的抗议，他是这样回应的：“先生们，生活对于你们来说确实非常如意，因为你们是时间的主人，每周只需工作一天，在其余的六天里你们可以去欣赏大自然的旖旎风光，你们是多么幸福自在呀！但是，普罗大众一周只有一天的休假，这一点你们非常清楚。可你们还要竭力排挤掉他们每周仅有的一天娱乐休闲。你们难道不觉得惭愧吗？”

同样是这些牧师，最近就匹兹堡教堂的音乐争执不已。一边是他们讨论教堂是否该配备风琴，而另一拨勤劳的民众则在安息日去了对外开放的博物馆、音乐学校和图书馆。如果神职人员不能尽快迎合大众生活的真正需要（这是他们的职责所在）而一意孤行，他们的教堂终究会空无一人，因为那些顾及民众喜好的休闲项目极具竞争力。

遗憾的是，克罗曼、费普斯两人与米勒的生意理念很快就产生了差异，后者被迫退出。我个人感觉米勒是有委屈的，所以我和他于1864年联合起来建起新的工厂，取名“独眼巨人”。工厂投产后我们又做出明智的举动，将新旧车间整合起来，1867年，经过合并的联合钢铁厂成立了。令我始料不及的是，米勒先生再也不愿意和以往的合伙人克罗曼和费普斯有任何生意关联。其实，这没有什么大不了的，因为他们是不可能颠覆我们钢铁厂的，米勒先生、我弟弟和我是完全控股人。可是，米勒先生非常固执，他要求我买下他的股份；尽管我竭力劝他放下前嫌，可无济于事，我只有依从了他。他那爱尔兰人顽固不化的血性，可是典型到了极致。不过，事后米勒先生告诉我，当初懊悔没有听从我恳切的建议；作为公司创始人之一，他本该收获回报的——他本人及其追随者都可以成为百万富翁。

那会儿，在制造行业我们尚属小不点儿，可“独眼巨人”的厂房占地面积多达7英亩，这在当时是公认的巨大地块了，我们将一部分放租了好几年。不久，问题出现了：我们是否继续在这块地上铸造钢铁呢？其时，克罗曼先生已经成功研发出了铁质横梁，这项技术那些年来一直都是我们厂遥遥领先竞争对手的法宝。为此我们开辟出新的厂房，按照客户的需求铸造各种类型的产品，特别是其他公司无法承接的订单，因为随着民用工业的发展，国家对制造业的需求越来越大。先机就是制胜的法宝；其他企业不懂制造，或者不愿意去做的，我们就要去尝试，这是我们企业必须坚守的行规。同时，我们一定要以品质取胜，必须时刻为顾客着想，哪怕有时候得牺牲自己的一些利益。争执一旦发生，我们必须为对方利益着想。这是我们的经营之道，正缘于此，法律纠纷从来都没有降临我们头上。

渐渐地，我对钢铁制造业有了点滴了解，但令我惊讶的是，业界没有人能够说清每一道工序的生产成本。就成本问题，我询问过匹兹堡好几位制造业的领军人物，可他们都说不清楚。这笔买卖可真是糊涂账，只有在年底结算的时候，工厂老板才能弄清楚自己的盈亏状况。我听说，有些人预计年终会有所亏损，而结果却盈利了，有些人的情形则正好倒了过来。我感觉那样干活仿如鼹鼠在黑洞里挖洞，实在是忍无可忍，因而决定工厂必须实施计量和会计制度，从而让我们明晰每一道工序的具体成本，尤其是明晰每个员工的工作表现，如材料的节省、浪费、产品的优劣等等。

任何人都无法想象实施这一制度的艰巨。工厂里所有经理自然都反对这种新制度。制度实施的精准性，是需要经年的时间打磨的，由于员工的配合，计量制在生产流程的各个环节都实施了起来，相互之间形成了比较，因为我们不仅知悉每个部门都在忙些什么，而且还知道熔炉边每个人是怎样操作的。此外，会计制度的严格实施，也是在制造业领衔取胜的主要因素，只有这样，人人才会对原材料以及成本的耗费负起责任。若员工未经老板审核而花出去 5 美元，那老板一定会对擅自滥用起反感，可是，在没有严密会计制度不明白成本核算的情况下，工厂每天都在消耗数以吨计的原材料。

西门子燃气熔炉的钢铁冶炼已经在英国广泛应用,不过它的成本实在是太高了。当时匹兹堡制造业年长的巨头们,对这种高能耗的新型熔炉颇有看法,这事儿我记得非常清楚。不过,若冶炼量大的话,这种新型熔炉的材料损耗比传统熔炉节省了一半,哪怕它比普通熔炉的造价要贵两倍。其他公司许多年后才学到我们的创新方法,而那期间我们公司的大部分利润都是利用这先进的熔炉节约成本而赚取的。

依据严密的会计制度,我们在大批量钢铁冶炼中减少了巨大的耗材浪费,同时制度的推进也让我们发现了人才——员工威廉·博恩特莱格,克罗曼先生德国的远房亲戚。有一天,他干了件漂亮活:他提交了一份有关新制度实施以来公司业绩的详实报告,这简直太不可思议了,让大伙儿都惊讶不已。我们并没有要求他这样做,他是在晚间休息时间完成报告的;报告的展示方式很独特。毫无疑问,威廉即刻被升至工厂主管的职务,后来还参与我们的创业,成为我们的合伙人之一。这位当年穷困的德国小伙后来成了大富豪,名副其实的大富豪。

1862 年,人们的目光纷纷转向宾夕法尼亚地区新发现的大油田。朋友威廉·科尔曼(其女儿后来嫁了我弟弟)对此颇感兴趣,但他不愿意投入,只是要我陪着去油田区逛逛。这是一次意义深远的旅行。人们成群结队向油区奔拥而去,导致好些人都没法找到栖身之地,一间棚屋几个小时之内就人满为患,生活起居根本谈不上舒适。其实,这些人都过着中等偏上的舒适日子,有不少财产,但为了追求更多的财富宁可吃苦冒险,这可真是不可思议。

仿佛,油田区在组织一次盛大的郊游,处处热闹非凡,洋溢着欢歌和幽默滑稽的说笑。人人都显得那么兴奋,似乎财富触手可及。彩旗在起重机的顶端飘扬，写在上面的标语令人摸不着头脑。记得我亲眼看见两人在河边踩着踏板抽油，他们的标旗上写着：要么一直挖到地狱，要么挖到中国去。他们就那样可劲儿地挖着，不管原油埋在多么遥远的地方。

美国人的适应能力在这个油区得到了最好的体现，混乱的场面很快就得到了控制，一切骤然变得井然有序。我们在这里还没待上多久，沿河而居的新移民就已经组织起一支管弦乐队，为大伙儿演奏起了小夜曲。可以肯定地说，只要有那么上千美国人到了一个新的地方生存，他们就会组织起来建立学校、教堂、报社和管弦乐队，总之，他们会为自己开拓文明生活所需的一切，继而促进他们国家的繁荣发展。而上千个英国人聚在一个新地方会怎么样呢？他们会从中找出那世袭地位最高者（这得归因于祖先的庇荫），让其统领大伙。美国人可只有一个选拔原则：能者上。

如今，克里克已经演变成了居住着数千民众的城镇，而对岸的泰特斯维尔也同样如此。起初，当地的土著塞内卡印第安人用毛毯将溪流表层的原油捞起，就这样，他们每个季度都能有好几桶油量的收获；时至今日，该地已经发展了数个小镇和炼油厂，输入多达数百万美元的资本。那时候的管理非常粗陋，工人将原油直接灌入平底船，因而泄露严重，造成河水污染；同时，河水也倒灌进船舱，混入原油当中。居民在溪流的好几处地方都修有堤坝，并定时开闸；待溪水涨到一定高度，人们便可将油船划向阿勒格尼河，再驶往匹兹堡。

所以，不仅是流经小镇的小溪，还有阿勒格尼河面上都漂浮着油污。据估计，油船在驶往匹兹堡的途中原油流失了总量的三分之一，而且由于泄漏，原油在起运之前肯定也损失了三分之一。起初，印第安人采集的原油以瓶装的形式在匹兹堡出售，那么一小瓶就能卖了一美元，售价高得堪比药价。坊间谣传说，它可以用于治疗风湿。后来，由于供货源源不断，价格也自然降了下来，其所谓的医疗功效的叫卖声也就消失了。我们人类是多么愚痴呀！

斯多丽农场里有好几口不错的油井，所以我们以 4 万美元的价格将其悉数买了下来。科尔曼先生有过建议说，公司应当开挖一个足以容纳 10 万桶原油的池子，让运油船上泄露的原油经由河水汇入池中，那样一来，油湖就自然形成了。我们当时预想，当哪天石油供不应求的时候，这个油湖就可派上用场了。为此，我们立即行动起来，可是，那样的一天终究没有等来，我们只好放弃这个储油池，为此还浪费了好几千桶原油。当时，科尔曼预测石油供应一旦紧缺，油价就会飙升至 10 美元一桶，那时我们的储油池就价值百万美元了，因为当时我们每天的开采量是以数千桶计的，按此计算，油田的自然储备终有枯竭的时候。

很幸运，4 万美元的投资给我们带来了丰厚的回报，我们随之又将其中的收益用在了刀刃上：匹兹堡新厂房的修建不仅需要资金投入，还要公司抵押贷款。现在回想当年的举措，我觉得年轻人从抵押贷款中是受益匪浅的。

基于自己对油田投资的兴趣，我数度前往油区，并且在 1864 年还到俄亥俄州考察一处油田，因为那有口非常不错的油井，出产的原油特别适合提炼润滑剂。在我看来，那是一次非同寻常的行程，同去的还有科尔曼先生和戴维·里奇先生。我们在距离匹兹堡数百英里的地方下了火车，经过一片荒芜地带，直抵鸭子溪水域，在那儿，我们终于看到了那座巨无霸油井。回程之前，我们敲定了这笔买卖，将油井买了下来。

可是，刚一踏上归程，我们便一路险象环生。去的时候，天气非常好，路况也不错。不过，在油区逗留期间，天就下起了大雨，马车在返程的路上没走多远就陷进泥沼里，步履维艰。由于狂风暴雨，我们只好露宿野外，科尔曼先生和里奇先生分别睡在马车的一边，好在我当时体重不足100磅，所以仿如三明治般挤躺在两位身材魁梧的绅士中间。马车时不时颠簸着艰难前进，但很快又会陷入泥沼中。就这样，我们熬过了整整一宿。我们各自将脑袋放在马车前端的座位底下；尽管长夜漫漫，我们却感觉无比畅快。

次日夜晚，我们熬过了艰难困苦，终于来到了一个乡间小镇。那儿的小教堂灯光映照着小镇，钟声悠扬。我们刚踏进小旅馆，一群人就走过来，告知我们说集会就要开始了。显然，他们是在等待一位迟到了的牧师。他们误以为我就是这位缺席的牧师，问我还需要多长时间做准备。伙伴们和我真想与他们逗乐一番，可我实在是累瘫了，没法儿去装扮牧师。那是我有生以来第一次近距离接触讲道坛。

我是该将自己更多的精力投入到投资运营上了，因此我决定辞去铁路公司的职务，全心全意投身到自己开创的事业当中。就在我作出决定之前，汤姆森总裁还把我叫去费城讨论我的升职事宜，他想让我担任刘易斯总经理的助理，办公地点在阿尔图纳。我回绝了，同时告诉他我已经作出辞职的决定。我意在以正当的途径敲响财富之门，铁路公司那份薪水是满足不了我赚大钱的人生目标的。主意拿定的当晚，董事会的高层，包括法官在内，都参与了我本人去留的决议。

我向总裁汤姆森递交了辞职信，在信中我重申了自己辞职的缘由；总裁在回复中向我表达了热情洋溢的祝福。1865年3月28

日，带着铁路公司伙计们赠送给我的金表，我辞职了。这块金表以及汤姆森先生的回信，是我最具纪念意义的珍藏。

以下这封信是我离职前写给分部同事的：

致匹兹堡分部全体同仁伙计们：

在我们即将天各一方、依依惜别之际，请允许我在此表达对大伙儿深深的不舍。

我们之间十二载春秋的融洽相处实属难得！大伙儿对公司的忠诚奉献令我钦佩。从今往后，我再也不可以如往昔那样，和各个部门的同事们亲密无间地朝夕相处了，一想到这儿，离别的痛苦就涌上心头。经年以来，我们从最初的单纯工作伙伴渐渐成为了莫逆之交。我坚信，尽管往后没有我的相随，大伙儿在匹兹堡分部的日子也会一如既往地红火；我也坚信，大伙儿为宾夕法尼亚铁路公司辉煌业绩的忠诚奉献终将获得应有的回报。

再次感谢大伙儿对我始终如一的关心，感谢你们一直以来对我的热忱支持，没有你们的努力拼搏，我的愿景只会是空谈。在此，我也希望大伙儿给予我的继任者继续的支持。后会有期。

诚挚的
安德鲁·卡内基
宾夕法尼亚铁路公司匹兹堡分部主管办公室
1865 年 3 月 28 日于匹兹堡

从此以后,我告别了为薪酬而工作的打工生涯。如果一个人必须得受薪打工,那他注定要在狭隘的空间听命于他人。哪怕他是公司的总裁,他也很难当家做主,除非他掌控了公司一定的股权。最优秀的总裁也得被董事会成员和股东牵着鼻子走,而这些人有可能对公司业务一窍不通。不过,令我庆幸的是,目前我的挚友都是当年和我一起在宾夕法尼亚铁路公司打拼的伙伴。

1867 年,费普斯先生、J.W. 范德沃特先生和我一道重游欧洲,我们仨踏遍了英格兰、苏格兰以及欧洲大陆的每一片土地。旅行的缘由是这样的:范迪(范德沃特先生的昵称)老早就是我的好朋友了,而在读完贝亚德·泰勒所著的《旅途风景》之后,我俩便思绪万千。那时候石油价格已经飙升,原油股票暴涨。一个周日,我们俩仰躺在草地上,我问道:“假如赚了 3000 美元,你乐意将之花在我俩的欧洲之行上吗?”

他是这么回答的:“鸭子想游泳吗?爱尔兰人乐意吃土豆吗?”

很快,范迪就将自己存下来的数百美元买了石油股票,赚到了欧洲旅游的费用。我们的欧洲之行就这样开始了,还邀请到了我的搭档亨利·费普斯,其时,他的经济实力已经是资本家级别了。我们以青春般的活力饶有兴致地游览了欧洲大部分国家的首府,攀上了每一座山巅;因为随身背负着露宿用具,夜晚我们就在山顶露营。一路走去,我们到达了目的地维苏威火山。在那里,我们作出了有朝一日环游全球的决定。

这趟欧洲之旅让我受益匪浅。此前,我对绘画和雕刻知之甚少,可是旅行不久我即学会了鉴赏大师们的作品。人往往不可能在旅行的时候汲取艺术作品的菁华,然而一旦回到美国,他就会在不知不觉中否定从前自以为是的“美丽”,并树立起新的鉴赏标准;

真正的大师杰作会让他耳目一新，而那些赝品或自命不凡之作就再也提不起他的兴趣。

这趟欧洲之旅还让我有生以来第一次感受到了音乐的美妙。其时，亨德尔周年纪念音乐会正在伦敦举行，那是迄今为止我所感受到的最为雄浑的音乐张力。在水晶宫，在大教堂，在歌剧院，所到之处的音乐演出，大大提升了我的音乐欣赏水准。在罗马，罗马教皇唱诗班的演出，以及圣诞节和复活节期间教堂里的庆祝活动，让我享受到了音乐的盛宴。

此外，欧洲之行大大丰富了我的从商理念。我们必须迈出这个国度飞速运转的陀螺的局限，方能准确预测出运行的速率。那会儿，我感到类似我们这样的制造企业，很难满足本国民众消费的需求，可是海外却是另一番景象，欧洲似乎看不到大的发展。除了那几个国家首府，欧洲大陆上的一切几乎是静止的；美国则一派欣欣向荣，正如小说《巴别塔》所描绘的那样：川流不息的如织人流，为建造这座通天塔而努力争相奋斗。

我得感谢堂兄多德 (乔治·劳德先生)，是他的新发明 (也是美国同类项目的第一个) 促进了我们企业的大发展。他领着我们公司的科尔曼先生来到英国维根地区，给他讲解、展示在煤炭中筛选、提炼焦炭的全过程。此前我们已经不断收到科尔曼先生的劝告：丢弃煤渣是巨大的浪费，应当将之利用起来。多德是机械工程师，曾经师从格拉斯哥大学物理学家开尔文勋爵。1871 年 12 月，他将科尔曼先生的建议落到了实处：由我出资在宾夕法尼亚铁路沿线建起数座炼焦厂。公司与全国几家主要的煤炭公司签订十年的供货合同，由我们收购他们的煤渣；同时，我们还和铁路公司签约，由它们负责材料和产品的运输。就这样，劳德先生来到了匹兹堡;在那几年的经营管理中,他一直都在研发全美首台洗煤机。终于,他成功了,而且在机器运作之后不久就偿还了所有的研发成本。劳德先生在采矿业界以及他所从事的机械领域,从未有过失败的记录。怪不得后来我的合伙人要将炼焦厂收归到集团旗下。其实,他不仅是想得到这家工厂,更主要的是想得到劳德。多德已经声名远播了。

工厂里的炼焦炉与日俱增,直至500台之多,每天的洗煤量近1500吨。的确,每当经过拉瑞莫火车站附近的炼焦炉时,我内心里总会有那么一番感慨:通常绿叶只可一片一片地冒出,而若有人能将一片绿叶分成两片,那是多大的能耐呀!对社会的贡献是多大呀!这就是我们整个民族的重任所在。同理,我们能够从废料中提炼出优质的焦炭,这是多么荣耀、多么自豪的事呀!况且,我们还是国内首个变废为宝的企业。

我们还有另一个宝贝级的合伙人,我的老家丹弗姆林莫里森表兄的儿子。有一天我途经工厂,主管问我是否知悉厂里的一名优秀技工是我的亲戚,还问我是否愿意和他四处转一转、好好聊聊。我并不知道此人,于是我们见面了。我问起他的名字。

"莫里森,"他答道,"罗伯特的儿子。"(罗伯特就是我的表兄鲍勃。)

"哦,你怎么会来到这儿呢?"

"我想来这儿的话,家里的日子会过得好一些。"

"谁和你一块儿来的呢?"

"我太太。"他答道。

"那你为什么不先来找你的亲戚我呢?或许由我介绍你到这儿来会更好一些。"

“嗯……如果我有机会获聘，感觉还是靠自己好一些。”

这就是莫里森踏实的回答，他明白一切都得靠自己，得如金星般特立独行。没过多久，我就听说他被提拔为迪凯纳新建工厂的生产总监，而且从此平步青云。今天，他虽已腾达为百万富翁，可还是那么平易近人。汤姆·莫里森是我们的骄傲。（就在昨天，我收到了他寄来的邀请函，盛邀我和太太在参加卡内基学院周年庆典期间去他家做客。）

我总是向合伙人提议扩大钢铁厂的生产规模，与此同时拓展与钢铁制造相关联的领域，可是，我的想法总是被困在襁褓里，不见实施。美国已经出台了海外物资进口的关税政策，所以我们对公司的未来发展完全没有担心的必要。我非常清楚，内战已经促使一部分国人下定决心自力更生，尤其是涉及国家安全和利益的关键事务不再依赖欧洲各国。以往美国不得不从海外大批量进口各种类型的钢、铁原材料，主要供应商是英国。可现如今国人要求自给自足，议会也已经通过议案：进口钢轨须征税 28%，即每吨征税 28 美元。其时，钢轨的售价大约是每吨 100 美元，其他物品的关税可依此类推。

这项贸易保护措施促进了当时美国制造业的发展。内战之前，国内党羽纷争，南方各州主张自由贸易，因为他们认为关税只是有利于北方地区的发展。而英国政府对南部邦联的同情和支持，则导致了阿拉巴马州的背离，走私船对国家经济的蚕食也达到疯癫的状态，英美政府之间因此而敌对起来，尽管两国民众之间并没有反感情绪。至此，关税问题再也不是政党之争，而是国家政策的议题，所以关税政策得到共和、民主两党前所未有的一致认同；这已经是一项爱国政策，有利于重要资源的开发利用。国会中有超过

90 位北方民主党议员，其中包括众议院议长，都赞同这一观点。

从此，国人不再忧虑投资制造业，因为毫无疑问，只要有市场需求，国家就会给予政策保护。内战结束后的那几年里，人们对降低关税的呼声日益高涨，我也卷入了这场纷争；民众纷纷指控制造商向议员行贿。据我的了解，这些指控都是莫须有的；制造行业的老板每年仅仅是缴费几千美元以维持钢铁协会的日常运作而已，除此以外从没有过任何其他的金钱交易，这一点是毫无疑问的。的确，我们业界有过募集资金，不过那只是一笔自愿性质的捐款，用于有关“保护对抗自由贸易”运动的开展。

由于我的不懈推动，国家对进口钢铁的关税持续降低，钢轨的税费从每吨 28 美元降至 7 美元，只是原来税收的四分之一。(今年，即 1911 年，税费又降了近一半，而且在下一次的国会修正案中还会降低。) 克利夫兰总统拟通过一项税改政策决议，他的这一大动作令人瞩目。这一政策波及面太大了，决议一旦通过，制造业的损失会很大。华府邀请我前去参与修订《威尔逊法案》。我主张适度的贸易保护，与我立场一致的还有参议院民主党党魁戈尔曼议员、纽约州州长弗劳尔，以及一大拨才干卓著的民主党人。其中的一些人反对出台《威尔逊法案》，认为没有必要如此激进，否则民族工业一定会受到摧残。戈尔曼议员说，假如共和党参议员团结一致坚持大幅度减免关税，法案就会顺利通过，所以他希望我在议政会上竭力陈词，让法案尽可能少地伤害到制造业的利益；他和同僚都信任我，在钢铁领域的税率问题上愿意听从我的引导。我记得当时他是这么说的：“我可以和总统对着干，但必须要打败他；我不可以和他对着干却被他打败。”

弗劳尔州长的观点也是如此。由我提出的大幅减税倡议，得到了我们民主党派人士的一致赞同，就这样，《威尔逊—戈尔曼关税法》顺利得以通过。后来，戈尔曼议员向我透露，当时为了保证关税法案的顺利通过，他不得不让步于南方各州的参议员，答应其出口英国的棉花零关税。

内战结束那会儿，我在制造行业的影响力尚小，因而没有机会参与关税法案的制定，不过还真是很巧，一直以来我都支持降低税率，反对两个极端：一方面，贸易保护主义认为税率越高越好，不赞成减税政策；而另一极端的自由贸易者则抵制一切关税，认为自由贸易不该受到任何丝毫的限制。

如今（1907 年），在无损任何企业的前提下，我们免除了钢铁制造行业的所有关税，当然，在工业化初期，国家收取关税是非常必要的。现如今，欧洲地区的钢铁产量已经没有太多增加，我们不可能从那儿大量进口。假如我们这边的钢铁价格大幅度上涨，欧洲地区的钢铁价格也会随之持续坚挺；如此一来，我们的制造业就不会因价格的起伏而受到影响。而自由贸易只有在市场需求扩大的时候，才会起到暂时抑制价格上涨的作用。我们的钢铁制造业根本不必为自由贸易所带来的影响担心。（最近，也就是 1910 年，我以真凭实据向华府关税委员会阐释了这一观点。）

第 11 章　公司总部:纽约

我们公司的业务在持续扩展,因此我必须常常去东部出差,特别是要去纽约。纽约是所有美国大公司眼中举足轻重的城市,就好比是英国的伦敦。若大公司未能在纽约设立办事处,那事业就没有发展可言。其时,弟弟和费普斯先生已经完全掌控了匹兹堡的业务,所以我的要务就是谋划公司发展战略,商谈重要的合作。

弟弟娶了露西·科尔曼小姐为妻,其岳父是我们的好友、非常重要的合作伙伴,这真是他的福气。1867 年,我将赫姆伍德的家交给了弟弟,离开匹兹堡,再次舍弃原来的社交圈子,前往纽约安家。这样的变迁我是很难接受的,母亲更是难以承受,不过她还是表现得很乐观,虽然身处异乡,尽管思乡情浓,但只要大伙儿能够在一起,母亲就感觉幸福了。那时,纽约的一切于我们来说都是陌生的;我们在当时还算是富丽堂皇的圣尼古拉斯酒店先安顿下来。然后,我将公司的办事处设在了百老汇大街。

有那么一段时间,只要有朋友从匹兹堡来探望,我们就会感到无比的快乐,而匹兹堡的报刊也是我们日常生活必不可少的。我经常回匹兹堡,母亲也经常陪同,就这样,我们和老家保持着密切的联络。日子久了,我们在纽约也就有了新朋友,也有了新的兴奋点，渐渐地，我们也就将纽约视为自己的新家了。不久，圣尼古拉斯酒店老板在市郊住宅区新开了家温莎公爵酒店，我们也跟着把家搬到了那儿；我们一直在那儿待到 1887 年。我们和酒店老板霍克先生成了好朋友，其侄子以及其他亲戚至今都和我们保持着密切的联系。

在纽约有一家名为“19 世纪”的俱乐部，由考特兰·帕尔默夫妇组建；我深受俱乐部成员思想的影响，那是纽约让我受益最大的地方。俱乐部每个月都在他们家开一次主题沙龙，很受社会名流青睐。我很感激博塔夫人，是她将我引荐至俱乐部的。这位教授夫人是位杰出的女性，她家的起居室可说是城里最棒的。有一天我受邀前往她家赴宴，见到了好些名人，这真是荣幸之至。其中一位后来成了我终生的好友和事业顾问，他就是安德鲁·D. 怀特。怀特当时是康奈尔大学的校长，后来还担任了美国驻俄罗斯大使和驻德国大使；他还是海牙国际会议美方的首席代表。

“19 世纪”俱乐部可真是个大舞台，商贾政界的能人们在那引经据典，就当时的热门话题高谈阔论。很快，聚会人数越来越多，私人客厅根本容纳不下，因此每月一次的聚会只好改址在当时的国家艺术馆内举行。记得我第一次亮相演讲台的演说主题是“金钱贵族”，也是我第一次在纽约的公开亮相。那次聚会的第一个演说者是托马斯·温特沃斯·希金森上校。打那以后，我时常发表演说。这是个非常好的锻炼机会，因为每次演说之前我都得进行阅读，从而补充大量的知识。

在匹兹堡的长期生活阅历夯实了我的制造业常识，我认为它和投机生意完全是两码事。加之年少时期电报操作员的打工经历，我得以了解到匹兹堡数家公司及其老板当时在纽约证券交易所的股票交易情况。我带着浓厚的兴趣和好奇心关注着他们的股票买卖。在我看来，他们在股市上的操作就是一种赌博。不过，我那会儿还不知道这些公司及其首脑们的信用已经相当低，人们普遍认为他们热衷的只不过是投机（这几乎是不可能掩盖的事实）。不过，这样的公司在当时还是极少数。那时，匹兹堡还没有石油和股票交易所，因此只有股票经纪人办事处，并以电报的形式与东部的证券交易所进行必要的联系。匹兹堡仍然是个工业重镇。

我惊讶地发觉，纽约与匹兹堡有着天壤之别：华尔街里几乎所有的人都或多或少地会进行一些风险投资；四面八方的人们向我打听的都是各家铁路公司的经营状况。有人主动提出要作为投资方提供资金，让我去管理；他们认为我懂得内部的运作，投资准能成功。还有另外一拨人力邀我加入他们的队伍，悄悄购进某些公司的控股权。当时我真的是被投机领域的诱饵给迷惑住了。

所有这些诱惑我都给挡回去了。那是在一个我刚迁往纽约不久的上午，在温莎公爵酒店。杰伊·古尔德向我走来，告诉我说，他想买下宾夕法尼亚铁路公司的控股权（当时他正处于事业的巅峰）；他说他听说过我，如果我同意参与管理的话，我将得到一半的收益。我谢绝了古尔德的好意，告诉他说，虽然斯科特先生曾经和我在公司业务上有过分歧，但我是永远不会背叛他的。后来，斯科特告诉我说，他得知这一消息，听说了我被纽约大股东看中去接管他的职位。我从未向他人提起过这件事，也不知道他是怎样得到这些细节的。我告诉他放心，只有我自己的铁路公司，我才会出任总裁一职。

时光荏苒，世事神奇得难以预料。1900 年的一天清晨，也就是古尔德邀我议事之后的三十年，我向其儿子发出提议："当年你的父亲曾经提议我参与管理宾夕法尼亚铁路公司。作为感恩，我提议让他的儿子管理一条连接太平洋和大西洋的铁路线。”

我和古尔德的儿子一拍即合，双方签订合约，由对方的直达匹兹堡的沃巴什铁路，为我们的钢铁公司提供三分之一的货运量。我们迈出了成功合作的第一步，我们将把东线运送范围从匹兹堡扩展到大西洋。1901年3月，摩根先生通过施瓦布先生找到我，询问我是否真心想退出商界。我的回答是肯定的，并将会结束我们铁路的运营。

我这一生从没有投机买卖过任何股票，只是年轻的时候从投资的角度购买过宾夕法尼亚铁路公司的小部分股份。当时也不是用我自己的现金支付，而是银行提供给我的低息贷款。虽然好多年以前持有少数有商业往来公司的原始股份，也有一些纽约证券交易所上市的有价证券，但我一直都在坚守这个原则：从来不买我不需要付钱的东西，从来不卖不属于自己的东西。每天早上，我都会翻看报纸的股市行情版，因为我已经决定悉数售出其他公司的股票，从而将自己全身心的精力都投入到匹兹堡的制造业中。我下定决心以后只可获得商业上的少量持股，绝不再持有证券交易所内买卖的任何股票。这是我严格遵守的原则。

我的这一准则，是值得向制造行业每一位人士以及所有的职业经理人推荐的，这是制造业尤为重要的一个原则。作为行业领头人，每当遇到问题，都必须保持冷静从容，从而作出睿智的决断。而证券交易市场瞬息万变的局面，往往会扰乱人们对事物本质的正确评判，无法抓住事物的本质，继而迷失方向，作出错误的判断。身处股市之人往往没有经过理性、冷静的分析就下结论，会误将丘陵看作高山，抑或将高山误认作丘陵，注意力往往只聚焦于股票走势上。风险投机并没有创造价值，它只不过是寄生在价值之上的一条虫。

在纽约定居后，我的第一要务就是在基尔库克建造一座横跨密西西比河的大桥。宾夕法尼亚铁路公司总裁汤姆森先生和我一道签下合约，以股票和债券的形式募集资金，共同承担大桥的整体设计、基础设施、石料工程以及桥体的上部框架。工程各个方面都进展得比较顺利，唯独融资不太顺畅；恐慌使得相关的铁路公司陷入破产的境地，他们无法按照合同如期支付款项。竞争对手也建造了一座横跨密西西比河的大桥，他们修建在伯灵顿，而且在河的西岸修建了一条铁路，直通基尔库克。为此，我们没有实现预期的丰厚利润，不过还好，汤姆森先生和我在这个项目上也没有损失。

这座大桥的上部框架，由我们在匹兹堡的奇世通公司承建，所以我时不时就得前往基尔库克。就是在那里，我结识了好些聪明、开朗之人，这当中有雷德将军及其夫人以及莱顿夫妇。后来，我领着一些英国朋友参观基尔库克，他们对这个偏远的西部区域感到非常惊讶，因为在他们看来，这地方该处于荒蛮地带，有待文明的启蒙和开发。那天晚上，雷德将军盛情款待了这些朋友，聚会的盛况不亚于任何一次英国小镇的集会。来宾当中有不少是国家安全委员会的要员，他们是在内战时期崛起的。

基尔库克大桥的建造使得我声名鹊起，此后有人邀请我策划另一座密西西比河大桥的建造，地点设在圣路易斯。这是我首笔大单资金的工程。1869 年的一天，负责这项工程规划的麦克弗森先生，一位典型的苏格兰人，来到我在纽约的新办公室，告诉我说他们正在为大桥的建造融资。他想知道我能否在东部的一些铁路公司筹募到一些资金的支持。在仔细审查了项目规划之后，我代表奇世通公司签下了这座大桥的建造合同，同时还获得了第一笔400万美元桥梁公司抵押债券的期权。我于1869年3月前往伦敦去商谈它们的销售事宜。

在旅途中我就草拟了一份工程简介，到达伦敦之前就将之打印了出来。我认识当地的银行家朱尼厄斯·S. 摩根。我选了个早上去拜访他，开门见山说明来意，分别前留下了一份工程简介副本。第二天我再度拜访时得知，摩根先生非常看好这个项目，这让我开心不已。他购买了一部分建桥债券，剩下的部分我也将优先购买权给了他。不过，他叫来律师征询意见，后者建议买卖合约上的措辞应当作些更改。摩根先生建议我立即动身前往苏格兰，并且立即写信给圣路易斯项目方，以确保他们同意措辞的修改。他说，利用我这三周前往苏格兰的时间，债券买卖之事在我返回伦敦时就可以处理完了。

可我担心夜长梦多，所以告诉他说我会于次日清早将修改内容电报对方。那时，大西洋的海底电缆已经开通了一段时间，不过我不敢肯定电报公司能否在一天之内为我发送这么长的私人电报。我将债券上的文字标注行数，再在上面细致地进行内容的增加或删减，这活对我来说一点儿不难。我将电文给摩根先生过目，他说道："不错，年轻人！若这个项目能够成功运作，你该记上一等功。"

第二天，当我又一次去摩根先生私人办公室的时候，我发现他桌面上放着一个彩色信封，那是他给我的回函（事先他告诉我答复会放在指定的办公桌上），上面写着：董事会昨晚通过了所有的修改意见。"好了，摩根先生，"我说，"合约应当可以如您律师所期待的那样修改，我们之间的合作可以继续下去了。"果然，之后不久我们之间就达成了证券交易。

有一天，《泰晤士报》财经版的责任编辑桑普森先生来访。我和他打过交道，知道只要他的嘴皮子一动，就会提升债券的交易价格。美国的证券交易刚刚经受了一场猛烈的冲击，起因是菲斯克、古尔德两家公司卷入伊利铁路公司的一场诉讼，而且纽约方面的法官也受到控制。我心里清楚此事的负面影响，因此决定出面回应。我提醒桑普森先生关注一个事实：圣路易斯大桥公司是政府特许经营的，万一真有必要，我们将上诉至美国最高法院，让那儿的法官和纽约方面对决。桑普森先生表示乐意为我们的项目开辟特稿。我进一步向他描述：大桥的建造就好比是在欧洲大陆的高速要塞上设立一个收费点。听了我的解释之后，他似乎显得心满意足。我们的交流非常顺利。桑普森先生一离开办公室，摩根先生就拍着我的肩膀说："小伙子，谢谢你啦！今天上午你已经将债券的价格提升五个百分点了。"

"不客气，摩根先生，"我回应道，"这会儿您可以教教我了，我该如何为您将债券的价格提升五个百分点呢？"

债券的发行空前地成功，这样一来，建桥的资金就有了着落，而我也从该次商谈中获得了一笔可观的收益。这是我和欧洲银行家的首次融资合作。数天之后，普尔曼先生告诉我说，摩根先生在一次饭局中提到了我为修改合约发越洋电报的事情，他还预言，"那个年轻人必定会功成名就"。

告别摩根先生之后，我回到了家乡丹弗姆林，给镇上捐建了一座公共浴池。这是我的第一项大额捐赠。这之前我在劳德姨父的提议下，为华莱士纪念碑基金捐过款，纪念碑位于斯特灵高地，在那儿人们可以俯瞰班诺克本。那次捐赠的数额不算大，但还是大大超出了我当时在电报公司打工的30美元月收入；我那时还得将收入的一部分用作家庭开销。母亲倒是没有丝毫的埋怨，反而为自己儿子的名字在捐款人名单中而感到自豪。当时我就感觉自己成为了一个有用之人。多年之后，母亲和我重游斯特灵，在华莱士大楼前瞻仰沃尔特·斯科特爵士的半身雕像，那是她向纪念碑基金会捐款建造的。那会儿，我们的生活已经有了很大的改善，至少在经济上没有了问题。不过，由于我尚处于财富积累阶段，我们早期的捐款数额都有限，尚未有大额度的捐建。

1867年，我在欧洲大陆旅行，虽然所见所闻令我心潮起伏，但旅途中我还是牵挂着公司的事务，时常通过写信与公司保持业务的联络。其时正值内战，与太平洋之间的铁路交通显得至关重要，因此国会通过决议，鼓励民间修建通往西海岸的铁路线。铁路起点于奥马哈地区，终点是旧金山市。有天我正在罗马游玩，得知国家已经作出决策，必须将东西区域打通，因而这项工程的进度快于预期，很快就会完工。于是，我去信老朋友斯科特先生，建议我们必须拿下加利福尼亚路段卧铺车厢的承建合同。他是这么答复我的："非常好，小伙子！你瞅准了机会。"

回到美国，我旋即按照自己的想法行事。我所钟情的卧铺车厢业务订单急速增长，直至后来供不应求；也正是这件事促使普尔曼成立了相应的公司与我们竞争。当时，中央运输公司的营运能力难以满足所有区域的要求，普尔曼先生便在芝加哥这一当时世上最大的铁路中心开展业务，而且很快就与中央运输公司展开了抗衡。与此同时，他也意识到太平洋铁路联盟将会是世界上最大的卧铺车厢线路，据我当时的观察，他已经着手在做我正想大干一场的事情。他可真是我们的拦路虎！有时候，一丁点儿的微不足道，就足以发挥关键的逆转，你们可以通过我与他之间的较量认识到这一点。

其时，太平洋铁路联盟的总裁出差途经芝加哥，普尔曼先生前去拜访。当时，总裁办公室的桌面上放着一封电报，收件人是斯科特先生。电文是："您关于卧铺车厢的提议已经通过。"普尔曼先生无意间瞄到了电文内容，因为他正对着电报摆放的位置。恰在此时，杜伦特总裁走进了办公室；普尔曼先生即向他说道："我非常自信地认为，在我没有向你说明我们的业务规划之前，你是不会作出最后决断的。"

杜伦特先生应允再等等，而太平洋铁路联盟董事会则旋即在纽约召开会议。我和普尔曼先生都出席了会议，双方都非常重视，各自都竭尽全力确保拿到合同。一天晚上，我俩在圣尼古拉斯酒店的楼梯口不期而遇；虽然以往有过照面，但并不熟悉。待走上楼后，我开口说道："晚上好，普尔曼先生！我们又见面了。您不觉得我们是一对难兄难弟吗？"

他没有认同，反问道："你这是什么意思？"

于是我向他解释，告诉他我们争夺的结果只会是两败俱伤。

"没错，"他说，"你能有什么好的提议呢？"

"联手，"我回答道，"你我两家一起组建一家公司，向太平洋铁路联盟提交合作方案。"

"那你给公司如何命名？"他问。

"普尔曼豪华车厢公司。"我回答。

这正中其下怀，我也觉得名字不错。

"请上我的房间来好好商议商议吧。"这位卧铺车厢制造业大佬向我发出邀请。

结果是，我们共同承接了卧铺车厢的工程。随后，我们的公司并入普尔曼总公司，同时我们获取了该公司的一部分股权。在1873年金融危机爆发之前，我认为自己一直都是普尔曼公司的大股东；金融危机期间，我不得不抛售自己名下的股份，以保全铁路公司的运作和利益。

普尔曼是典型的美国山姆大叔做派，有关其人其事的一些报道和评论说得一点儿没错。先生以木匠发家，在芝加哥大兴土木之时，他承揽修葺、加高楼房项目而赚到第一桶金；他的成功源于细敲慢打的积累，最终成为建筑行业著名的承包商。如果哪家酒店想将大厦加高10英尺，与此同时又不能妨碍酒店的日常经营，还不可以打扰到数百位住客，这样的活只有普尔曼能够承揽下来。他高瞻远瞩，在商海沉浮中游刃有余，是为数不多能够紧随潮流之人。与我的眼光相似，他很快就看到了卧铺车厢在美国的刚性需求，马上在芝加哥着手建造，而且成功地将集中在那里的线路的合约全数搞定。

东方公司根本无法和大人物普尔曼先生抗衡，我很快就意识到了这一点，尽管原始专利权属于东方公司，但专利权的初始所有者伍德拉夫先生是大股东。再者，就算是普尔曼公司和我方因为侵权而遭到东方公司的起诉，在旷日持久的诉讼程序结束之前，普尔曼公司已经有足够的时间发展壮大为全国最大的火车卧铺车厢公司。因此，我竭诚主张东方和普尔曼合作，就如同当时在太平洋铁路联盟的合约中我和他联手一样。普尔曼先生和东方公司某些职员有过节，所以大伙儿建议由我出面协调，打好合作的基础。很快，他们就同意让普尔曼公司并购重组公司，同时还以同样的方式并购了中央运输公司。至此，普尔曼先生的业务不再仅仅局限于西部，他赢得了宾夕法尼亚通往大西洋海岸的主干铁路的控股权，从而一举攀升为同行业的老大。普尔曼先生是我所认识的最有才干的能人之一。

不过，普尔曼先生毕竟还是个凡人，并非事事顺心如意，他也有沮丧和烦恼的时候。但是，除了他，我还真找不出有谁可以在卧铺车厢的经营管理中一路披荆斩棘，而且能时刻做到维护铁路行业应得的权利。毫无疑问，卧铺车厢的业务就是应当由相关的铁路公司接手。在一次闲谈交流中，他告诉了我一件事，其中充满着哲理和启迪。

有位在西部小县城独居的老人尝遍了人生的种种疾苦，邻居们纷纷向他报以同情，可他却说："是呀，朋友们，你们说的都没错，我的一生是充满着艰难困苦，但有件事非常奇怪，我这一生中大部分的烦恼至今都没有转为现实。"

千真万确，人类的大多数烦恼都是我们自己的臆想而已，都应一笑置之。船到桥头自然直，一切都会朝好的方向发展，杞人忧天是多么愚蠢。人生当中十之八九的境遇，并没有我们想象的那么糟糕。聪明人绝对是乐天派。

鉴于我所参与的商谈屡屡成功，因此我在纽约受到了一定的关注。1871 年，我又接手了一个大手笔工程的融资运作。太平洋铁路公司联盟的一位董事找到我，说是他们必须筹集 60 万美元款项 (相当于当今的好几百万美元) 以渡过危机。太平洋公司董事会中有些熟悉我的人提议将融资的任务交给我，他们认为我又能筹到款项，而且还能够为宾夕法尼亚铁路公司争取到西部关键线路的掌控权。我认为是普尔曼先生将我推荐给了董事，或许在筹款人选这个议题上是他第一个想到了我。

我接手了这个任务，因为我考虑到，如果太平洋铁路联盟董事会愿意推荐宾夕法尼亚铁路公司提名的候选人进入决策层，那么宾夕法尼亚铁路公司就可以理直气壮地向太平洋铁路联盟伸出援手。于是，我动身前往费城，和汤姆森总裁商谈此事。我告诉他，如果公司相信我用证券为太平洋铁路联盟在纽约的贷款担保，我们公司就可以掌控太平洋铁路联盟在宾夕法尼亚的业务及其利益。汤姆森先生在这件事上显得十分自信，尽管他平时对公司的花销慎之又慎，比花自己的钱有过之而无不及，但他明白这单交易的利润确实可观，机不可失。哪怕投进去的60万美元血本无归，其公司的投资也不见得有多大损失，更何况投资风险几乎为零，因为我们已经准备将手中的证券转让给他，那些证券正是我们给太平洋铁路联盟的放贷所得。

我和汤姆森先生是在他费城的家里谈的。道别之际，他将一只手搭在我的肩膀上，说道："记住了，安迪，这事儿我可全靠你了。我只相信你，我指望你掌控所获得的所有证券，我还指望你确保宾夕法尼亚铁路公司没有哪怕是一美元的损失。"

我接过重任，大获全胜。太平洋铁路联盟很想汤姆森先生出任公司的总裁，但他没有答应，他提名宾夕法尼亚铁路公司的副总裁托马斯·A. 斯科特先生。就这样，1871年，斯科特先生、普尔曼先生和我被推举为太平洋铁路联盟的董事会成员。

经由放贷，我们获得了太平洋铁路联盟300万股股权，我将股票束之高阁，待价而沽。果不其然，由于宾夕法尼亚铁路公司的加盟，太平洋铁路联盟的股价一路飙升，我们的前景一片光明。就在那时，我得前往伦敦商议在奥马哈建造密西西比河大桥事宜。出发前我曾交代秘书，因为我有一阵子不在公司办公，斯科特先生作为我们的投资合伙人之一可以掌管保险箱。可万万没有料到，就在我出差在外期间，斯科特先生就决定卖掉太平洋铁路联盟的全部股票。股票的抛售，使得我们失去了在太平洋铁路联盟业已取得的重要地位。

从伦敦回国后，我发现自己已经不再被太平洋铁路联盟所信任，反而被认为是个投机分子。我们原想和他们合作大干一场，结果却因为我一时疏忽而错失了机会。起初，普尔曼先生对抛售股票一事一无所知，当得知真相后和我一样生气。我认为他会立即将股权赎回，我也想过这么做。但一想到这样一来，明摆着就是要和多年老友斯科特先生撇清关系，这有些不太合适，我会负有忘恩负义之嫌。

此后不久，我们三人就被太平洋铁路联盟董事会除名了，事情闹得很不光彩，这对于年轻的我可是一剂难以下咽的苦药。尽管和蔼可亲的托马斯·A. 斯科特先生是我的前任上司，尽管他对我的人生有着深远的影响，我俩之间还是由此而产生了严重的分歧。汤姆森先生也因此懊恼不迭；他说自己不应该忽略此事，因为所有股票都在我和斯科特先生手上，他以为抛售是我的主意。我曾经一度担心好朋友莱维·P. 莫顿会因此事离我远去，因为他的莫顿布里斯公司也持有太平洋铁路联盟的股权。还好，他最终了解到我在此事中是无辜的。

我在伦敦为奥马哈大桥的建造募集250万美元债券资金的商谈非常成功。不过，在我与该公司取得联系之前，债券就被与太平洋铁路联盟有业务联系的人买走了。显然，我的伦敦之行是为那些人服务的，而不是为主导商谈的太平洋铁路联盟服务的。但在我出发去伦敦时，董事并未告诉我这一点。在这桩交易里，太平洋铁路联盟没有得到任何好处，而我的情形则更加糟糕。当回到纽约，我发现自己所有的债券收益，包括其中的利润所得，都被人挪用以偿还债务，我不仅因此而亏损了好大一笔钱，还搭上了时间和差旅支出。此前我从未有过受骗上当的经历，因而无法清晰地防范。我实在是太年轻了，必须积累经验教训。大多数人是值得信赖的，但有那么一小部分必须加以警惕。

第 12 章　商务谈判

我协助匹兹堡阿勒格尼河谷铁路公司进行过一次融资，大获成功。有一天，其公司总裁威廉·菲利普斯上校来到我纽约的办公室，告诉我说他的公司急需 500 万美元运作资金，尽管有宾夕法尼亚铁路公司的信用担保，但是国内没有一家银行有兴趣购买他们的债券。这位老人家感觉是那些银行家们将公司逼上了绝路，因为他们之间订立了攻守同盟，要求按照他们的出价购买债券；铁路公司以九折出售，但银行家们觉得过高了，因为当时西部铁路公司的债券是以八折的价格成交的。

菲利普斯上校的到访目的，是看看我能否有办法帮助他们公司渡过难关。他急需 25 万美元，而宾夕法尼亚铁路公司的汤姆森先生不愿意伸出援手。阿勒格尼河谷铁路公司债券利率为 7%，但不是用黄金支付，而是用现金支付，且不可面向国际市场。不过，据我的了解，宾夕法尼亚铁路公司持有大量费城—伊利铁路公司债券，以黄金支付，利率是 6%。我感觉以这笔债券换取阿勒格尼河谷铁路公司 7% 利率的债券是一笔不错的买卖，那样的话，宾夕法尼亚铁路公司也可顺理成章地为河谷公司作担保了。

于是，我向汤姆森先生发去电报，询问宾夕法尼亚铁路公司是否愿意以有息贷款的方式借给阿勒格尼河谷铁路公司 25 万美元，汤姆森先生的答复是“当然可以”。得知结果，菲利普斯上校非常开心；他向我许诺：作为报答，他愿意给我 60 天的期权、以九折的价格向我出售他们 500 万美元的债券。我建议汤姆森先生将此买卖接下来，他欣然接受了，因为公司可以从中赚取 1% 的债券利息。于是，我立马乘船前往伦敦处理宾夕法尼亚铁路公司担保的费城—伊利铁路公司第一笔 500 万美元的抵押债券事宜。我期望此行能够得到高额的利润回报，可结果是，它给我的商海生涯带来重创，且是我人生中最大的一次失利。

在皇后镇的时候我便去信巴林银行，告知对方我将转让一笔债券，一笔会给他们带来丰厚获利的债券。甫一下榻伦敦的旅馆，我便发现银行给我留下了一张约我面谈的便条。次日早上，我去银行和他们商谈，离开之际便敲定了银行的放贷协议。协议注明巴林银行为宾夕法尼亚铁路公司提供 400 万美元的贷款，利率为 5%；直到银行方面按照票面价值出售债券，并收取 2.5% 的佣金。我可以从这笔交易中获得至少 50 万美元的纯利润。

双方正准备正式签署合同的时候，我从罗素·斯特吉斯先生那里得知，巴林先生第二天上午将去银行视察。出于尊重，银行方面得就签约事宜召开一次会议，以便巴林先生了解具体情况，所以合同的签署得推迟到第二天了。若当天下午两点钟我能够出席的话，这次融资交易就算达成了。

我准备去电报公司给汤姆森先生发报。当时，我脑子里闪过一种不祥的预感，那种感觉我今生难忘。直觉告诉我，应当等到明天合同到手时再发电报。我从银行步行回朗廷酒店，路程长达四英里。一走到酒店，我就看见一位信差在等着我，他气喘吁吁地递给我一封密件，是巴林银行写给我的。原来，俾斯麦在马格德堡冻结了一亿美元的资产，金融界震惊了。银行方面非常诚恳地表达说，在这样的经济处境下，他们不可以要求巴林先生继续这笔交易。世间之事真是瞬息万变。巴林方面的毁约对我的打击实在是太大了，无论是“激愤”还是“愤慨”都难以形容我当时的心境，我压根儿没辙，只有听天由命。还好，之前我没有给汤姆森先生去电报，这是唯一值得庆幸的。

我决定不再和巴林银行商讨，而是将债券卖给摩根银行，价格开得比之前与巴林银行商定的要低，因为摩根当时正在大量抛售美国的有价证券。起初，我还是觉得不要和摩根合作，因为菲利普斯上校告诉过我，他在摩根融资的失败经历，我由此猜测伦敦的摩根银行有可能与纽约的摩根有业务联系。不过，这次融资历险之后，一旦有融资的需要，我都会想起朱尼厄斯·斯宾塞·摩根先生，因为他极少让我从银行大楼失望而归，哪怕他自己的银行不购买债券，他也会非常乐意为我联系其他兄弟银行。而令我高兴的是，每当敲定一笔证券业务，他都会奖励我一笔佣金。诚然，在这次商谈中我犯了个错误，没有给巴林银行一些时间渡过金融危机。我应当再次回去找巴林银行，因为危机很快就会过去的。当谈判一方情绪波动时，另一方则应当保持冷静、倾注耐心。

记得有一天，我曾对摩根先生说过这样的话：“摩根先生，如果您乐意将所得利润的四分之一分享给我的话，我就告诉您一个赚钱的好主意。”

他大笑起来，说道：“这似乎挺公平呀，不过，我有权选择干还是不干。好吧，我们乐意给你四分之一的分红。”

于是，我提请他注意这件事：我促成了阿勒格尼河谷铁路公司与宾夕法尼亚铁路公司双方债券的互换，前者为获得后者的担保将融资的债券与费城—伊利铁路公司债券交换。若有人出价合理，债券就有可能出售，因为河谷铁路公司要扩大业务，急需运作资金。其时，美国债券需求量巨大，价格上浮是肯定的。经由一番如常的仔细研究之后，摩根先生决定听从我的建议。

其时，汤姆森先生正在巴黎。我赶过去找他，获悉宾夕法尼亚铁路公司着急找钱。我告诉他已经向摩根先生推荐债券，如果价钱合适，他是会买下的。汤姆森先生定了个很高的价位，不过好在比当时的市价要低一些。于是，摩根先生买下了一部分债券，且保留了购买剩余债券的优先权。通过这种方式，阿勒格尼河谷铁路公司 900 万或 1000 万美元左右的债券就可上市交易了，而宾夕法尼亚铁路公司也套现了运作资金。

1873 年，这些债券售出没有多久，金融危机就爆发了。还好，我从皮尔庞特·摩根先生那得到了一笔进账。有一天，皮尔庞特对我说："父亲发报来问你是否愿意卖掉手中的股票，成交方式就按照当时你和他说的办。"

"我愿意。在现今这样的时势，我得卖掉所有的来换取现金。"我答道。

"好吧，"他接口道，"你想卖多少钱？"

我告诉他说自己最近一次的流水单显示有 5 万美元的赊账，但我要支取 6 万美元出来。次日早上，摩根先生递给我一张 7 万美元的支票。

"卡内基先生，"他说，"流水单弄错了，你是 6 万美元的赊账，再加上这 1 万美元，你总共该需要 7 万美元现金。"

他给我写了两张支票，一张是 6 万美元，另一张是额外的 1 万美元。我遂将那 1 万美元的支票还给他，说道："这样啊，那这 1 万美元归你。请你收下这 1 万美元，这是我的一点儿心意。"

"不，我不能要，"他推脱道，"谢谢！"

摩根先生此举若发生在生意场外是非同寻常的，因为这是出自双方之间的诚实和信守，它超越了法律意义的权利义务。打那以后，我定下决心：只要是自己的能力范围，就绝不可以让摩根父子及其银行因我的过失而蒙受损失。正因为如此，我们建立起了铁杆般的友谊。

正直、诚信是大企业发展壮大的关键基石。在大宗交易中，斤斤计较、故弄玄虚都是致命的失败因素。法律条文固然重要，但企业精神是必需的。如今，商业道德准绳已经备受关注。员工的过失必须及时纠正，只有这样才有利于公司的发展，并且还可促进其他人的进步。企业必须赢得"公平、公正"的美誉，这远比遵纪守法更为重要，是企业常胜的关键。长期以来，我们所遵循的一条原则就是，尽可能给他人利润空间，也就是说，我们得永远让利。毫无疑问，这一信条不适用于投机领域，那是这世上截然不同的一个行业。混迹交易所的人都只不过是在赌博。股票投机与经商是两码事。这些年来，诚信如朱尼厄斯·斯宾塞·摩根这样的伦敦老派银行家已经凤毛麟角了。这一点毫无疑问。

在此期间，斯科特先生被免除了太平洋铁路联盟总裁一职，之后不久，他决定投身于得克萨斯太平洋铁路的修建。有一天，我接到他从纽约发来的电报，要求我务必到费城相会。在费城，我见到了斯科特先生以及其他朋友，其中包括宾夕法尼亚铁路公司驻匹兹堡的副总裁 J.N. 麦克鲁夫。他们为修建得克萨斯太平洋铁路而申请的巨额贷款已经到期，伦敦摩根银行同意续借，条件是我必须作为第三方介入。我没有同意，结果人们都指责我不讲朋友义气。其实，这是我人生中最为困惑的时刻。我不可以让自己卷入这次巨额融资当中，因为我将所有的资金都投进了制造业，每一枚硬币都必须用在刀刃上，这是我的职责所在。我是公司的掌舵人，打理着企业的巨细事务；弟弟一家、费普斯先生一家，还有克罗曼一家的柴米油盐都和我的决策息息相关。

我向斯科特先生解释道：第一，此前我建议过，在他们没有得到足够资金储备之前不可以修建长距离的铁路，因为临时贷款是解决不了数千英里铁路工程建设的；我一直都是这么认为。其次，我从欧洲回国后，他告诉我说专为我保留了25万的股权，尽管我不赞成他们的建设计划，我还是将股票买下了。我为此而深深地负疚，这虽然帮助了其他企业，但我却罔顾了自己公司的利益。

我清楚地知道，在六十天内清偿摩根银行的贷款，我自己做不到，其他人也做不到。况且，这只是第一笔贷款，紧接着还有六笔贷款要清偿。这是我和斯科特先生在商海沉浮中的又一次明显分歧，这让我痛苦不堪，感觉比经受所有财务触礁都难以承受。

费城会晤之后不久，厄运便接踵而至。斯科特先生英年早逝，举国一片震惊。斯科特先生生性敏感、骄傲，眼见着灾难的临近，他身心疲惫，或许就是受不了失败的耻辱而不堪重负。他的合伙人迈克曼纽斯先生和拜尔德先生也相继离世。他们两位真不该踏足铁路行业，因为和我一样，制造业才是他们的根基所在。

商人的最危险的时刻，莫过于签订商业合同之时。如果他能自省下面这两个问题，风险就有可能规避。第一，是否有足够的资金储备去冒这个风险？第二，是否愿意为了朋友而损失金钱？如果这两个问题的答案都是肯定的，那么，他就可以借钱给朋友；假如答案是否定的，聪明的做法就是搁置放下。如果仅仅第一个问题的答案为肯定的话，那么他自己独立承揽项目岂不是更好？我认为就该那么做，因为一个身肩债务和责任的男人才会为他的债权人尽职尽责。

虽然我拒绝了摩根银行的续贷合约，但他们依旧邀请我于第二天早上乘坐银行专车一同返回纽约，对合约再作商议。我欣然接受了邀请，同行的还有安东尼·德雷克塞尔先生。途中，麦克鲁夫先生环顾车厢四周，评论说在他看来这车里头只有一个是聪明人，其余的都是“傻瓜”。这聪明人就是安迪（安德鲁的昵称），只有他买了股票却没有欠任何人一块钱，因而也没有任何的负担。麦克鲁夫认为那是商人该有的立场和态度。

德雷克塞尔先生向我讨教避开不必要麻烦的诀窍，我的回答是：严格遵守这一原则，即绝对不可以在明知道无法按期支付的合约上签上自己的名字。借用一位生活在西部的朋友的一句话：蹚不过的河流你不要去蹚。那样的河水真的好深！

只要遵循这样的原则，我和合伙人就可以免于困境。其实，在合伙章程中，我们已经明确任何合作的一方都不准出于私利而动用巨额资金，除非是为了公司的整体利益。这就是为什么我拒绝在续贷合约上签名。

此事之后，我又多次前往欧洲与银行洽谈各类有价证券的买卖，共售出价值3000万美元的债券。那时候，由于大西洋海底电缆尚未开通，纽约还未有伦敦那样的金融中心规模；伦敦的银行家们宁愿以低息给巴黎、维也纳，甚或柏林贷款，也不愿意贷款给美国人而赚取高利息。当时，人们普遍认为美国较之欧洲大陆缺乏安全感。弟弟和费普斯先生将钢铁生意打理得井井有条，哪怕是我出差好几个星期，都不必操心，可他们就有忧虑了，唯恐我会撤离制造业而转向金融投资。没错，国外的融资成功诱惑着我，但我还是热衷于制造行业，我乐意生产和出售实实在在的物品，所以我将盈利注资，用于扩大匹兹堡的厂房建设。

我们创业之初为奇世通桥梁公司建造的小厂房已经挪作他用，所以我们在劳文斯维尔置地十英亩，展开大型厂房的建设。就这样，我们持续的投入让联合钢铁公司成长为全美的领头企业，有能力生产各种类型的建筑钢材。由于看好公司的前景，我将创业所赚得的利润全部投进了钢铁业务的拓展。原本我是想和宾夕法尼亚铁路公司的朋友在西部各州投建铁路的，可我还是逐渐将其中的资金撤离了出来。有那么一句谚语是这么说的：不要将所有的鸡蛋都放在一个篮子里，可我的想法则恰恰相反，我就是要把所有的鸡蛋都放在一个篮子里，并且看管好那个篮子。这才是正确的投资管理。

我坚信，无论在哪个行业，如果要取得成功，你就必须精通行业管理和运作。我不认可将资金四处投放的做法。在我的人生经历中，我还没有见过任何一位涉足多个行业的大赢家，至少在制造业中还没有这样的人出现。大成就之人往往都是坚守于一个领域之人。令人讶异的是，很少有人能看到自己所从事行业的巨大收益。制造商必须不断淘汰、更新工厂设施，可人们往往不愿将资金用于机器设备的更新换代和工艺的精益求精上，而宁愿经由多渠道的投资获取高利润。据我所知，大多数企业家都买卖股票，或是投资其他领域，而真正的金矿就深埋在他们自己的工厂里。

长期以来，我都是坚守这样的原则，这也是我比其他人，甚或是董事会成员更能管理好资金的重要因素。商人在其从业生涯中所遭遇的重挫,往往并不是来自自身领域,而是在他不熟知的行业投资。所以,我奉劝年轻人一句:应该将自己所有的时间和精力都专注于一个行业,并且还要将自己的每一分钱都投注在专注的行业当中。倘若业务无法进行下去,且无法开拓其他可持续发展的行业,明智的做法才是将剩余的资金投入一流的证券,从而获得稳健可靠的收益。我本人老早就决定一心一意专注钢铁制造业,成就自己为行业的领军人物。

由于经常出访英国,我有机会结识钢铁行业的杰出人物。贝塞麦就是其中的佼佼者,还有洛锡安·贝尔爵士、伯纳德·萨缪尔森爵士、温莎·理查兹爵士、爱德华·马丁、宾格利、埃文斯等等这个行业的风云人物。我加入了他们的行业协会,后当选为英国钢铁行业协会会长,也是首位非英籍会长。这可是我莫大的荣幸。起初我婉言推辞了这个头衔,主要是担心自己常年待在美国,没有足够的时间履行会长的职责。

由于要承担建造桥梁之类的工程,我们不得不从事熟铁的锻造。而现在,我们想可以自行生产生铁了。公司于1870年建造了一座以我弟媳名字"露西"命名的高炉(如果当初没有预料到高炉的重要性,造炉的计划就有可能推延)。我们常常从行业元老那儿听到一些不祥的预言,说我们作为新兴企业发展和扩张得过快。可是,我们并没有在意,总觉得自己有足够的资金,坚信建造起一座高炉并非难事。

然而,建造高炉的实际支出是预算的双倍,这对我们是个考验,而且克罗曼先生对高炉的操作一无所知。还好,问题不大,高炉日产100吨,这史无前例的日产量大大出乎我们的预期。这在以前可是一周的产量;我们创造了纪录,好些人来工厂观摩了生产后都惊讶不已。

尽管如此，我们的钢铁业务并不顺当，恐慌的年景时断时续。内战之后的那些年，铁的价格从每磅 9 美分跌至 3 美分，还好，我们安然度过了这段困苦岁月。当时有很多企业破产，我们的财务经理整日忙于筹集资金以应对紧急情况。我们虽屡经危机，但公司的信誉丝毫无损。在公司所有的业务中，生铁制造是我们最为操心的。当时，业内广泛使用的是英格兰著名的惠特维尔兄弟公司出产的高炉，惠特维尔先生给予了我们巨大的支持。当时先生来参观我们的"露西"高炉时，我向他说起了生产过程中所遇到的难题。他即刻就回应我道："那是因为你们放置料钟的角度不对。"

先生教会了我们怎样修正料钟。可是，克罗曼先生迟迟不相信这个问题的所在，于是我极力主张再建造一个小的玻璃模型高炉，并配上两个料钟，分别依照惠特维尔先生的指示和"露西"高炉的原样摆放，以此实验证实料钟的正确角度。果不其然，惠特维尔先生是对的。我们的料钟摆放的位置偏远，投料偏离了炉心，气流只是部分渗入炉心。而惠特维尔先生所设计的料钟结构，能够让投料集中于炉心，有利于气流的渗入。料钟摆放角度的不同，导致了生产效果的差异。就这样，"露西"高炉的难题解决了。

惠特维尔先生是多么友善、大度、宽厚呀！他不计较任何得失，毫无保留地将所知悉的知识传授给我们。作为回报，我们也向他们传授从其他同行那所掌握的新技术。从此以后，不管发生什么事情，我们都向惠特维尔公司敞开心扉、倾囊相助。(此刻，当我写下这段文字的时候，惠特维尔兄弟当中的一位仍然健在，我俩一直保持着亲密的友情。这真是令我开心。这位弟兄是我的前辈，在我出任英国钢铁协会会长之前就任过此职。)

第 13 章　钢铁时代

回首往昔，仅仅在四十年前（1870 年），美国的生铁铸造业者对于化学仍然一无所知。这在今天看来似乎很不可思议，皆因在钢与铁的铸造中，化学这种因素的必需性远高于其他。那时的高炉管理人一般是来自异国的粗汉，他们除了能获得种种好处之外，还时不时地把不听话的手下打得趴在地上，给所有人一个教训。他们靠直觉判断炉子的状况，仿佛拥有某种神奇的超自然的能力，犹如乡下那些靠根棒木棍就能探测到油井或水源的人。他们其实就是胡乱医病的江湖游医。

由于在把各种铁矿石、石灰石以及焦炭放入高炉时，我们并没有考虑它们的成分，“露西”高炉总是状况连连、麻烦不断。我们再也无法忍受这种情况，最终决定解雇那位仅凭经验和直觉的高炉管理人，让一位年轻人取而代之。亨利·库里以前是负责船运的职员，表现很突出，我们下了决心由他来出任经理。

费普斯先生专门负责管控“露西”高炉，他每天去那儿巡视一番的习惯使我们得以远离故障。倒不是说“露西”高炉在盈利能力方面不如西部的其他高炉，而是它的规模比其他的大很多，万一有什么差错，后果不堪设想。周日的早上，我这位合伙人的父亲和妹妹尽责地去教堂做礼拜，而他自己却还去查看“露西”高炉，我害怕他会为此受责备。但是，即使他与家人同去教堂，他在真诚祈祷时也一定会念念不忘“露西”高炉的危险状况。

我们的下一个举措是给库里先生找了一位化学家做他的助手和顾问。我们找了很有学问的德国人弗里克博士，正是他给我们揭开了重大的秘密。过去备受推崇的一种铁矿石的含铁量，其实比人们认为的少了 10% 到 15%，甚至是 20%。而那些此前被诟病为贫矿的，我们却发现能够出产优质的铁矿石。好的反转成差的，而差的却翻身变成好的了，似乎一切都颠倒过来了。有了化学知识之光的照耀，生铁冶炼中九成的不确定性都被排除了。

当时，我们急需高炉出产高质量的产品以建立公司的信誉，但就在这样一个极其关键的时期，我们并没有如愿。原因就在于，我们用优质的高纯度矿石，代替了只有前者三分之二铁含量的劣质矿石。高炉之所以灾难不断，就是因为熔化这种优质的高纯度矿石时，加进去了太多的石灰石。对这种优质原材料的处理失当，给我们带来了巨大的损失。

我们过去真是犯傻呀！但是，至少有一点是值得宽慰的：我们还没有像我们的竞争对手那么傻。我们运用化学来指导冶炼好几年之后，还听说有些高炉的经营者说他们雇不起一位化学家。要是他们当时知道这个真相，他们就会明白钢铁企业是绝对不能没有化学家的。回首这段过去，我们敢为人先，雇了一位化学家，而我们的对手们还宣称这太奢侈了，这一点确实值得记录。

“露西”高炉成为了我们盈利最高的业务，皆因我们垄断了科学的管理方法。在发现上述的秘密之后，我们很快（1872 年）决定再建一座高炉。比起我们的第一次尝试，这一次相当经济实惠，成本费用大大降低了。我们从那些评价不高的铁矿购进矿石，而那些蒙在鼓里的公司甚至都不允许它们的高炉使用这些矿石；与此同时，我们悄悄地停止从当时那些信誉高、价格贵的所谓“优质”铁矿进货。彼时极富盛名的密苏里州派勒诺博矿山就是这样一个有趣的例子。这座矿山出产的矿石的品质可以说是备受质疑。据闻，那些矿石里只有一小部分可以顺利使用而不妨碍高炉的运作。化学技术让我们知道，这里出产的矿石磷含量很低，但硅含量很高。只要加入适当的熔剂，这样的矿石其实是最好用的，因为很少有硅含量如此丰富的矿石。于是，我们就大量买入了这里的矿石，同时这里的矿主也对我们感激不尽，因为是我们让他们的矿山变得有价值。

于是，令人难以置信的事情发生了。有那么几年，我们把我们搅炉中的高磷矿渣高价卖出，然后又以低价从对手那里买入纯矿渣。其实，纯矿渣的铁含量要比搅炉中的矿渣高，磷含量也低得多。也曾经有人想过把这种纯矿渣拿到高炉里冶炼，但由于其纯度过高，在高炉中不能与配料良好地反应，所以最终被认为是行不通的。于是，这些矿渣很多年来就被我们的对手扔到匹兹堡河岸边去了。在有些情况下，我们还能用我们的劣质矿渣来交换这些纯矿渣，甚至还能赚钱。

更让人难以置信的是，当时的很多人持有一种偏见，认为属于氧化铁的轧制铁磷不能放到高炉里。这让我想起我亲爱的朋友、丹弗姆林同乡、当时在克利夫兰的奇泽姆先生。我们一起搞过很多恶作剧。有一天，当我正在参观他位于克利夫兰的工厂时，看到工人们正在把这些宝贵的轧制铁磷用轮车推到院子里。于是我问奇泽姆先生，他们打算怎么处置这些东西，他回答我：“扔到河岸边。我们的经理们总是抱怨，他们想在高炉里重新冶炼它们的尝试回回都以失败告终。”

我不做声，但是回到匹兹堡后，我就着手准备和他开个玩笑。当时我们的员工里面有一位名字叫杜·普伊的，他的父亲发明了一种直接炼铁的方法，正在匹兹堡试验中。我提议把杜·普伊派到克利夫兰去，与我那位朋友签订合同，把他的轧制铁磷买下来。这个年轻人真这么做了，以每吨 50 美分的价格买下来，直接送到他的父亲那儿去了。这件事持续了一段时间，我一直期待着他们能发现这个玩笑。但是，在我还没来得及告诉他之前，奇泽姆先生就早逝了。不过，他的继任者很快就开始效仿我们了。

我一直持续关注着贝塞麦炼钢法的发展。我深信，如果这种方法能够被证明是可行的，那么钢的时代必定会取代铁的时代。我的朋友约翰·A. 怀特，是宾夕法尼亚刘易斯顿的自由钢铁厂的总裁，曾专门到英格兰去调研这种炼钢法。他是当时最杰出、经验最丰富的制造商之一，而他非常赞同这种炼钢法，发动他的公司成立了贝塞麦炼钢厂。他是对的，只不过比他的时代超前了一点。建立这样一座炼钢厂所需要的资本，比他评估的要高。况且，这项技术当时在英国还只是处于试验阶段，怎么能指望将之移植到新大陆并且从一开始就运行得一帆风顺呢？这注定是一项漫长而高成本的试验，而我的朋友对此没有足够的预备资金。

之后，当这种炼钢法在英国建立起来后，资本家们开始在哈里斯堡建立现在的宾夕法尼亚钢铁厂。这个建立的过程也经历了一个试验阶段，而且要不是有宾夕法尼亚铁路公司及时的鼎力支持，在某个关键时刻它可能也已经失败了。这样的事情需要一位胸怀广阔、能力超群的领导者，就正如宾夕法尼亚铁路公司的总裁汤姆森。他向董事会提议,给这个钢铁厂预支60万美元巨款,这样一来,他们公司铁路上的铁轨供应就有保障了。结果证明,他的行动是正确的。

更换宾夕法尼亚铁路公司和其他主要铁路线的铁轨,是一个很重大的问题。我在匹兹堡的时候曾经发现,连接宾夕法尼亚和韦恩堡的铁路的一些弯道,每六周或两个月就要换一次。在贝塞麦炼钢法被世人知晓前,我曾提醒汤姆森总裁注意英格兰的多兹先生所做的尝试,后者将铁轨两头进行碳化,获得了良好的效果。我去了英格兰,取得了多兹先生的专利,并且向汤姆森总裁提议,拨出专项资金20万美元以在匹兹堡试验这项技术,而汤姆森先生同意了。我们在车间里建了一个炉子,对供应给宾夕法尼亚铁路公司的几百吨铁轨进行了上述的碳化处理。相较普通铁轨,处理后的铁轨的性能有了很大的提升。这些是首次在美国出现的硬头铁轨。我们将这些铁轨铺设到了曲度最大的弯道上,而它们卓越的性能也大大地补偿了铁路公司总裁汤姆森先生当时的慷慨预支。如果贝塞麦炼钢法试验没有成功,我深信我们会对多兹先生的技术进行改良,使它能够广泛应用。不过,贝塞麦炼钢法制做出来的钢材还是最坚固的。

毗邻匹兹堡的约翰斯顿的康比亚钢铁公司,是当时美国主要的铁轨制造商,这家公司的朋友们决定建立一个采用贝塞麦炼钢法的钢铁厂。我去英国考察时发现,无需过于高额的支出,也不用承担过高的风险,贝塞麦炼钢法就能够取得巨大的成功,我对这种方法很满意。一直很关注新方法的威廉·科尔曼先生,也得出了同样的结论。我们一致同意在匹兹堡启动贝塞麦炼钢法的工厂。科氏以及我们的好友戴维·麦坎德利斯先生都成为了我的合伙人,后者曾经在我的父亲去世后，向我的母亲提出过帮助我们的意愿，对此我一直铭记于心。约翰·斯科特先生、戴维·A. 斯图尔特先生等人，也加入到我们的合伙人行列。宾夕法尼亚铁路公司总裁埃德加·汤姆森先生及副总裁托马斯·斯科特先生也变成了股东，两位都很关心钢铁冶炼的发展。于是，我们的钢轨公司于 1873 年 1 月 1 日正式组建。

我们关注的第一个问题是选址。我对各种选址方案都不甚满意，最后只能去匹兹堡和我的合伙人们商议。这件事一直占据着我的思绪，一个星期天的早上，我还在床上时突然想到了最适合的那个厂址。我爬起来给我弟弟打电话："汤姆，你和科尔曼先生提出的那个选址是对的，就应该在布拉多克那里，在宾夕法尼亚与巴尔的摩及俄亥俄之间，那条河是全美国最合适的厂址了。钢轨厂就以我们的好朋友埃德加·汤姆森来命名吧。我们现在就去找科尔曼先生，然后一起开车去布拉多克那里。"

我们当天就那么做了，而第二天上午，科尔曼先生已经着手购买这块土地的产权了。这块地的主人麦金尼先生对自己这块农场给出了很高的估值。我们本来期望能以每英亩五六百美元的价格拿下这块地，最终价格却是每英亩 2000 美元。不过，那以后我们不得不以 5000 美元每英亩的价格购置土地了，比这次还高得多。

就在那里，在布拉多克之战的地方，我们开始组建我们的钢轨厂。在挖掘地基时，很多战争遗留物被挖出来了，包括刺刀和剑。就是在那里，丹弗姆林的市长阿瑟·霍尔基特爵士和他儿子被杀害了。很自然地，人们会问，他们怎么会在那里？请不要忘记，在那个时代，英属城市的市长由贵族担任。作为该区域的大人物，他们屈尊来这里接受这样的职务，却不必履行相应的职责。那时大家普遍认为,商人不适合担任这样的职务。直到今天,整个英国还保留着这样的贵族崇拜。很多保险公司、铁路公司,或者一些制造业公司,都让那些有头衔但对业务一窍不通的人担任总裁。而这位阿瑟·霍尔基特爵士,作为绅士和丹弗姆林的市长,听从召唤而加入了军队,并战死在这里。凑巧的是,两位丹弗姆林人葬身的地方,后来被另外两位丹弗姆林人开辟为一块繁忙的工业区。

近来人们还发现了另一个奇怪的情况。1904 年,约翰·莫利先生在匹兹堡卡内基学院创立日发表讲话时提到,福布斯将军占领迪凯纳堡后写信给皮特首相,说他已根据皮特首相的名字把这个地方命名为匹兹堡。这位福布斯将军当时是皮滕克利夫河谷的领主,就出生在河谷,也就是我 1902 年买下来赠给丹弗姆林作为公园的那个地方。就这样,有两个丹弗姆林人都曾做过皮滕克利夫的领主,他们主要的事业都是在匹兹堡完成的。其中一个人是匹兹堡的命名依据,另外一个致力于匹兹堡的发展。

在命名钢铁厂时,我们原本打算要以我们的朋友埃德加·汤姆森的名字来命名,但是当我们征求他的意见时,他的回答很深刻。他说,就美国的钢轨来说,他不想让自己的名字和它们有什么联系,因为事实证明它们还很不可靠。的确,处于试验阶段的我们会面临很多不确定性,但我向他保证,美国企业现在也能生产出在各方面与外国产品一样出色的钢轨。此外,我们期望让我们的钢轨如同奇世通桥梁和克罗曼轮轴那样声名远扬,他最后同意了。

他急切地希望我们能在宾夕法尼亚铁路沿线购买土地,因为宾夕法尼亚铁路公司才是他最关心的。如果我们按照他的想法去做,那么宾夕法尼亚铁路公司就会垄断我们的运输。几个月后,汤姆森先生去了匹兹堡。在那里,接替我出任宾夕法尼亚铁路匹兹分部主管的罗伯特·皮特凯恩先生，向他解释了为什么我们要把新工厂建在布拉多克车站附近。那个地方不仅可以挨着汤姆森自己公司的铁路线，而且还靠近竞争对手巴尔的摩和俄亥俄两条铁路线，此外还靠近更重要的俄亥俄河。罗伯特告诉我，汤姆森眨了一下眼睛对罗伯特说："安迪（安德鲁·卡内基）应该把工厂往东移几英里。"但是，汤姆森先生知道目前的选址有充分的理据，因此我们坚定地选择这个无可比拟的厂址。

1873 年 9 月，当金融危机向我们袭来时，我们的工厂已经发展得不错了。那之后，我经历了商海沉浮中最为焦虑紧张的一个时期。一切看起来似乎都进行得很顺利，直到一天早晨，我们还在位于克雷森的阿勒格尼山的避暑屋时，我接到一封宣布杰伊库克公司破产的电报。这之后，几乎每隔一小时就会传来其他公司遭殃的新闻。一家又一家的公司倒闭了，每天早晨，我会想接下来倒霉的又会是哪一家。一家公司的倒闭，同时也会削弱其他公司的资源。企业的倒闭潮最终使得商业经营陷入全面瘫痪。人们发现了当时商业体系中的各种弱点，一些原本可以很顺利经营下去的公司也倒闭了，皆因我们的国家缺少一个稳健的银行体系。

我们没有理由过多担心公司的债务问题。我们的麻烦倒不是要偿还债务，而是别人欠我们的债务。我们需要关注的不是那些应付账单，而是那些应收账单，不久之后，我们就开始面对两种账单的困扰。甚至我们自己的银行，也开始恳求我们不要动用我们的存款。有一件事情可以说明我们面临的资金情况。随着发薪日的来临，我们必须要有总额 10 万美元的小额钞票，我们在纽约为此多付了 2400 美元，然后让人把钞票送到匹兹堡。当时要借贷是不可能的事情，即便有好的担保物也不行。但是，通过出售我持有的证券,我们获得了数量可观的现金。这些证券在形势好转后,公司又赎回了。

以匹兹堡为中心的几家铁路公司,欠我们很多原材料的货款,其中韦恩堡线路金额最高。我记得曾打电话给韦恩堡的副总裁索先生,告诉他我们需要拿回货款。他回答:“照理说,这笔钱是你们应得的,但是现在我们拿不出钱来。”

“那行,”我说,“我们欠您的运输费还没有付,礼尚往来。我现在就下令不要给你们支付运输费。”

“好,如果你那么做,”他说,“我们就停止运输你们的货物。”

我说我们愿意冒这个风险。铁路公司不敢如此极端。事实上,我们有好长一段时间没有支付运输费用。客户停止了付款,匹兹堡的制造业者们也不可能偿付他们的应付债务。银行被迫延长借款合约,银行对我们一直很好,当时也不例外,这使得我们平稳地度过了那段时期。但是,在这样危急的时期,我头脑里最着重的还是积累更多资本,这样不管以后发生什么,我们都不必再经历这样令人焦虑心急的日日夜夜。

在这次危机中,我自己是合伙人中最焦急的一个。我几乎无法控制自己。但是,当我最终看到我们资金状况的优势后,我冷静了下来,并且做好了准备。如果需要的话,我会走进与我们有业务往来的各大银行,把我们的资信状况摊开来给它们的董事会看。我感觉,这不会带来任何名誉的受损。我们企业没有一个股东是生活奢靡的,我们的生活方式与此恰恰相反。我们没有从企业中抽调资金去建豪宅,而且最重要的是,我们没有人在股市进行风险投资,也没有人投资与主营业务无关的企业。没有股东与其他人相互担保。此外,我们的企业呈现出每年都在盈利的繁荣景象。

我因此能够对伙伴们的担心一笑置之，但是不必开口向人借钱，在这一点上我比他们都要高兴。我们诚挚的好友科尔曼先生，拥有丰富的社会资源和良好的信用，他主动提出给我们做担保。我们是唯一得到他这种礼遇的。威廉·科尔曼的名字拥有巨大的效力，但只为我们所用。在我写这一段时，这位老先生在我面前显得多么高大啊。他非常爱国。某年的7月4日独立日，工厂本来应该是像以往一样停工的，但他却发现有一群工人正在维修锅炉。他把经理找来，问这是什么意思。他命令所有人停止工作。

“居然在7月4日工作！”他大声喊道，“每个星期天都可以维修啊！”他怒不可遏。

1873年的金融危机向我们袭来后，我们立即开始全面收紧资金投放。我们很不情愿地决定，新工厂的建设必须暂停一段时间。有几位新工厂的显赫投资人拿不出钱来，于是我不得不接收他们的股份，并且还清所有的花费。就这样，我获得了公司的控股权。

金融危机首先在与证券交易所联系紧密的金融界爆发。过了一段时间之后，它才影响到商业和制造业。但是局势越来越糟糕，最终导致我朋友的得克萨斯太平洋公司倒闭。这件事情我在前面已经提过。这对我来说是最严重的一次打击。人们很难相信，我与得克萨斯太平洋公司关系密切，却能够不受它们债务的影响。

匹兹堡交易银行和我们有大宗的生意往来，其总裁舍恩伯格先生在纽约得知了斯科特先生和汤姆森先生的遭遇。他急忙赶回匹兹堡，在第二天上午召开的董事会上，他说我不可能与此事无关。他提议该银行停止为我们提供应收账款的贴现。他惊讶地发现，我们正在贴现的应收账款数额很庞大。我需要立即采取行动，以避免发生严重的后果。我马上搭乘前往匹兹堡的火车，在匹兹堡向所有相关人士宣布，虽然我是这家得克萨斯企业的股东，但是我已经还清了我名下的所有款项。我的名字不在任何一张它们尚未还清的借据上。我与此次破产已没有关系，没有我需要承担的债务责任，同时我已经很好地履行了应当承担的责任。我只需要对自己公司的业务负责，我愿意用自己所有的资金为其担保，愿意为公司所背负的每一项债务背书。

截至彼时，我在行业内已经树立起了一个大胆无畏，或者某种程度上还有点爱冒险的年轻人形象。我们的经营规模很大，而且增长速度很快。虽然还年轻，但是我已经在运转以百万计的生意了。匹兹堡的一些长辈认为，我的事业虽然很辉煌，但是还不够扎实。我知道一位阅历丰富的人曾经说："安德鲁·卡内基要是不能凭头脑成功，也必能靠运气成功。"但是我认为，没有比这样的说法更脱离事实的了。我深信任何有正常判断力的人都会吃惊地发现，我很少让自己或我的合伙人们承担风险。我做一些大事时，我和相关人员总能得到像宾夕法尼亚铁路公司这样的大公司的支持。我不缺苏格兰式的谨小慎微，不过在匹兹堡的制造业大佬们看来，我做起事来时不时地还是显得太冒进。他们已经老了，而我还年轻，这就是我们的不同。

很快，匹兹堡金融机构对我和我们企业的恐惧就消失了，取而代之的是几乎有点不可思议的信任。我们的信用状况变得无懈可击，在那以后，我们只要遇到资金短缺，向我们提供贷款的不是减少了，反而是增加了。正如当其他银行的存款数额下降时，古老的匹兹堡银行的存款却在增长。匹兹堡银行是美国唯一一家兑付黄金的银行，它蔑视将法律作为避难所、用绿花花的美钞支付债务的行为。它几乎不用纸钞，我想这种做法相当于一个活广告。

除了我的朋友斯科特先生和汤姆森先生等人遇到的这次麻烦，我们后来还经历了一次更严重的尴尬。我们发现我们的合伙人安德鲁·克罗曼先生，在一群投机分子的引诱下，加入了埃斯卡诺巴制铁公司。别人向他保证，这家公司将会成为一家股份制公司。但是，这个承诺还未兑现，该公司就已经欠下了大约70万美元的巨额债务。除了公司破产，克罗曼先生没有其他方法可以要回他在这家公司的投资。

这件事带给我们的震撼比之前的事件都要大。克罗曼先生作为一个合伙人，无权在没有事先知会其他合伙人的情况下，投资另一家钢铁公司，或者任何涉及私人债务的公司。在商界有一条铁律：合伙人之间不能有秘密。漠视这一条铁律，让克罗曼先生本人以及我们的公司都陷入险境。比起与我有密切联系的得克萨斯太平洋公司破产一事，这件事的危害更大。有一段时间，我们甚至怀疑，到底有没有什么东西是真正没有风险的？哪里是我们可以安身立命的基岩？

如果克罗曼先生是一位商人的话，那么在这件事情发生之后，我们决不会让他继续做我们的合伙人。然而，他不是一位商人，而是一位有点商业头脑的优秀机械师。克罗曼先生本人的雄心壮志是能在办公室里工作，尽管他在那里总是帮倒忙；他不想在工厂里调试运行新机器，尽管他在这方面的能力是无可匹敌的。我们颇费苦心才把他放到合适的位置上，并让他在那儿待着，这可能导致他另谋出路。他可能是受到了业界一些有名之士的奉承才被误导了，这些人赞扬他不仅是个机械天才，还很有商业头脑——而后面这项能力是他自己的合伙人不认可的。

克罗曼先生经历了破产的法律程序而重获自由之后，我们提出在我们业务中分给他10%的收益，但只对应实额资本，不包括商誉资本。这种办法会一直维持到获利与投资额相抵。我们只会收取基于成本的利息，他不需承担任何责任。这一提议的条件是他不能参加其他公司的运营，不为其他公司做担保，也不参加我们公司的业务运营，而要全心投入机械管理。要是他那时接受了我们的提议，现在应该已经成为一名百万富翁了。但是他本人的——特别是其家族的——自尊心不允许他这样做。尽管我和其他合伙人力劝他留下，他还是执意要自己开办一家公司，与我们进行竞争，他的几个儿子担任业务经理。他开办的公司以失败告终，而他本人也英年早逝。

不能认识到自己适合做什么，能轻松愉快地完成什么样的工作，是很愚蠢的。我认识不止一个这样的人，他们精通工厂里的技术，但是执意要在办公室寻求职业发展，浪费了自己的时光，被焦虑所压，他们的生活变得很悲惨，结局也总是失败的。我与克罗曼先生的分道扬镳最让我感到遗憾。他是一个好人，在机械方面很有头脑。如果他可以只为自己考虑的话，我想他很愿意留在我们公司。但是有人向他提供了资金——后来并没有兑现的资金，这让他改变了主意，而事实很快就证明这位伟大的机械专家并不擅长商业运作。

第 14 章　伙伴、书籍和旅行

在克罗曼先生离开我们公司之后，我们毫不犹疑地把威廉·博恩特莱格任命为工厂的主管。对于能够引导威廉的职业道路，我的心中总是充满欣喜。这个不会说英语的年轻人刚刚从德国来，是克罗曼先生的远亲。一开始，他只在工厂里担任一个很小的职务，但是他很快开始学习英语，并成为一名周薪 6 美元的船运部门职员。他对机械一无所知，但是对雇主给予的工作充满热情、勤勤恳恳。很快，他就因走遍了工厂的每个角落，处理了各种事务而成为厂里众所周知的人物。

威廉是一个颇具个性的人。他从未克服他的德国口音，他那些倒装的英语使他说的话很有力。在他的领导下，联合炼铁厂成为我们利润最高的一个业务分支。几年之后，看到他太过倾注于工作，我们决定让他去欧洲旅行。他取道华盛顿来到纽约，在纽约拜访我时他表示，自己更愿意回到匹兹堡去工作，而不是回德国去。参观华盛顿纪念碑时，他看到了楼梯上的卡内基横梁，之后他也看到了我捐赠的其他公共建筑，然后他说："这太让我感到骄傲了！我想立刻回去，以确保工厂运行顺利。"

威廉起早贪黑地在工厂里忙碌着，那儿就是他的生活。他是最先成为我们合伙人的年轻职员之一。这位可怜的德国小伙去世时年收入已高达5万美元，而这样的薪酬完全是他应得的。关于他的故事有很多。在我们合伙人的年终晚会上，每个人都轮番进行简短的发言。威廉是这么总结的："我们必须做的，先生们，就是把价格提上来，把成本降下去，确保每个人的屁股都坐得稳稳的。"说完之后，大家大笑不止。

埃文斯上尉（"战斗的鲍勃"）曾经是政府派驻我们工厂的质检员。他是很严厉的。只有威廉常常觉得这位上尉很烦人，并且最终得罪了他。上尉就投诉威廉的举动。我们费尽苦心，试图让威廉意识到取悦一位政府官员的重要性。威廉的回答是："这个人走进来，然后就抽我的雪茄（上尉可真大胆！威廉抽的可是一美分一根的劣质雪茄），接着就开始数落我的钢材。遇到这种人你会怎么想？不过，明天我会去向他道歉的。"

我们向上尉保证，威廉已经同意做适当的弥补，但是上尉后来笑着告诉我们，威廉是这样道歉的："上尉，我希望你今天早上感觉很好。我不是要和你对着干，上尉。"他伸出手，最终上尉握住他的手，一切就又和谐顺畅了。

威廉曾经把大批我们用不了的旧铁轨卖给我们的邻企——匹兹堡炼钢业的先驱詹姆斯·帕克先生。帕克先生后来发现这批铁轨质量很低劣，于是要求我们赔偿他的损失。我们让威廉和费普斯先生一起去见帕克先生，并商讨如何解决此事。费普斯先生径直走进了帕克先生的办公室，而威廉则在工厂里兜了一圈，寻找那些被投诉的铁轨，但是哪儿都没有发现。威廉清楚地知道它们在哪儿，于是他走进办公室，帕克先生还没来得及开口，他就这样说道："帕克先生，听说我卖给你的那些旧铁轨不合适，我很高兴。

我会把它们全买回去，每吨给你加5美元。”威廉清楚地知道，这些铁轨已经投入使用了。帕克先生很狼狈，这件事情就这样结束了。威廉取得了胜利。

有一次我去匹兹堡时，威廉对我说，他有件“特别的”事情想跟我说，这件事他不想告诉其他任何人。事情发生在他从德国回来的路上。有人请他去一个老校友那儿探访几天，这个人已经成为教授了。

“是这样的，卡内基先生，帮他照看房子的妹妹对我非常友善。我到了汉堡之后，就给她寄了一个小礼物。她给我写了一封信，然后我也给她写了信。我们书信来往了一段时间，然后我问她是否愿意嫁给我。她受过良好的教育，但她回复说愿意。后来我邀请她来纽约，我们在那里见面了。但是，卡内基先生，他们那些人不懂商业，也不了解工厂。他哥哥写信给我，希望我回德国一趟，在那儿跟她妹妹结婚。但是我不能再离开工厂了，所以我想我应该听听您的意见。”

“你当然可以再去一趟啦。没错，威廉，你应该去。我想他们家人这样想是对的。你再过去一趟，然后把她带过来。我来安排。”

我们分别时，我对他说：“威廉，我猜你的意中人应该是一个漂亮、高挑、皮肤掐得出水的德国姑娘。”

“卡内基先生，她有一点儿胖，如果要我把她轧平的话，我会轧两遍的。”威廉的所有阐释都是基于工厂实务的。(现在是1912年6月，当我重温这个故事时，不禁大笑起来。当然，我读到“确保每个人的屁股都坐稳”时也同样忍俊不禁。)

费普斯先生曾经担任工厂的业务部门主管，但是随着我们业务的扩大，钢铁业务需要他来负责。于是，另外一位年轻人威廉·L.

阿博特接替了他原来的位置。阿博特先生的经历和博恩特莱格很像。他刚来我们公司时只是一位薪水很低的职员,不久之后,就被派到生产前线,负责钢铁厂的业务,他的成就不在另一个威廉之下。他和威廉一样都成了合伙人,股份比例也和威廉一样。后来,他被提拔为公司的总裁。

此时,库里先生借着“露西”高炉的卓越管理脱颖而出,也加入了我们的合伙人团队,持股比例与其他人一样。要在生意场上取得成功,最佳办法就是提升那些表现优异的人。最终我们把卡内基—麦坎德利斯公司更名为埃德加·汤姆森钢铁公司,还把我弟弟和费普斯先生也拉了进来。起初,这两个人都拒绝与他们雄心勃勃的兄长一起从事钢铁业,但是我向他们展示了第一年的收入,并且告诉他们如果不加入的话,就会大错特错。他们再次斟酌,最终决定加入。这对他们和我们来说都是一件幸运的事情。

我的经验是,与来自各种领域的新合伙人合作,没有原本的团队合作那么顺利。变革是必需的,我们的埃德加·汤姆森钢铁公司也不例外。早在我们开始生产铁轨之前,科尔曼先生就对管理层中一位来自铁路系统的官员有所不满,尽管我们其他人认为这个人很有方法和能力。于是,我就不得不接管了科尔曼先生的职责。不久,我们发现科尔曼先生的判断是正确的。虽然这位新人做过铁路部门的审计员,精于财会,但要期望他或者其他任何政府官员,在制造行业这样一个陌生领域一开始就有卓越表现,是不公平的。他没有新工作所必备的知识,而且也没有接受过相应的培训。这并不意味着他不是一个出色的审计员,问题是由我们对他怀抱不切实际的期待所造成的。

钢轨工厂最终准备就绪,这名审计员把组织架构图放在我面前，等待我的批准。我发现他把工厂分成了两个部门，一个部门交给史蒂文森先生掌管，这个苏格兰人后来成为一名很好的制造商；另外一个部门的掌控权则交给琼斯先生。我很确定，没有任何事情比我的决定对公司最终的成功影响更大。一个工厂里绝不能有两个同等权力的人。有两个人指挥的制造企业，如同有两个总指挥的军队、有两位船长的船只一样，会面临重大的灾难，即使这两个人在不同部门。于是，我说："这样行不通。我不了解史蒂文森先生，也不了解琼斯先生，但是必须让其中一人做主管，只有他一人单独向你汇报。"

结果，我们决定任命琼斯先生，由他出任"船长"。他后来成为贝塞麦炼钢法方面无人不知的人物。

琼斯先生那时候十分年轻，身材瘦削，积极主动，仅从他矮小的身材上就可以看出他是威尔士人的后裔。在加入我们公司之前，他在约翰斯敦一家临近的工厂里当机械工，日薪两美元。我们很快意识到他是一个了不起的人物。内战期间，他主动入伍成为一名大兵，因为表现优异，很快就成为一名连长，而他所带的连队从未退缩过。埃德加·汤姆森工厂的成功，很大程度上是因为这位年轻人。

在之后的时间里，他拒绝在我们公司参股，而那本可以让他成为一名百万富翁。有一天我告诉他，那些已经在我们公司参股的年轻人，现在挣的钱要比他多得多，而我们已经投票通过让他成为合伙人的决议了。他不会有财务上的责任，因为我们规定，股本只从利润中出。

"不，"他说，"我不想把心思放在金钱上。光是管理工厂，我的事情就够多的了。如果你认为我配得上的话，多给我发一点工资就好了。”

“好的,上尉。你的工资将会和美国总统的一样多。”

“一言为定。”这位矮小的威尔士人说。

钢铁业的同行竞争对手们起先很轻视我们。他们根据自己的经历,知道开办一家钢铁厂有多么困难,所以认为我们不可能在一年内就能生产出钢轨,因此不屑于把我们当作竞争者。我们刚启动时,钢轨的价格大约是每吨 70 美元。我们派销售人员前往全国各地,让他们以尽量低的价格获得订单。在我们的竞争者意识到之前,我们就已经获得了足够让我们起步的订单量。

我们的机械设备如此完美,计划如此周详,由琼斯挑选的工人技术如此熟练,而他本人又是如此出色的经理人,因此我们大获成功。当我宣布我们第一个月的利润达到了 1.1 万美元时,我想我创下了一个相当特殊的记录。同样突出的是,由于我们完备的会计系统,我们知道了利润的准确数字。我们在经营炼铁厂时就知道了,精准会计至关重要。在制造过程中,职员在核对从一个部门转移到另外一个部门的材料数量时,有可能浑水摸鱼,从中获取暴利。

在新的炼钢业务成功启动之后,我开始考虑去休假,我长久以来环游世界的梦想也重新出现了。于是,1878 年的秋天,我和 J.W. 范德沃特 (范迪) 一同出发了。我随身带了几本可以用铅笔在上面记录的本子,开始记录每天的点点滴滴。我这样做不是为了要出书,而是想到也许我会将这些笔记印出来,在朋友圈里分发。当人第一次看到自己写的文字被印刷出来时,那种感觉是很美妙的。当我从印刷商那里拿到这些书时,我重温了假期的这些笔记,思考它们是否值得送给我的朋友们。最后,我得出结论,最好还是把书送出去，然后静待朋友们的评判。

一个人写书，如果只是给朋友看的，那么没有理由担心会得到不好的评价，但是这些书也有可能只得到牵强的赞美。然而，朋友们对书的反应超出了我的预期，让我感觉到他们真的很享受阅读这本书，并由衷地赞美它。每一位作者都喜欢听别人的美言。第一个发来赞美之言的是费城伟大的银行家安东尼·德雷克塞尔，他在信中抱怨说，我剥夺了他好几个小时的睡眠时间。他说一打开这本书来看之后，就放不下了，一直到凌晨两点把书读完了才休息。我还接到了几封类似的信。我记得有一天早晨，中央太平洋铁路公司的总裁亨廷顿先生见到我时说，他要好好称赞一下我。

“称赞我什么？”我问。

“是这样的，我把你的书从头至尾看完了。”

“哦，”我说，“这算不上什么赞美。我们很多共同的朋友也已经这么说过了。”

“是吗？但是我和他们不一样。我好多年没有读过书了，除了我的账本。我起先没有打算读你的书，但是我一拿起来看就放不下了。这五年来，我从头到尾读过的只有我的账本。”

朋友们所说的这些话，我并没有全部信以为真，但是从他们那里拿这本书去看的人也觉得很满意，这让我欣喜了好几个月，不过我认为这种赞美并没有什么害处。为了满足读者的需求，这本书又加印了几版。该书的评论和一些章节刊登在了报纸上，最后查尔斯·斯克里布纳父子出版公司要求面向市场公开出版发行这本书。就这样，《环游世界》面世了，我终于成为了一名“作家”。

这次旅行开阔了我的眼界，改变了我的思想观点。当时，大家对斯宾塞和达尔文推崇备至，而我也对他们的作品产生了浓厚的兴趣。我开始从进化论的角度，观察人类生活的不同阶段。在中国时，我拜读了孔子的作品；在印度时，我阅读了佛经及印度教圣书；在孟买的帕西人当中，我研究了他们的宗教创始人琐罗亚斯德。这次旅行给我带来了内心的平静，曾经混乱的思绪现在变得井井有条了，我的头脑平静下来了。我终于有了自己的一套人生哲学。我对基督所说的"天国在你心中"有了新的理解。天堂不在过去，也不在未来，而就在此时此刻我们的内心当中。我们所有的职责都集中在现世、在当下，迫不及待地渴望一窥未来是徒劳的。

我出生以来所有关于神学的记忆，以及斯韦登伯格教义给我留下的印记，至此不能再对我产生什么影响了，或者说不再占据我的思想了。我发现没有一个民族能掌握所有神圣的真理，也没有哪个民族会落后到毫无真理的智慧；每个民族都有他们自己的伟大导师。比如佛陀是一个，孔子是一个，还有琐罗亚斯德和基督。我发现所有这些派别在道德伦理方面的教义都是同源的，因此我会对我引以自豪的朋友马修·阿诺德这样说："人类之子啊！那一直庇佑你们的隐形神灵，从未嘲笑你们发现的任何宗教。哪个宗教不鼓舞弱者积极向上？哪个宗教不像春雨一样滋润干涸的心灵？哪个宗教不是冲着沉沦厌世的人呐喊：你应该改过自新？"

埃德温·阿诺德的诗集《亚洲之光》也在这个时候出版了。它带给我的喜悦超过我新近读过的任何诗作。我刚刚去过印度，这本书又带我回到了那个地方。这位作者得知了我对这本书的喜爱，后来我又有幸在伦敦认识了他，他就把这部诗集的手稿赠予了我。这是我最珍贵的收藏之一。即便需要作出牺牲，任何有条件的人都应该进行一次环球旅行。与之相比，其他任何类型的旅行都是不完整的，它们只能让我们对世界一隅有个模糊的印象。环球旅行之后，你会感觉你已经看到了（当然只是从宏观角度来说）应该看到的一切。所有的部分融合成了一个有机的整体，而你可以看到人类为某一个明确的目标而努力的命运。

环球旅行者们如果仔细研究过东方各宗教的圣典，肯定会大有裨益。他们会得出这样结论：每个国家的国民都会认为自己的宗教是最好的。他们因命运让他们出生在那个地方而感到喜悦，并且同情那些不幸生活在其他国度的人。所有民族的大多数人都觉得很幸福，因为他们都深信"东好西好，还是家里最好"。

我在《环游世界》里记录的两件事情可以说明这一点：

> 我们探访新加坡附近树林里的木薯工人时，看到他们都在忙碌地工作着，衣衫褴褛，而他们的孩子则赤身裸体到处跑来跑去。我们的到来非常令人瞩目。我让向导告诉他们，我们生活的地方，这个季节里池塘的水会变成固体的冰，人们可以在冰面走。有时候冰面很硬，甚至马车都可以在宽阔的河面上穿行。他们很困惑地问我们，为什么不来这里和他们一块生活。他们真的过得非常幸福。

还有一件事情：

> 在我们去挪威北角的路上，我们探访了一个拉普兰人的驯鹿牧场。船上的一位水手被派来陪同我们。我和他一同步行往回走，在接近峡湾时，我朝下看到了对面海岸上一片零乱的小屋，还有一座建设中的二层小楼。"那座新楼是做什么用的？"我们问道。

“那是一个出生在特罗姆瑟、后来挣了大钱的人盖的楼房。这个人现在要回来住了。他非常富有。”

“你说你游遍了整个世界，去过伦敦、纽约、加尔各答、墨尔本，还有其他地方。如果你也像他那么富有，你老了之后会在哪里安家？”他眼睛里闪着光，说道：“啊，什么地方都比不上特罗姆瑟。”而这个地方在北极圈内，一年中有六个月时间是黑夜。家，甜蜜的家。

在生命的规律或大自然的法则中，有一些是不完美的，有一些明显不公而且无情，然而也有很多凭借美妙和温馨让人们惊奇。对家的热爱是其中之一，这种热爱超越了家的特征或方位。我们很高兴地发现，上帝不偏袒某一个种族或民族，而是让每个民族都有与其发展阶段相适应的宗教信义。这未知的力量并没有忽略任何民族。

第 15 章　马车之旅与婚姻

1877 年 7 月 12 日，我的故乡丹弗姆林授予我荣誉市民奖，这是我第一次获得荣誉市民奖，也是我得到过的最高荣誉，我的心情无比激动和兴奋。在荣誉市民榜单上，和我隔着两个签名的就是沃尔特·斯科特爵士。我父母曾经见到沃尔特·斯科特在给丹弗姆林大教堂画速写，常常向我提起他的容貌。我为接受荣誉市民奖时应该如何致辞而费了很多心思。我跟舅舅贝利·莫里森说起此事，告诉他我发自内心地想要说什么。他自己本身就是一位演说家，他跟我传授了他的秘诀："你心里想什么就说什么，安德鲁，坦承你内心的感受是最佳的方法。"

我把这句关于公开演讲的秘诀铭记在心。我想告诉年轻的演说者们一条规律：当你站在观众面前时，记着你眼前无非就是一群男男女女，你只需像平日一样讲话就行了。只要你不打算表现出与平常迥异的自己，那就好像在办公室里对着自己人说话那样，你就不会有任何尴尬。只有在你打算表现出一个不同的自己时，你才会感到底气不足。做自己，然后尽管说。我曾经向我遇到过的最优秀的演说家英格索尔上校请教，他为什么能拥有这种卓越的能力。"像避开毒蛇一样避免模仿雄辩的演说家们，"他说，"做自己就行了。”

1881年7月27日，我又在丹弗姆林发表了一次演说，当天我母亲为我捐建的第一座免费图书馆大楼奠基。曾经，我父亲和其他四位织匠把自己的书拿出来供邻居们传阅，成立了当地最早的流动图书馆。丹弗姆林把我捐建的大楼命名为“卡内基图书馆”。设计这座图书馆的建筑师向我要盾徽，我告诉他我没有，但是提议他在大门的上方雕刻一枚冉冉升起的太阳，光辉照耀着下面的箴言“书籍带来光明”。我的建议被采纳了。

我们当年是乘马车来到丹弗姆林的。1867年，当我与乔治·劳德和亨利·费普斯一起在英格兰漫步时，突然产生了与挚友们从布赖顿乘车去因弗内斯的想法。1881年的春天，这个想法终于付诸实践了，我们一行11人乘船从纽约出发。这次旅行是我人生中最快乐的旅行之一，这些脱离工作的假期让我保持年轻和快乐，它们的功效胜过世界上的任何良药。

在这次马车之旅中，我每天都在出发前花两便士买的本子上做几行笔记。就像《环游世界》一样，我想我也许可以在杂志上写篇文章，或者向身边的人讲述这次出游的经历。在一个寒冷的冬日，我觉得冒着严寒去三英里外的纽约办公室不值当，又不知道如何打发这段空闲时光。我想到了这次的乘车旅行，决定写几行看看如何。我文思泉涌，天还没黑我就已经写下三四千字了。从此，每当风雪天不用去办公室时，我就愉快地进行我的写作，写了二十天就把这本书完成了。我把这本旅行笔记交给斯克里布纳出版社的工作人员，请他们印几百册供圈内的朋友们阅读。我的朋友们很喜欢这本书，就像前述的《环游世界》一样。有一天，钱普林先生告诉我，斯克里布纳先生也读了这本书，希望由他出资公开出版这本书，并且会付我版税。

有点虚荣心的作者们总是很容易就被说服，相信自己的书写得非常好，我就这样同意了这项提议。(直到现在，这本书每年还给我带来一点版税收入。现在是1912年，已经出版三十年了。)此书出版之后，我收到了大量的来信，其中有一些令人特别感动。我的工作人员把这些信收集起来，装订在一起，并且这些来信合集还在不断增多。很多伤残人士来信说，这本书点亮了他们的生活，这让我感到很欣慰。这本书在英国也广受好评，《观察家》杂志的评价很正面。但是，这本书之所以好，是因为我根本没有打算用它来打动别人。这本书我是为朋友们而写的，而人们做得最好的往往是那些轻松而为的事。我带着愉悦的心情写这本书，就如同我在旅途中的心情一样。

我是在极度忧郁的心境中度过1886年岁末的。在这之前我是个无忧无虑的年轻人，生活的各种需要都被照顾得很好，但这样的生活此时结束了。我成为一个孤苦伶仃的人，母亲和弟弟在11月先后离世，相隔只有数日，而我因伤寒卧病在床，竟然不能全力感受这次灾难的打击——独自一人直面死亡。

我是第一个病倒的。当时，我刚从东部回来，在克雷森温泉的乡间小屋度假，小屋位于阿勒格尼山上，我和母亲在那里度过了很多个愉快的夏天。离开纽约后的一两天，我就感觉身体非常不适了。我们请来的医生诊断我染上了伤寒。我们还请了纽约的丹尼斯教授来看病，他也做出了同样的诊断，于是一位巡诊医生和受过训练的护士立即被请来了。此后不久，母亲病倒了，我弟弟也在匹兹堡染病。

人们对我的状况很绝望，我自己也情绪低落，好像变了个人。

我无可奈何地接受了现状，沉溺于冥想之中，感受不到任何痛苦。我没有被告知母亲和弟弟严重的病情，因此当我知道这两个人都永远地离开了我时，我很自然地认为我应该会随他们而去。我们从未分开过，为什么这次要分开呢？但是命运有别的安排。

我的身体逐渐恢复过来，接下来，我开始考虑未来。只有未来才能给我带来一丝希望和安慰，我所考虑的总是未来。我认识露易丝·惠特菲尔德小姐已多年，她母亲允许她和我一起在中央公园骑马，我们俩都非常喜欢骑马。经常与我一起骑马的还有其他几位年轻女士。我养了几匹良种马，经常与她或者其他年轻女士在中央公园或者纽约周围一起骑马。后来，其他年轻女士对我来说都变得很普通，只有惠特菲尔德小姐成为我最中意的人。最后我发现，她在我为这些美丽女士设计的严格考验中表现最佳。我建议年轻人在选择伴侣时也可以进行这个测试，如果他们也像我一样深信莎士比亚的《暴风雨》中费迪南对米兰达说的这些话，那么一切就会很顺利。

> 我的眼睛曾经热切地注视过许多姑娘，
> 因着各种不同的优点，
> 我曾经喜欢过不同的女子；
> 虽然她们的一些缺点损害了优美。
> 但是我从不曾如此全心全意地爱上一个，
> 你是如此完美无双，
> 集中了世人最佳的优点！

至今，我的心里仍然可以完整重现这些文字。如今，我与露易丝已经一起生活二十年了，如果可以的话，我真心愿意用比上面更激烈的言辞来赞美她。

我的表白遭到了冷遇。她身边不乏其他更年轻的追求者，我的财富和对未来的计划成了我的阻碍。我很富有，拥有一切，所以她觉得自己不能给我带来什么帮助或益处。她的理想是成为一名奋斗青年的贤内助，自己对丈夫来说不可或缺，正如她母亲之于她父亲。自她父亲在她二十一岁时去世后，她挑起了照顾家庭的重担。她已经二十八岁了，形成了自己的一套人生观。有时她似乎对我有意思，我们互相通信。但是有一次，她在回信中说，她感觉自己必须完全抛弃和我在一起的念头了。

在我病情好转、能够被挪动之后，丹尼斯教授伉俪把我从克雷森接到他们位于纽约的家中，我在他们的照顾下在那里卧床休养。怀特菲尔德小姐过来看我，我在克雷森时一能够提笔，写的第一封信就是给她的。现在她看到我需要她了，我现在孤苦伶仃，从各方面来说她都可以成为我的贤内助了。她全心全意地接受了我，我们定下了婚期。1887 年 4 月 22 日，我们在纽约结婚，之后乘船去英国的怀特岛度蜜月。

她对野花非常感兴趣。以前，她从书中读到过三色堇、勿忘我、报春花、百里香等，但是从来没有见到过实物，这次全部亲眼见到了。那儿的一切都让她着迷。劳德姨父和一位表兄从苏格兰过来探望我们，很快，我们跟随他们，前往他们为我们挑选的消暑圣地基尔克拉斯顿。毫无疑问，苏格兰的美景深深地迷住了我的太太。她少女时期最爱读的就是苏格兰小说，其中又最喜欢读《苏格兰族长》。很快，她变得比我还像苏格兰人了。这一切都让我感到美梦成真。

我们非常享受在丹弗姆林度过的那段快乐时光。我陪她一同去了我年少时经常去的地方，人们向她讲述了我小时候的逸事，他们尽挑好话说，这使我们的婚姻生活有了一个很好的开始。

在我们北进途中，我被授予了爱丁堡荣誉市民奖，罗斯伯里勋爵在仪式上致辞，前来参加仪式的人非常多。我在当地最大的会堂向工人们做了一次演说，并收到了一份礼物，我太太也收到了一枚她非常珍爱的胸针。欣赏了风笛手的精彩演奏之后，她央求我们也雇这样一个乐手在家里，让他用笛声早晨把我们唤醒，晚上唤我们入座就餐。尽管她骨子里是一个美国人，而且还是康涅狄格州的清教徒，但她还是说，如果被迫必须在一个孤岛上生活，而且只能选择一种乐器的话，她一定会选择风笛。很快，一个风笛手带着克卢尼·麦克弗森的推荐信找到了我们。我们雇用了他，由他吹奏着风笛引领我们入住位于基尔克拉斯顿的房子。

我们都喜欢基尔克拉斯顿这个地方，尽管卡内基夫人渴望有一座更靠近狂野的自然和高地的房子。马修·阿诺德来拜访我们了，还有布莱恩先生和夫人，以及参议员尤金·黑尔及夫人等很多朋友。卡内基夫人常常邀请我在丹弗姆林的亲戚们过来，特别是年老的叔叔和婶婶们。每个人都很喜欢她。他们都说她会和我结婚挺不可思议的。不过我也告诉他们，我也感到不可思议。显然，这桩婚事是命中注定的。

我们带着风笛手、管家和一些仆人一起回到了纽约。尼科尔夫人为我们忠实服务了二十年，现在仍和我们住在一起，并且已经成为家庭的一员。一年之后，乔治·欧文成为了我们的管家，并且现在也是我们家中的一员，我们的仆人麦琪·安德森也是。他们都是在工作上全力以赴的人，品格高尚且忠心耿耿。

第二年，我们经由我们的风笛手介绍，入住了克鲁尼城堡。他在那儿土生土长，影响了我们的决定，我们之后在那里度过了好几个夏天。

1897 年 3 月 30 日，我们迎来了我们的女儿。我第一次注视女儿时，卡内基夫人就对我说："她的名字就随你妈妈叫玛格丽特吧。现在我想提出一个要求。"

"什么要求，露易丝？"

"既然上天赐予了我们这个小宝贝，我们应该买一座避暑屋。我们不能老是用租的，入住退住时间都要被限制。那应该是我们自己的房子。"

"你说得对。"我表示同意。

"我只有一个条件。"

"是什么？"我问。

"必须是苏格兰高地上的房子。"

"太好了，"我说，"正合我意。你知道我必须避开盛夏的骄阳，那还有什么比在石南花中安家更合适呢？我会亲自安排这件事并向你报告。"

结果，我们找到了斯基伯城堡。

现在距离卡内基夫人走进我的生活已经有二十年了，当时我母亲和弟弟才去世几个月，留下我孤零零一人。跟她在一起生活是如此幸福，我都不敢想象没有她的生活会是怎样的。她经受住了费迪南式的考验，我以为自己已经了解她了，但我所感知的仅是她表面的品质，当时还没有完全看到她深层次的纯洁、圣明和聪慧。在我们忙碌而多变的日子里，尤其是后来我们变成公众人物之后，她在处理与他人的关系方面，特别是我们双方家庭的关系方面，表现得像一位出色的外交家与和平主义者。她所到之处，一切都能变得祥和而友好。在少数需要有人勇敢挺身而出的场合里，总是她首先意识到这种必要并担当此角色。

这位和平主义者一生中从未与人争吵，包括她的同学们。从来没有人在见过她以后抱怨说遭受了她的冷遇。倒不是说她来者不拒，没有人像她那样讲究什么人能交朋友，但是头衔、财富和社会地位这些都不影响她的判断。她在待人接物方面从未表现出粗鲁，一举一动都流露出优雅的品位。虽然如此，她从来不会降低交友标准，她的密友都是那些优秀高尚的人。但她总是寻思如何可以对周围的人有所裨益——为这个或那个有需要的人谋划，为与她合作的人做周到细致的安排，精心挑选礼物以给他们惊喜。

如果没有她，我无法想象自己这二十年的生活会如何度过。我也无法忍受她比我早离开人世的可能，我会没有办法承受自然这样的安排。但想到如果我先离世，她将要挑起的重担——一位女性孤零零地，还要费心去照料那些需要一个男人的肩膀来承受的事务——我也感觉到深深的痛苦。我有时想由自己来承受这一切。但我又想到，她的生活里还会有我们幸福的女儿，也许那能让她安享余生。此外，比起我这个父亲，玛格丽特更需要她妈妈。

我们缘何要被迫离开我们在人间建立的天堂般家园，去一个我们不知道在哪儿的地方！我想借用杰西卡的话来表达我的想法：

> 巴萨尼奥老爷娶到这样一位好夫人，
> 过着正直的生活，
> 在人间享受着天堂般的幸福。

第 16 章　工厂与工友

我在英国获得一项钢铁冶炼方面的重要经验，那就是必须拥有自己的原材料，并且把产品加工完全，使之可以立即投入市场。解决了埃德加·汤姆森工厂的钢轨问题之后，我们很快进入下一步的工作。由于生铁供应的困难与不稳定，我们被迫开始建造自己的高炉。我们建造了三座高炉，其中有一座是从埃斯卡诺巴制铁公司收购过来之后改造的，克罗曼先生与这家公司有联系。就像很多二手买卖一样，这个高炉花的钱加起来和新的一样高，却不如新的好用。没有什么比购买了劣质的设备更糟心的了。

尽管直观地看，这次收购是一个错误，但是后来它也给我们带来了丰厚的利润，因为这座小高炉适合用来生产镜铁和锰铁。我们是美国第二家能自主生产镜铁的公司，第一家生产锰铁的公司，并且有好多年的时间我们都是美国唯一一家生产锰铁的。在此之前，锰铁这种关键产品，我们一直都依赖从国外进口，以每吨 80 美元的高价购入。在这件事情上，我们的高炉经理朱利安·肯尼迪先生功不可没，他首先提出我们可以用周边的矿石在小高炉中生产锰铁。这次试验非常有价值，结果我们取得了巨大的成功。我们的供给能够满足整个美国的需求，锰铁价格也因此从每吨 80 美元下降到50美元。

在使用弗吉尼亚的矿石做试验之时,我们同时发现欧洲人也正悄悄地购买这些矿石以生产锰铁,而矿主还误信了他们,以为他们是别有用途。鉴于此,我们的费普斯先生立即着手购买那座矿山。原来的矿主们在资金与技术上都很匮乏,无力有效运作此矿。我们从矿主们那儿获得股票期权,以高价买下了他们的股份,成为矿山的主人(只有一位戴维斯先生留了下来,他是个很有能力的年轻人)。当然,在此之前,我们已经对矿山进行了彻底的调查,发现这里的锰矿储存量丰富,能够使我们的投资有所回报。我们发现了欧洲人的秘密后,就迅速地采取了上述行动,一天都没有耽搁。这就是合伙人企业优于有限公司的地方,有限公司的总裁必须先咨询董事会,花上几周甚至几个月的时间等待大家作出决定。等到那时,矿山可能早就变成他人的资产了。

我们持续增建高炉设备,每一座新的高炉都比前一座取得更大的进步,直到最后我们认为高炉达到了标准水平。毋庸置疑,我们还会不断做一些小的改良,但是那时我们已经是一个设备完善、月生产能力为五万吨生铁的工厂。

启动高炉设备建造的同时,我们意识到要取得生产的独立和成功,还需要采取一项措施。我们还需要保证优质焦炭的稳定供应——康奈尔斯维尔矿场正好能实现这一需求。我们发现,如果缺少这种冶炼生铁所必需的燃料,我们的生产就无法顺利开展。在对这一问题做了仔细详尽的调研之后,我们认为弗里克焦炭公司不仅出产最优质的煤炭和焦炭,而且弗里克先生本人就是一位管理天才。弗里克先生原先只是一名普通的铁路职员,他的成功就印证了他的才能。1882年,我们购买了这家公司一半的股份,随后又买进其他股东的股份，成为了大股东。

现在我们还需要实现的就是稳定的铁矿石供应了。如果能够实现这一点，那么我们就能够抢占欧洲两三家龙头企业的位置。我们一度以为成功地在宾夕法尼亚找到了铁矿供应，然而我们在该州蒂龙地区的投资受到了误导，尝试在该地区开采和使用铁矿损耗了我们大量的资金。矿井边缘的矿石看起来很不错，这是因为在雨水的长期作用下，矿石中的杂质被冲走了，造成边缘处的铁含量较高。但是，深入探测之后，我们就发现矿井中的铁很少，不值得开采。

当时我们在宾夕法尼亚州群山中租了一个熔炉，我们的化学家普罗斯先生被派到了那里。他受命到那儿去，分析送去的所有来自该地区的材料，并且鼓励人们给他带来矿物标本。化学家先生引发当地人巨大的恐惧，一个最令人震惊的例证就是，他费了很大劲儿才能找到一个男子或男孩到实验室协助他。当他试着通过令人不解的实验仪器，讲解石头里含有什么成分时，人们怀疑他有某种邪恶的超能力。我记得最后我们不得不从匹兹堡的办公室派一个人过去协助他。

有一天，他给我们寄了一种非凡的无磷矿石的分析报告，这种矿石很适合用来生产贝塞麦转炉钢。这一发现立即引起了我们的重视。这片土地的主人名叫摩西·汤姆森，是一个富有的农场主，在宾夕法尼亚州森特县拥有 7000 英亩风景优美的良田。我们和他约好在发现矿石的地方会面。我们发现该矿在五六十年前曾被开采过，矿石供应给木炭高炉，但是当时这里的矿石口碑不怎么样，原因无疑是这种矿石的纯度比其他的要高很多，冶炼过程中如果还使用同样数量的熔剂就会有麻烦。在那些日子里，这种矿石被认为没什么用,这对我们来说真是好事。

最终,我们获得了在六个月之内随时接管矿山的权利。我们开始了调查工作,这是每个矿产收购者应该仔细做的工作。我们在山坡上每隔 50 英尺拉一条线,然后交叉着每隔 100 英尺再拉上一条线,接着我们在每个交叉点上打一口矿井。我想我们总共打了 80 口这样的矿井,接下来,我们在每口矿井里每隔几尺深就进行探测分析。这样一来,在支付给卖家几十万美元之前,我们就已经确切知道了矿石的成分。探测的结果超出了我们的预期。凭借我的表兄兼合伙人劳德先生的才干,采矿和洗矿的成本缩减至很低的水平。斯科舍矿石弥补了我们在其他矿山中遭遇的损失,在收回成本之后还有一些利润。至少这一次我们逃脱了失败的魔爪,取得了成功。有化学家指引我们,我们的信心倍增。可以看到,我们有决心并且非常积极地获得稳定的原材料供应。

我们有时成、有时败,但是生意上的风险确是很大的。有一天,我和费普斯先生一起从工厂开车回来,经过位于匹兹堡佩恩大街的国民信托公司办公室。我发现了他们窗户上的镀金大字“股东个人承担责任”。就在那天早上,我查阅我们的财务报表时,注意到资产项目上有 20 股国民信托公司的股份。我对亨利说:“如果这是我们在这家公司的股份,请你今天下午回到办公室之前卖掉它们,好吗?”

他认为不必着急,可以在适当的时候处理。

“不行,亨利,请答应我立即把它们卖掉。”

他照做了,转卖了那些股份。这对我们来说很幸运,因为很快那家公司就因为巨额赤字而破产了。我的表兄莫里斯先生是遭受损失的股东之一,其他许多人也遭受了同样的命运。当时人心惶惶，要是我们必须承担国民信托公司的债务责任，我们的信用无可避免地会遭受严重破坏。这次真是死里逃生。我们仅仅持有 20 股股票 (价值 2000 美元)，还是应朋友们的请求而购入的，他们希望我们的名字出现在股东名单上。这次事件给我们好好上了一课。生意场上一条明智的规则是，当你有盈余的时候，可以随意施舍，但是永远不要成为无限责任制公司的背书人或成员，这种公司需要以个人资产为公司债务负责。几千美元是一笔小投资，但是它却具有致命的杀伤力。

我们清晰地认识到，钢在不久的将来会迅速取代铁。即使是在我们的奇世通桥梁建造公司，钢也越来越多地取代了铁。“铁之王”即将被“钢之王”所取代，而我们也越来越依赖后者了。1886 年，正当我们打算在埃德加·汤姆森工厂旁边建设新的工厂，以生产各种形状的钢材时，有人向我们提议，匹兹堡五六家主要的制造商联合在霍姆斯特德建立了一家钢厂，现在他们愿意把工厂卖给我们。

这些工厂原先是由一批制造商联合建立的，是为了向他们的各项业务提供必要的钢材。但是，当时钢轨业务正处于鼎盛时期，他们于是改变计划，建立了一家钢轨工厂。钢轨价格比较高时，他们的钢轨生产还可以维持，但是因为工厂不是专门为钢轨生产设计的，他们缺少关键的供应生铁的高炉，也没有用作燃料的焦炭矿，所以根本没条件与我们竞争。

购买这些工厂对我们是有利的。我觉得处理好与这些工厂主之间的关系只有一种方法，那就是提出与卡内基兄弟公司合并。我们提出在平等的条件下进行合并，他们已经投资的每一美元和我们投入的拥有同等价值。在此基础上，谈判迅速达成协议。不过，我们提出了各方有提取现金的选择权。幸运的是，所有人都选择变现，除了乔治·辛格先生外，他继续与我们一起经营，双方都对合作感到很满意。辛格先生后来告诉我们，他的合伙人曾经对如何应对我的提议忐忑不安，他们担心吃亏。但是，当我提出平等原则，双方的投资价值相同时，他们就无话可说了。

本次并购重组了我们所有的企业。1886 年，我们成立了新的卡内基费普斯公司来经营霍姆斯特德的工厂。威尔逊沃克公司并入卡内基费普斯公司，沃克先生当选为董事长。我弟弟是卡内基兄弟公司的董事会主席，领导所有公司。在下一步的业务扩张中，我们在比弗福尔斯建立了哈特曼钢厂，以期把霍姆斯特德的产品加工成上百种不同的形状。这样一来，我们几乎可以生产所有类型的钢材了，从圆铁钉到 20 英尺长的钢梁。而那时候人们普遍认为，我们不可能再进入任何新的领域了。

回顾我们工厂从1888年到1897年十年间的发展是很有趣的。1888 年，我们投资了 2000 万美元的资金。1897 年，我们的投资额翻了一倍多，达到 4500 万美元。1888 年，我们的生铁年产量是 60 万吨，十年后的年产量变成了原来的三倍，接近200万吨。1888年，我们的钢铁日产量是 2000 吨，十年后的日产量突破了 6000 吨。我们的焦炭厂起初只有约 5000 个炉子，十年后的数量是三倍，而且焦炭厂的产能也从日产 6000 吨增长到 1.8 万吨。1897 年，我们的弗里克焦炭公司拥有 4.2 万英亩的煤田，占了康纳斯威尔矿脉的三分之二还要多。十年之后，生产仍然在高速增长。应该接受这样一条公理：在我们这样的快速发展的国家，一家制造企业一旦停止扩张，它也就开始走向衰落了。

为了生产一吨钢，需要开采一吨半的铁矿石，然后通过铁路把它们运到100英里外的五大湖区，接下来船运数百英里，再转到火车车厢，通过铁路运送到150英里外的匹兹堡；需要开采一吨半的煤炭，然后制成焦炭，接着通过铁路运送50多英里；需要开采一吨石灰石，并运输150英里至匹兹堡。那么，我们是如何把钢生产出来，以每三磅两美分的价格卖掉还不亏损的呢？我承认自己也觉得这一点难以置信，甚至接近于传奇了。但是，我们确实做到了。

美国很快就会从钢铁生产成本最高的国家变成成本最低的。贝尔法斯特的造船厂已经成为我们的客户了，而这还只是一个开始。在现有情形下，美国可以用与其他国家一样低的成本生产钢，尽管美国的劳动力价格更高。在机械领域，高价的劳动力才是最划算的，只要这些技术工人是自由的、心满意足的、充满热情的，而且付出之后能够得到相应的回报。在这一点上，美国做得很好。

在全球市场的竞争中，美国拥有一项巨大优势，即这里的制造企业拥有最好的国内市场。依托国内市场，他们的投资就可以获得回报，同时可以极具竞争力的价格出口剩余产品。虽然出口产品如果按比例分摊总成本，出口价格甚至可能仅够支付实际成本。像我们这样拥有庞大的国内市场，而且生产标准化产品的公司，产品销量很快就能赶超国外对手。我在英国提出一个与此相关的词："剩余法则"，后来这个词被广泛应用于商业讨论之中。

第 17 章　霍姆斯特德大罢工

既然讲到了我们在制造业的投资，我不妨记录一下发生于 1892 年 7 月 1 日的那次罢工。当时我不在，去了苏格兰高地，我们的管理层和工人发生了公司历史上最严重的一次争吵。二十六年来，我一直积极致力于维护好我们与工人们的关系，并为取得了良好的劳资关系感到自豪。我首要的合伙人费普斯先生在给《纽约先驱报》的回复中对我作出了评价，我希望自己完全无愧于此。当时，有人指责我在霍姆斯特德罢工期间依然留在海外，而不是飞回来支持我的合伙人们。费普斯先生于是在 1904 年 1 月 30 日的《纽约先驱报》上对此作出回应，信中说我总是尽量答应工人们的要求，即使那些要求非常不合理，因此有一两个合伙人并不希望我回来。即便不考虑与雇员建立朋友关系带来的回报，单从经济利益考虑，我也认为，给那些尊重雇主、心情愉快且知足的工人支付高工资，是一项很好的投资，能够带来巨大的收益。

随着贝塞麦平炉炼钢法和另外一些基础技术的发明，钢的生产经历了一次变革。以前使用的机器已经落伍了，意识到这一点之后，我们的公司投资了数百万美元，以重组和扩建霍姆斯特德的工厂。新的机械设备比旧的增产大约 60% 的钢。218 名以产钢量计工资的工人和我们签了三年的劳动合同，合同最后一年的一部分时间里，我们使用了新机器，所以合同结束前，他们的收入增长了近 60%。

公司在制订新的工资分配方案时提出，公司和工人们平分这 60% 的增长。也就是说，工人们的收入会比过去增加 30%，剩余的 30% 归公司以补偿增加的开支。工人的工作不会比之前难很多，因为主要是改良后的机器来做这个工作。这种安排不仅公平合理，而且非常慷慨，在通常情况下怀抱感恩之心的工人都会接受这个方案。但是，公司当时正忙于为美国政府制造装甲，我们之前曾两次拒绝这个订单，而政府急需这些装备。此外，我们还有为芝加哥展览会供应材料的合同。工人中的一些领袖了解了这种情况，坚持要求获得全部 60% 的加薪，他们认为公司会被迫答应他们的要求。公司无法同意，也不应该同意，因为这就好像试着扼住某个人的咽喉说："乖乖地照我说的去做。"公司义正辞严地拒绝了。要是我当时在国内，也不会屈服于这种不公平的勒索要求。

在此之前，一切都还算顺利。当与我们的工人有分歧时，我所遵循的政策是耐心等待，和他们讲道理，向他们解释他们的要求是不公平的。但是，我从来不曾雇用其他人来取代他们——从来没有。由于有 3000 名工人没有参与这次罢工，霍姆斯特德的主管确信他们能够管理工厂，并且急于除掉那 218 名组织工会的工人。这些人拒绝接受其他部门的人员，只有"加热工"和"轧钢工"能加入他们的工会。

我的合伙人们被工厂的主管误导了，而主管本人也被误导了。他刚从下属职位被提拔上来，没有处理这种事务的经验。少数工会成员不公正的要求，以及 3000 名非工会成员认为这些人不够公正的想法，很自然地让主管以为不会有麻烦，工人们会按照他们所承诺的那样去做。在这3000人当中，有许多人有能力，而且希望代替那218人的位置，至少我收到的汇报是这样的。

现在回过头去看，很多人可能会说，当时工厂就不应该开工。公司所能做的应该是对工人们说："现在这里发生了劳工纠纷，你们必须自己内部解决。公司已经给了你们很慷慨的条件。在纠纷没有解决之前，工厂不会开始运营。在此期间，你们的职位都会被保留。"或者，要是那位主管对3000名非工会工人说："如果你们愿意在不受保护的情况下继续生产，我没有意见。"那也会很好，因为这些工人就要承担保护自己的责任，而那可是悬殊的3000人对218人。但是，当时人们觉得可行的办法是，让警长带着卫队来保护这几千人不受那几百人的欺负（我理解这是州政府官员们的预防措施）。那几百人中的工会领袖非常凶猛好斗，他们拥有枪支，足以震慑住这几千人，后来发生的事情证明确实如此。

我想引用自己以前写下来的一个原则："我的主张是，公司应该让大家知道，我们有决心允许所有工人停止上工，与他们自由协商，耐心等待工人自己决定回来工作，而不会考虑雇用新人取代他们——永远不会。"最好的人，最优秀的工人，是不需要满街找工作的；只有下等人才会游手好闲。只要是我们想要的工人，我们不会让他们失业，哪怕是在不景气的时期。招聘新手来操作一个现代钢厂的复杂机器，是不可能成功的。当时的管理层最后雇用了新人的做法，让几千名渴望工作的老工人不再那么积极地支持我们的政策，因为工人们向来就痛恨招聘新人代替老员工的做法。谁又能怪他们呢？

但是，要是我当时在国内，我可能也会被说服，下令恢复开工，就像那位主管希望的那样，来试试我们的老员工们是否会像他们承诺的那样开始工作。需要注意的是，我的合伙人第一次恢复生产时并没有雇用新人。相反，这次是应几千名老员工的请求恢复生产的，我回来后人们向我汇报的情况是这样的。这一点非常重要。我的合伙人不应该受到任何责备，皆因他们只是在主管的建议下做了这次尝试。截至此时，我们并没有违背永远不雇用新员工、等待老员工回来工作这一原则。至于罢工者开枪打了警员后的第二次恢复开工，人们回头来看的时候也很容易说："要是能等到老工人们投票决定回来时再开工，那就好了。"但在同一时间，宾夕法尼亚州州长带着8000名士兵控制了局面。

混乱发生时，我正在苏格兰高地旅行，直到两天之后才知晓这件事。这是我毕生遇到的对我伤害最深的一件事情。在我商海沉浮的职业生涯经受的各种伤害中，依然让我感觉痛苦的只有这次霍姆斯特德罢工。这是完全没有必要的。那些人完全做错了。由于有了新机器，新的工资条款下罢工者每天可以挣4美元到9美元，比使用旧机器时增加了30%。在苏格兰时，我接到了工会领袖的这封电报："仁慈的主人，告诉我们你希望我们怎样做，我们一定会照做的。"电报内容非常感人，可惜太晚了。他们犯了错，工厂现在由州长掌控，已经太迟了。

在国外时，许多了解这一事件的朋友们给我寄来了友善的信件，他们想象到我会很不开心。下面是英国首相格莱斯顿先生写的一封信，我非常感激。

亲爱的卡内基先生：

很久以前，我和太太就已经表达了对您的感谢和最诚挚的祝贺。但是我没有忘记,您自己一直处于焦虑之中,并致力于倡导富人做更有意义的事情,这使您遭受到了诋毁。我希望我能帮助您从记者的毁谤中解脱出来,他们写文章时常常过于草率、自负、吹毛求疵、满怀恶意、居心不良。我希望尽我所能做一点点事情,那就是我确信在认识您的人当中,没有人会因为大西洋对岸发生的不幸事件(显然,我们并不了解其中的来龙去脉)降低对您慷慨的信心,也不会降低对您伟大而杰出工作的崇拜。

目前,财富正像恶魔一样威胁着吞没人们的道德,而您以自身的言行为榜样,告诉恶魔他的企图不会得逞。我本人向您表示感谢。

相信我。

您忠实的

W.E. 格莱斯顿

我在此引用这封信,是要证明格莱斯顿先生宽广的胸怀和富于同情心的品格,这是一个有活力的、悲悯所有值得同情之事的人,他对那不勒斯人、希腊人、保加利亚人以及其他遭受不幸的朋友,都表现出了这种同情。

当然,普罗大众并不知道我当时身处苏格兰,对于霍姆斯特德工厂最初发生的事并不知晓。在我控股的工厂里,一些工人被杀了,这就足以让我的名字在好几年时间里沦为话柄。不过,后来我终于洗脱了罪名。参议员汉纳当时是全国民权联合会的主席,这是一个由资本家和工人组成的组织,对劳资双方都能施加良性影响。尊敬的奥斯卡·斯特劳斯当时担任该联合会的副主席,他邀请我到其府上就餐，与联合会的官员们见面。在约定的日期前，我的终生挚友、我们在克利夫兰曾经的经纪人马克·汉纳主席突然去世了。我如约赴宴。宴会接近尾声时，斯特劳斯先生站起来说，汉纳先生的继任人选问题已经考虑过了。他要报告的是，每一个回复的劳工组织都赞成由我来接任。在场的几位工人领袖也一个接一个地站起来，支持斯特劳斯先生的说法。

此事使我感觉既意外，又感激。我觉得自己理应受到工人们的厚爱。我知道自己对工人抱有十分热忱的同情心，并且深受自己工厂工人们的敬慕。然而，由于霍姆斯特德骚乱，全国各地对我的看法却正好相反。在公众看来，卡内基的工厂就是剥削工人们正当收入的企业。

我站起来，向参加宴会的官员们解释为什么我无法接受这份荣誉，因为炎夏里我会离开避暑，而联合会的主席必须一年四季都身在其位，一旦发生冲突能够立刻出面解决。我对此感到非常尴尬，但是我设法让所有人理解，这一提议是我接受过的最高敬意，对我受伤的心灵来说是一剂安慰。最后，我表示如果大家选我进入执委会，接替我去世朋友的位置，我会非常乐意接受。大家果真一致投票选我来接替这个位子。至此，我终于松了一口气，工人们并没有普遍认为我对那次骚乱和被杀害工人负有责任。

我要感谢奥斯卡·斯特劳斯先生证明了我的清白。他读了我早期关于劳工问题的文章和演讲，并且经常向工人们提到我说过的这些话。联合工会的两位领袖也参加了这次宴会，即来自匹兹堡的怀特和谢弗先生，他们急切地想告诉董事会的工友们我在劳工问题上的良好记录，他们真的做到了。

此后，工人和他们的太太们曾在匹兹堡的图书馆大楼为我举行过一次欢迎集会，我在会上做了一次发自肺腑的讲话。我永远记得的一句话是，资本、工人和雇主就像是一只三条腿的板凳，没有地位高低之分，都是不可或缺的。演讲结束后，大家热情地与我握手，一切又和谐美好起来了。我和工人及其家属们重归于好，觉得心里的一块大石头终于卸下了。虽然事情发生时我在数千英里之外的地方，但这对我来说还是一次痛苦的经历。

我的朋友、罗格斯大学的约翰·C.范戴克教授讲述了一件与霍姆斯特德罢工有关的事情：

> 1900年春天，我从加利福尼亚湾的瓜伊马斯前往拉诺利亚弗德一个朋友的农场，打算在索诺拉山区进行为期一周的狩猎。这个农场非常偏远，我原本以为只会遇到几个墨西哥人和许多亚基印第安人，但是非常意外的是，我遇到了一个讲英语的美国人。我不久就了解了他来这里的原因，因为他在这里很孤独，非常希望和人讲话。他叫麦克卢基，到1892年为止，他一直是霍姆斯特德卡内基钢厂的一位熟手机械工。他被认为是一个“好手”工人，薪资丰厚，已经成家立业，有自己的住所和可观的财产。此外，他备受当地同行的尊敬，被推选为霍姆斯特德的镇长。
>
> 在1892年的大罢工中，麦克卢基很自然地站到罢工工人这一边，并且以镇长的身份命令逮捕乘船来到霍姆斯特德的平克顿私家侦探们，后者到来的目的是保护工厂和维持秩序。他认为自己这样做有正当的理由。他向我解释说，那些侦探作为武装力量进攻他的辖区，他有权逮捕并且解除他们的武装。这一命令引发了流血事件，双方冲突升级。

当然，这次罢工事件的经过已经众所周知了，罢工者最后被打败了。至于麦克卢基，他被以谋杀、骚乱、叛变罪名起诉，是否还有其他罪名我就不知道了。他被迫逃离美国，身体受了伤，还要忍饥挨饿，躲避执法人员的追捕，最后被迫躲了起来，直到风头过后才敢出来。接着他发现，他已经被美国的钢铁企业列入了黑名单，到处都找不到工作。他没有钱了，最后致命一击是他的妻子去世了，家庭破碎了。在饱经沧桑之后，他决定去墨西哥。我遇到他时，他正试着在拉诺利亚弗德15英里外的煤矿谋份差事。不过，对于墨西哥人来说，他是一个太过于优秀的机械工了，而他们所需要的只是最便宜的、没有技术的苦力。他找不到事情做，口袋空空，他真的只剩下最后一个铜板了。在他讲述自己的不幸遭遇时，我很自然地为他感到难过，尤其因为他是一个十分聪明的人，而且对自己的苦难没有太多不必要的抱怨。

那个时候，我并没有告诉他我认识卡内基先生，并且在霍姆斯特德罢工发生后不久，还在苏格兰的克鲁尼见过卡内基先生。我也没有告诉他，我从卡内基先生那里听到了另一方对事件的陈述。不过，麦克卢基并没有指责过卡内基先生，而是多次跟我说如果当时安迪在场，绝不会出现那样的麻烦。他似乎认为“那些男孩们”与安迪相处得很好，但是与他的一些合伙人就处得不怎么样。

我在那个农场待了一星期，傍晚时分经常能见到麦克卢基。离开那里后，我直接去了亚利桑那的图森，并且在那里给卡内基先生写了一封信。在信中，我向他讲述了我与麦克卢基的会面。我还告诉他，我对这个人的遭遇感到很遗憾，我认为他受到了非常不好的待遇。卡内基先生立即回信，在信纸的边缘他用铅笔写道："麦克卢基想要多少钱就给他多少钱，但是不要提我的名字。"我马上给麦克卢基写信，提出愿意资助他，但是没有提到数目，只是表明将足够让他恢复良好的财务状况。他拒绝了，说他将通过自己的奋斗解决问题，这才是真正的美国精神。我不由得很钦佩他这种精神。

我记得后来我向一个朋友，索诺拉铁路公司的总经理J.A.诺格尔先生提起过他。麦克卢基在这家公司找到了一个打井的差事，而且做得非常出色。一年后，也可能在当年的秋天，我再次在瓜伊马斯遇到他，当时他正在指挥修理铁轨生产车间的机器。他的境况改善了很多，看起来很开心，另一样令他满意的是，他还娶了一位墨西哥太太。既然他的生活已经重新走上正轨，我迫不及待地要告诉他那次资助提议的真相，让他不要对那些被迫与他为敌的人有不公正的看法。于是在我离开前，我对他说："麦克卢基，我现在想让你知道，我提出要给你的不是我自己的钱，那是安德鲁·卡内基的钱。是他提出要给你钱，只是通过我提出来罢了。"麦克卢基非常吃惊，他能说的只是："哦，该死的安迪还是很善良的，对吧？"

我宁可冒险用麦克卢基的这句话作为我进入天堂的通行证，而不是人类创造的任何神学教义。我清楚地知道，麦克卢基是一个好人。据说，当时他在霍姆斯特德拥有价值3万美元的财产。因为他是镇长，还是霍姆斯特德工人委员会的主席，他在枪击警察事件后被追捕。他必须逃走，舍弃在那里的一切。

这个故事纸媒发表出来后，报纸上出现了下面一篇幽默小品文，缘由是我曾经声明，最希望用麦克卢基那句话作我的墓志铭，因为它证明我曾经对我们的一个工人非常仁爱。

顺便说说——桑迪评安迪

唉！你们有没有听说安迪希望在墓碑上刻什么？

当他钱财散尽，必死无疑时！

他不要卖家准备好的圣经名句，

而是这句没有宗教意义的话——“该死的安迪还是很善良的！”

这个苏格兰好人嘲笑那些奉承的墓志铭，

这些名句很常见，本不该成为笑柄。

然而，要是他捐赠了所有财富，嘿，那他真是了不起，

我们就会承认他确实如此，因为“该死的安迪还是很善良的！”

不要忘了“该死”俩字，

因为安迪也不愿意弱化这俩字；

他不会玩文字游戏，也不会强词夺理。

他坦诚、直率——他就是“那个该死的善良的安迪！”

因此他离世时，我们会遵从他的意愿；

我们会在他的墓碑、他的棺材盖刻上：

“腰缠万贯去见上帝是种耻辱。”当然我叫桑迪。

他不会在巨富中死去——“该死的安迪还是很善良的！”

第 18 章　劳工问题

我想在这里记录我处理过的几起劳资纠纷，相信对劳资双方都会有借鉴意义。

钢轨厂高炉车间的工人们曾经递交一份联名声明，声称公司必须在周一下午四点之前给他们加薪，否则他们就会罢工。当时，这些工人的工资标准合同年底才到期，还有几个月的时间。我相信，如果工人们可以随意毁约的话，那么与他们再签一份协议也没用。尽管如此，我还是从纽约搭乘当夜的火车，第二天一早就赶到了工厂。

我请工厂的主管召集三个工人委员会开会，不只是威胁发起罢工的高炉车间工人委员会，还有轧钢车间和炼钢车间的工人委员会。他们都来了，我非常礼貌、友善地与他们会面。我并不是出于策略而采取这种友好态度，而是因为我一直很享受与我的工人们见面。我必须要说的是，对工人们了解越深，对他们品德的评价就越高。但就像巴里对女人的评价那样，“勋爵可以日理万机，但他也理不清女人的事情”。工人们有他们的偏见，容易被某些事情激怒，这都是需要人们包容的一些方面。冲突的主要根源在于忽视，而不是敌意。这些人在我面前呈半圆形坐下，所有人都把帽子摘下来，就像我也早已脱帽一样，这俨然是一个正式会议。

我对轧钢车间工人委员会的主席说："麦凯先生（这是一位戴着眼镜的老先生），我们是不是签过一份本年度内都有效的工资协议？"

他慢慢摘下眼镜，放在手上，然后说："是的，我们签过，卡内基先生。而且你们现在的资金不够充裕，不允许我们更改合同。"

"这是一位真正的美国工人说的话，"我说，"我为你感到骄傲。"

"约翰逊先生（他是炼钢车间工人委员会的主席），我们是不是也和你们签过同样的协议？"

约翰逊先生身材瘦小。他从容不迫地说："卡内基先生，当别人拿一份协议给我签名的时候，我会仔细阅读。如果我觉得不合适，我就不会签字。但是如果我觉得合适，我就会签字，而且一旦签了字，我就会信守协议。"

"这又是一位有自尊的美国工人说的话。"我说。

然后，我转向高炉车间工人委员会的主席，一个叫凯利的爱尔兰人，问他同样的问题："凯利先生，我们是不是也签过一份今年内都有效的工资协议？"

凯利先生说他不确定。他收到了一份发给他的文件，然后在上面签了字。但他没有仔细阅读这份文件，并且不理解文件上的条款。这时，我们的工厂主管琼斯上尉，一位出色但容易冲动的经理人突然说道："凯利先生，你分明知道我把文件内容向你读了两次，并且与你进行了讨论！"

"安静，安静，上尉！凯利先生有权作出自己的解释。律师与合伙人拿文件给我签名时，我也经常没有看内容就签了字。凯利先生说他是在这样的情况下签字的，我们必须接受他的说法。但是，凯利先生，我想在这样的情况下，最好的做法就是履行这份因为粗心而签了字的协议，但是下一次签字的时候要更仔细些。你们先按照这份协议再工作四个月，然后在下次签协议时，一定要确保你们看清楚了，这样不是更好吗？”

没有人回答这个问题。于是我站起来说：“高炉车间工人委员会的诸位，你们威胁公司说要毁约，并且声称如果今天四点前得不到满意的答复就会罢工（那将带来一场灾难）。现在还不到三点，但是已经有回复了。你们可以离开高炉车间。就算高炉周围都长满了荒草，我们也不会向你们的威胁妥协。不履行已经签署的协议，是劳工界最糟糕的事情。这就是你们要的答复。”

委员会的成员们慢慢走出会场，合伙人们也都默不做声。一个来办事的陌生人在走廊上遇到了那些正离开会场的人，他报告说：“我进来的时候，看到一个戴眼镜的把一个他称为凯利的爱尔兰人推到一边，并对他说，‘你们这些人最好弄明白，在这个工厂里不能胡闹。’”

他说的话是真的。后来，我们从员工那里听到了高炉车间发生的事情。凯利和他的委员会成员们走回高炉那里，工人们正聚集在那里等待消息。走到高炉旁，凯利向工人们喊道：“快回去干活，你们这群无赖，在这里做啥？天啊，刚刚被老板狠狠批评了一顿。他不会宣战，但会静观其变。上帝！我们都知道他在反抗前会按兵不动。回去干活吧，你们这群废物。”

爱尔兰人以及那些有苏格兰和爱尔兰血统的人都很古怪，但如果你掌握了方法，他们却是最容易相处的人。从此，那个叫凯利的工人成为我坚定的朋友和追随者，而他以前是工人中最粗暴的一个。我的经验是，你完全可以相信广大工人会做正确的事情，只要他们还没有采取某一个立场，而且向他们的领导人保证会支持他们。他们对工会领导人的忠诚，即便有时是错误的，也应该让我们为他们感到骄傲。拥有内心如此忠诚的工人，没有什么事情是办不到的。他们需要的只是得到公正的对待。

我们挫败另一次钢轨厂罢工的方式也很有意思。有一次，同一个部门的134人秘密宣誓，他们在几个月后年底到来时将要求加薪。新的一年里营商环境很不好，全国各地的其他钢铁企业已经实施了减薪政策。尽管如此，这些几个月前曾秘密发誓不加薪就罢工的工人仍然坚持这一要求。我们的竞争对手在减薪的时候，我们不可能加薪，结果工厂停工了。由于他们的罢工，工厂的各个部门都停止了工作。在约定好的时间到来的前一两天，高炉就停止了生产，这让我们陷入了非常大的麻烦。

我来到匹兹堡，意外地发现高炉被封了，这是违反我们的协议的。根据协议，我会在到达匹兹堡的当天早上与工人们见面，但是工厂传来口信说这些人已经离开了高炉，将在明天会见我。好一个见面礼！我的回答是："他们明天见不到我。告诉他们我明天不会来这里。任何人都可以罢工，关键是怎么复工。总有一天，这些人会希望工厂复工，并且寻找能让工厂开工的人。到那个时候，我要说的话和今天一样：必须根据我们产品价格的变化而浮动调整工资标准，否则工厂不会开工。新的工资标准有效期三年，而且不是由工人们来提出了。他们已经提出过很多次工资标准了，这次轮到我们向他们提标准了。

"现在，"我对合伙人说，"我下午回纽约。什么事都不必做了。"

罢工工人们收到我的信息之后，询问他们是否可以在下午我离开前来见我。

我回答:"当然可以!"

他们进来后,我对他们说:"先生们,你们的主席贝内特先生向你们保证,我会以某种方式出面解决这件事情,就像我以前那样。他说得没错。他还说过我不会和工人们斗争,他这样说也没错。他的确是一个预言家。但是,有一件事情他误会了,他说我不能跟你们斗争。先生们,"我盯着贝内特先生的眼睛,举起握紧的拳头说,"他忘了我是一个苏格兰人。让我来告诉你们吧。我永远也不会和你们打,我知道比跟工人斗争更好的办法。我不争斗,但是我能够坐着击败任何工人委员会。我现在正坐着呢。工厂不会复工的,除非有三分之二以上的工人投票要求开工。到那时候,就像我今天上午说的那样,我们会执行浮动工资标准。我没有什么其他要说的了。"

他们离开了。大约两个星期后,我纽约家里的一个仆人拿着一张卡片来到图书室给我。我看到卡片上写着两个工人的名字,还有一位受人尊敬的先生的名字。这些人说他们从匹兹堡的工厂来,希望能见到我。"问一下他们中间有没有违反协议、参与封高炉事件的工人。"我的仆人回来后说"没有"。我说:"好,下去告诉他们我很乐意让他们上来。"

当然,他们受到了我热诚的接待。我们坐下来,谈论了一下纽约,因为这是他们第一次来纽约。

"卡内基先生,我们来到这里其实是想谈谈工厂里的麻烦。"最终,一位来者如是说。

"哦,真的呀!"我说,"工人们投票表决了吗?"

"还没有。"他说。

我回答说："你们必须原谅我不谈这个话题。我说过，除非有三分之二以上的大多数工人投票同意开工，否则我不会谈论这个话题。先生们，你们从没有游览过纽约吧。我带你们去看看第五大道和中央公园吧，然后一点半回来这里吃午饭。"

我们这么做了，一边谈论着各种各样的话题，但是唯独不谈他们想谈的那件事。我们玩得很开心，而且我知道他们很享受那次午餐。美国工人和外国工人之间有一个很大的差别，美国工人很成熟。他们和别人一起坐下来吃饭时，表现得仿佛生下来就是个绅士一样（通常，他本来就是）。这真是了不起。

他们没有再说一句关于工厂的话，回到了匹兹堡。但是，那些工人很快举行了投票（投票反对复工的人非常少），于是我再次来到匹兹堡，向工人委员会提出了新的工资标准。这是一套基于产品价格变化而浮动的工资标准，这种标准能够让劳资双方真正成为荣辱共担的伙伴。当然，这里面设定了最低工资，以保证工人们有基本的生活保障。因为他们已经看过这些标准，我没必要再描述了。委员会的主席说："卡内基先生，我们同意所有的条件。现在，"他有点犹豫地说，"我们希望您能帮个忙，希望您不要拒绝。"

"先生们，如果是合理的要求，我肯定会答应的。"

"哦，是这样的。希望您允许工会的领导人代表工人在这些文件上签字。"

"为什么不呢，当然可以，先生们！我非常乐意。不过我也有一个小小的请求，希望你们也不要拒绝，就像我已经答应了你们的要求一样。就算仅仅是为了让我高兴吧，在这些工会领导人签字之后，也让每个工人自己签上名字吧。你看，贝内特先生，新的工资标准有效期是三年，有些人可能会质疑工会主席是否有权让他们受这么长期限协议的约束。但是,如果他们自己也签了字,就不会有误解产生了。”

对方沉默了一会儿。接着,对方的一个人轻声(但是我听得很清楚)对贝内特先生说:“天哪,我们没戏了!”

我们的确胜利了,但不是通过正面攻击,而是通过侧面包围实现的。要是我不让工会领导人签字,他们会找到不满的理由挑起事端。就像实际情况那样,在同意工会领导人签字之后,他们怎么好意思拒绝我的小小要求,让每个自由的、独立的美国公民为自己签上自己的名字。在我的印象里,这些工会领导人实际上没有签字,不过也许他们签过了。但是,既然每个工人都要签字,为什么还让他们作为代表签字呢?除此之外,浮动工资制被采纳之后,工人们知道工会不能为他们做什么了,于是不再缴纳会费,工会也就此解体了。我们再没有听说关于工会的事。(这件事情发生在1889年,距今已有二十七年了。从那时起,我们一直采用浮动工资标准。即使给他们权利,工人们也不愿意改变工资标准了。这样的标准对他们有好处,就像我之前告诉他们的一样。)

在我为工人们做过的好事中,首屈一指的当属引进浮动工资制。这是一个解决劳资纠纷的好方法,因为它让双方真正成为伙伴,荣辱与共。起初匹兹堡地区实行的是年度工资制,但这不是一个好制度,因为工人和雇主间一签完合同就开始为几乎一定会到来的纠纷做准备。因此,对双方同意的工资标准不限定有效期,对雇主和雇员们都好得多。如果任何一方要提出调整工资标准,需要提前半年到一年通知对方,这样的机制可以运行很多年。

为了说明劳资双方的对抗可以通过一些小事得到改变,我想讲两个都是通过小事而友好解决问题的故事。有一次,我去会见一个工人委员会的成员们。在我们看来,这些人提出了过分的要求。有人告诉我,这些工人受到了一个人的鼓动,而这个人在工厂工作的同时,还秘密经营着一家酒吧。他是一个大恶霸,那些不酗酒、安分守己的工人都害怕他,而去酒吧饮酒的工人们都欠他的钱,他是整件事的幕后主使人。

我们以一贯的友好方式见了面。我很喜欢与工人们见面,我跟他们当中的很多人已经认识很长时间了,甚至还可以叫得出他们的名字。我们在桌子旁坐下来,我和他们的头儿各坐在桌子的两端,所以面对着。会议一开始,我把我们的提议摆出来后,我看到这个头目从地板上捡起帽子,慢慢戴到自己头上,示意将要离开会场。我的机会来了。

“先生,在座的都是有教养的绅士。请您礼貌一点儿,要么把您的帽子摘下来,要么就离开这个房间!”

我注视着这个头目,现场静得出奇。这个恶霸犹豫了,但我知道,不管他接下来怎么反应,都已经被我打败了。如果他离开,那是因为他戴着帽子,对参加会议的人不礼貌,没有绅士风度;如果他留下来,并且摘下帽子,那就是被我的斥责打败了。我不介意他选择怎么做。他只有两种选择,而每一种反应都是致命的。他乖乖地臣服了,慢慢地摘下帽子,放到地板上。接下来的会议里,他一言不发。事后有人告诉我,这个人不得不离开这片地方。这戏剧性的一幕让工人们兴奋不已,接下来,事情得到了完满的解决。

我们向工人们提出三年有效的浮动工资标准后,工人们推举了 16 人组成委员会与我们谈判。一开始,谈判几乎没有任何进展。我宣布自己有事,第二天必须回到纽约。对方询问是否会与一个由 32 人组成的委员会谈判,因为他们希望有更多的工人加入进来，这明显说明他们内部有分歧。我们当然同意了。工人们从工厂来到匹兹堡的办公室见我。谈判由我们一位很出色的工人开始发言，他叫比利·爱德华兹（我对他印象很深刻，他后来升到了很高的职位），他认为工资方案总体可以接受，但标准不够公平。

标准对一些部门还合适，但对另外一些部门则不太公平。大多数工人自然都持这种观点，但是当涉及哪些部门工资太低时，他们如预料的那样发生了分歧，不同部门的两个人意见不一致。

于是比利说："卡内基先生，我们认为生产每吨钢付给我们的工资总额是合理的，但是我们之间的分配不公平。卡内基先生，下面你来接替我的工作吧……"

"安静，安静！"我喊道，"那是不可能的，比利。卡内基先生不会接替任何人的工作。对于高级技工来说，抢走别人的工作是一种不可原谅的冒犯。"

场内爆发出了哄笑，随后响起了掌声及更多的笑声。我和他们一起开怀大笑，我们让比利出丑了。当然，争议很快得到解决。这不只是薪资的问题，而且薪资通常都不是主要问题。欣赏、友善的对待以及公平的方案等因素，往往才是美国工人们看重的。

雇主们不用花费什么成本，就可以做很多让员工们高兴的事情。在一次会议上，我问工人能为他们做什么，我记得就是上述的这个比利·爱德华兹站起来说，大多数工人都欠商店老板的钱，因为工资是按月发放的。我很清楚地记得他说的话："我有一个善于理家的好太太。每个月的第四个周六下午，我们会前往匹兹堡采购，从批发商那里购买下个月需要的物品，这让我们节省了三分之一的生活花费，但是能这样做的工人不多。我们这边的商店价格太高了，尤其煤炭价格也非常高。如果工资改为每两周发一次，而不是按月发，对于那些花钱谨慎的人来说，这相当于涨了10%，甚至更多的工资。”

“爱德华兹先生，以后就按你说的做吧。”我回答。

我们需要为此增加工人和几个职员，但这些都是小事。而比利提到的商店价格高的问题让我思考，为什么工人们不能运营一家合作商店呢？我们于是着手安排相关事务，公司答应支付商店的租金，但是工人们必须得自己进货、自己管理。于是，我们成立了布拉多克合作社，一个在很多方面有重要意义的机构。其中的一个好处是，它让工人们明白了商业经营的艰难。

煤炭问题则通过下述方式得到了解决：我们同意公司以净成本价（据我了解，大约相当于煤炭商一半的要价）向所有员工出售煤炭，并且安排人送到他们的家里，购买者只需支付实际的运费。

我们还为工人做了一件事。我们发现工人们的存款给他们带来了焦虑。他们生活节俭、非常谨慎，不太相信银行，而我们的政府当时没有像英国人那样建立邮政储蓄银行。我们提出托管每个工人的存款，最高2000美元，并且给他们6%的利息，以鼓励节俭。他们的存款和公司的资金是分开的，放在信托基金里，借给那些打算自己造房子的人。我认为，这是为那些勤俭的工人做过的最好的事情之一。

事实证明，这些小小的让步是公司做过的最好的投资，即便从经济角度看也是如此。超越合同规定去爱护工人，会有很好的回报。正如费普斯先生所说，我的两个合伙人“知道我极端的性格，即总是满足工人们的要求，即便是不合理的要求”。但是，回过头来看这个缺点，我倒希望自己做得更极端一些。任何投资的回报都不及与工人们的友谊带来的回报多。

我们很快就培养出一大批优秀的工人，我深信他们是能够汇聚在一起的最优秀的工人，争吵和罢工已经成了过去。要是霍姆斯特德工厂的工人都是我们自己的老工人，而不是新雇用的，那么1892年的那场大罢工几乎不可能发生。钢轨厂从1889年实行的浮动工资制度，一直延续到现今（1914年），那里的工人们从此再也没有什么抱怨。我前面说过，这些人解散了他们以前的工会，因为既然工人们已经签订了三年的合同了，就没有必要再缴纳工会会费了。虽然他们的工会解体了，但是一个劳资双方真诚相待的集体取代了它的地位，这对双方来说都是最好的联合。

让工人们有好的收入和稳定的工作，是符合雇主的利益的。浮动工资制度让公司能够直面市场，敢于接受订单，让工厂保持运转，这对工人们来说是最重要的事情。高工资固然好，但是也比不上稳定的就业。在我看来，埃德加·汤姆森钢厂是处理劳资关系方面的典范。我听说那时，甚至现在（1914年）还是，我们的工人们更喜欢两班倒而不是三班倒；但是一天三班制的时代肯定会到来。随着时代的进步，工人的工作时间势必会减少。八小时工作制会成为常规——八小时工作，八小时睡眠，还有八小时用于休息和娱乐。

我的商海经验证明，劳工问题不单是由工资引起的。我认为，避免争吵的最好方法就是认可工人，并且发自内心地去了解他们。这样工人才会觉得你真的关心他们，并且为他们的成功而高兴。坦白说，我一直非常享受与工人们进行会谈，谈的并不总是工资；我越了解他们，就越喜欢他们。他们的美德往往要多过他们的雇主，而且工人们彼此之间更加慷慨大方。

相比起资本家，工人们通常是无助的。如果雇主决定关闭工厂,他只会在短期内没有利润。他的习惯、饮食、衣着和娱乐等都不会有变化,他不会有使人苦恼的恐惧和贫穷。相比之下,工人们会由于生计手段减少而备受折磨。他们不能照常安享生活,收入不能够满足康健的妻儿日常所需,更负担不起病痛中的孩子的医疗费用。我们需要保护的不是资本家,而是无助的工人。如果我明天重返职场,我心想的不会是畏惧劳工问题,而是心怀对贫者的关怀,以及对受到误导的好心的工人们的理解。我的心将因此变得柔软,而他们的心也一样。

1892年,我在霍姆斯特德大罢工后返回匹兹堡。我来到工厂,看望那些没有卷入骚乱的老工人们。他们表达了一种观点,要是我当时在工厂里,这场骚乱绝对不可能发生。我对他们说,公司提出的条件已经很慷慨了,我也不可能提出比那更优越的条件。此外,我在苏格兰收到电报之时,州长已经率领军队来到工厂,希望严格执法。那时,我的合伙人已经无法左右局势了。我补充说:"你们被误导了。我的合伙人提出的条件应该被接受,那些条件已经是非常优厚的了。我不确定自己能提出这么好的条件。"

听到这句话,一位轧钢工人对我说:"卡内基先生啊,那不是钱的问题。厂里的孩子们愿意让您踢他们,但是却不会让其他人碰自己一根头发。"

情感在日常事务中作用如此之大,即便是劳动阶层的人们也不例外。那些不了解他们的人常常不相信这一点,但是我确信在劳资纠纷中,薪资因素的比例不到一半。问题出在雇主缺乏对雇员的理解和善待。

许多罢工工人被提起了诉讼,而我回来后立即撤消了这些诉讼。那些没有参与暴力活动的老工人都被请了回来。此前,我还在苏格兰时就发电报，要求把施瓦布先生请回到霍姆斯特德。他当时刚被提拔到埃德加·汤姆森钢厂去。查理（人们亲切地这样称呼他）回来后，迅速恢复了工厂的秩序，一切又重归安定、和谐。假使他当初在工厂里，很有可能不会发生如此严重的骚乱。查理热爱工人们，工人们也敬爱他。不过，霍姆斯特德的工厂里还有令人担心的不稳定因素，我们出于各种正当缘由开除的工人，后来在别的工厂又找到了工作，而我们后来收购了这些工厂。

第 19 章 《财富的福音》

拙著《财富的福音》出版之后，我理所当然地应该按照书中所教诲的那样，不再为获得更多财富而奋斗。我下定决心不再积攒财富，而是开始致力于更为严肃、更为困难的合理分配财富。我们的年利润达到了 4000 万美元，而且盈利的增长前景非常好。我们的工厂被美国钢铁公司收购之后，年利润达到了 6000 万美元。如果我们的公司继续自主经营，并且实施我们的扩张计划的话，那么当年利润估计有可能达到 7000 万美元。

钢材已经登上材料之王的宝座，赶走了其他较次的材料。可以清楚地看到，钢材行业前景一片光明。但是对我自己而言，我深知分配好财富就足以让我在老年时忙碌不已。对此，妙语如珠的莎士比亚在《李尔王》中就说过：

> 从生活奢华的人那里分一点出去，
> 每个人就可以衣食无忧。

在这个节骨眼上，即 1901 年 3 月，施瓦布先生知会我，摩根先生曾经告诉他，他非常想知道我是否打算退休，如果是的话，他可以帮忙安排相关事宜。他还说，他咨询过我的合伙人，他们愿意出售公司，因为摩根先生提出的条件很吸引人。我告诉施瓦布先生，如果我的合伙人愿意出售，我也会同意。于是我们最终把公司卖了出去。

那时候，投机者常常会瞒天过海，低价购买旧的钢铁厂，再把厂子以高价卖给不知内情的其他买主，有时候上百美元的股份换来的却是价值很低的资产。所以，我拒绝接受普通股。如果我当时接受普通股，我会多获得大约价值 1 亿美元、利率 5% 的债券，这是摩根先生后来告诉我的。我们的钢铁业务当时就是如此鼎盛，价值就是如此惊人。后来的事情证明，我当时理应要求获得额外的收益，因为此后普通股的年回报率一直保持在 5% 左右。不过就像事实证明的那样，我的财富已经足够多了，捐赠那些财富就足以让我比以前更忙碌了。

我的首笔捐款给了工厂的工人。下面这些信件和文件会解释这份馈赠。

> 在即将退休之际，我从剩余的财富中拿出第一笔钱——400 万美元、利率 5% 的第一抵押权债券，以向为我之成功做出巨大贡献的工人们致谢。这笔款项用于资助那些遭受变故的工人，并且向那些年长的需要帮助的工人提供小额养老金。
>
> 另外，我也拿出 100 万美元的上述债券，其年收益用于维持我为工人们建立的图书馆和礼堂的运行。
>
> 1901 年 3 月 12 日
>
> 于纽约州纽约市

作为回应，霍姆斯特德的工人们给我写了这样一封信：

致安德鲁·卡内基先生

纽约州纽约市

亲爱的卡内基先生：

我们，霍姆斯特德钢铁厂的员工，希望通过工人委员会，借由这封信，向您设立"安德鲁·卡内基救济基金"的善举表示深深的感谢。过去的一个月以来，我们看到了该基金的第一份年度报告。

对于您一直以来对工人们的关心，我们的感激之情难以言表。在您的善举中，我们认为安德鲁·卡内基救济基金是首屈一指的。我们亲眼目睹，在一些生活前景灰暗、令人沮丧的家庭中，这项基金帮助人们减轻了负担，重燃起对生活的希望和力量。

此致，敬礼！

工人委员会成员：

轧钢工 哈里·F. 罗斯

锻工 小约翰·贝尔

出勤计时员 J.A. 霍顿

电气工长 沃尔特·A. 格雷格

调车场场长 哈里·丘萨克

1903 年 2 月 23 日

于宾夕法尼亚州芒霍尔

"露西"高炉的工人们赠予我一个漂亮的银盘子，上面刻着这样的致谢词：

安德鲁·卡内基救济基金
“露西”高炉

安德鲁·卡内基先生慷慨地为卡内基公司的员工们设立了安德鲁·卡内基救济基金，“露西”高炉的员工为此特别召开会议决定，向卡内基先生无与伦比的慷慨捐助表达真挚的感谢，并衷心祝愿及祈祷卡内基先生健康长寿，享受其事业的成果。

工人委员会成员：
主席 詹姆斯·斯科特
秘书 路易斯·A. 哈钦森
詹姆斯·戴利
R.C. 泰勒
约翰·V. 沃德
弗雷德里克·沃尔科
约翰·M. 维

不久，我就乘船前往欧洲，像往常一样，我的一些合伙人前来送别。但是，对我来说这一次是多么不同。不论我们说什么，不论我们做什么，重大的变化已经来临。这一点我不会意识不到，所以这次告别，我感到非常痛苦。

几个月之后，我回到纽约，我感觉自己来到了一个完全陌生的地方，但是看到几个好朋友在码头欢迎我，又很开心。还是那些老朋友，但是一切又变得如此不同。我失去了事业上的合伙人，所幸与他们的朋友情谊还在，这一点很重要。当然，我还是感到一种失落。所幸我开始了给自己布置的捐赠剩余财富的任务，这会让我有所依托。

《苏格兰裔美国人》这份珍贵的报纸，给了我很多精神的至宝，有一天我在上面看到了一句话："上帝会给那些已经开始织网的人撒线。"这句话好像是直接送来提醒我的。我在心里牢牢记住了这句话，决心立即开始编织我的第一张网。是的，上帝会以恰当的方式眷恋采取行动的人。纽约公共图书馆的 J.S. 比林斯博士就是上帝的使者，经过商谈，我向纽约的 68 家公共图书馆捐赠了 525 万美元。接下来，我又捐助了布鲁克林的 20 家图书馆。

正如前述，我父亲与其他四人一起在丹弗姆林，把他们自己的图书提供给境况较差的邻居们借阅。我追随他的脚步，给家乡捐赠了一座图书馆，由我的母亲为之奠基，这是我送给家乡的第一件礼物。接着，我又向我们在美国第一次落脚的城市阿勒格尼市捐赠了一座公共图书馆和礼堂。哈里森总统陪着我由华盛顿出发，赴阿市见证这两座建筑的启用。此后不久，匹兹堡市也要求建立一座图书馆，我也捐赠了。最终，这座图书馆周围形成了一个建筑群，包含了一个博物馆、美术馆、技术学校以及玛格丽特·莫里森青年女子学校。这些建筑由我于 1895 年 11 月 5 日揭幕启用。我在匹兹堡获得了我的财富，我在此建筑群上投入的 2800 万美元只相当于该市给予我的很少一部分，她完全有资格得到这样的回报。

第二项大礼是成立华盛顿卡内基研究所。1902 年 1 月 28 日，我在这个项目上投入了价值 1000 万美元、利率 5% 的债券，后来又根据项目记录追加了资金，总投入达到了 2500 万美元。我自然希望在这件事情上咨询罗斯福总统的意见，而且希望如果有可能的话，让国务卿约翰·海伊先生担任主席，而海伊先生很乐意接受这项职务。与他一起担任董事的还有我的老朋友艾布拉姆·S.休伊特、比林斯博士、威廉·E.道奇、伊莱休·鲁特、希金森上校、D.O.米尔斯、S.威尔·米歇尔博士等。

当我向罗斯福总统展示董事会中的要人名单时，他说："这样的阵容是空前的。"他非常支持这个项目。1904年4月28日，国会为此通过一项法案，法案的内容是这样的：

> 鼓励广泛、自由地开展调查、研究及探索，鼓励应用知识以提升人类；尤其鼓励在各个科学、文学和艺术领域开展、资助以及协助研究活动，并且在这些方面与政府、大学、学院、技术学校、学会以及个人进行合作。

我非常感谢比林斯博士的帮助，是他建议我选择丹尼尔·C.吉尔曼作为卡内基研究所的首任主席。几年后，吉尔曼去世了，比林斯又向我推荐了目前在任的罗伯特·S.伍德沃德博士，希望他能够长期领导研究所的工作。该研究所发表了大量的论文，人们可以借此了解它取得的辉煌成就，我就不在这里赘述了。不过，我可以举两个较为特别的成就作为例子。其中之一便是研究所派出一艘由铜和木材制造的"卡内基"号游艇环游世界，纠正以前海洋探测结果中的错误。我们发现，由于罗盘的误差，过去的一些海洋探测数据存在误导性。由于铜没有磁性，而铁和钢材磁性比较强，过去的探测中很容易出现错误。一个值得注意的例子是，"丘纳德"号轮船在亚速尔群岛附近搁浅了。"卡内基"号的彼得斯船长认为，有必要调查一下这件事。调查的结果是,这艘不幸的轮船按照一张标注错误的海军地图航行,不能怪船长。我们很快纠正了地图中存在的错误。

这只是我们向各个航运国家通报的众多更正中的一个例子,来自各国的感谢就是我们丰厚的回报。通过做这件事,我想表达一种期望,那就是,我们年轻的共和国能够有朝一日回报那些使我们受惠的旧大陆。知道它已经开始这样做了,这是最让我感到欣慰的。

除了环球航行的"卡内基"号外,另一个例子是在加利福尼亚威尔逊山高 5886 英尺之处设立的定点天文观测站。黑尔教授负责这个项目。有一年,他参加了顶尖天文学家在罗马召开的一次会议,他的介绍是如此精彩,以至于这些专家们决定下次会议在威尔逊山顶上召开。而后来会议真的在那里举行了。

威尔逊山是独一无二的,我们在离山顶 72 英尺的地方拍摄到了很多新星。在第一张照片上,我们发现了 16 颗新星,第二张照片有 60 颗。第三张照片我们发现了大概有 100 多颗新星,据说,其中几颗新星的大小相当于太阳的二十倍。有一些星星距离我们如此之远,以至于它们的光要经过八十年才能到达地球。这不禁使我们低头沉思,感叹"与未知事物相比,我们已了解的是多么渺小"。那些巨型的新照相机比当时使用的最大的照相机镜头还要大三倍,它们投入使用后,我们将会有多少新的发现啊!我确信,如果月球上有物种生存,我们也能清楚地看到他们。

第三项令人愉快的任务是成立英雄基金,这是我全心关注的一项计划。我听说匹兹堡附近的一处煤矿发生了严重的事故,煤矿的前主管泰勒先生,虽然当时已经另谋高就,仍立刻驱车赶到事故现场,希望能为事故中的工人帮上忙。当时聚集起来一批热忱的志愿者,他带领着他们进入矿井,去营救被困在下面的矿工。然而可惜的是,这位英雄牺牲了。

这件事让我难以释怀。我亲爱的挚友理查德·沃森·吉尔德先生曾给我寄来一首真挚而优美的小诗。事故发生后的第二天早晨,我重读了这首诗,并当即决定成立英雄基金。

和平年代

有人说:"当轰隆的战鼓声与战斗的怒吼声在地球上停止时,这片土地上将不再有英雄或英勇事迹。"

但话音未落,一只小手就高举起来,
抗议此话大错特错,
否定了多年来前赴后继的英雄们。
一位脸色苍白、面部颤抖的女性,
坚如磐石地对抗一个男人的无礼;
一个小孩默默忍受,
生怕他的痛楚会弄伤了母亲的胸口;
一位文静书生以真理之名,
冒险向教会发出挑战;
在和平年代的法制国度,
这些英雄赢得了世界的掌声;
他们献出自己年轻的躯体,
却拯救了成千上万的生命。

就这样，500万美元的基金成立了，用以奖励英雄，抚恤因服务同胞或救人而牺牲的英雄的家属，或者用以补贴那些抚养事故中罹难者之亲属的雇主等。无论从哪个角度来看，这个成立于1904年4月15日的基金都非常成功。我对它有一种父亲般的爱护，因为不是别人建议我这么做的。就我所知，还没有人提出过这样的想法，所以它绝对是“我自己的孩子”。后来，我将此基金扩大到故乡英国，总部设在丹弗姆林，由卡内基丹弗姆林信托基金的理事们进行行政管理，他们做得非常好。此后，英雄基金又扩大到法国、德国、意大利、比利时、荷兰、挪威、瑞典、瑞士和丹麦。

关于此基金在德国的运营情况，我收到了美国驻柏林大使戴维·杰恩·希尔给我写的信，以下是该信的引文：

> 我写此信的主要目的是告诉您，陛下对德国英雄基金的运作非常满意。他非常关注这件事情，并且极力称赞您在建立此基金方面表现出的远见卓识和慷慨大方。他起初不相信这项基金会发挥如此重要的作用。陛下给我讲了几个非常感人的例子，证明如果没有此基金，一些人将失去生活的依靠。其中一个例子是这样的，一个年轻人救起了一个溺水的男孩，在把男孩送上船只后，当别人准备把他拉出水面时，他的心脏不行了，沉入了水中，留下了可爱的妻子和一个小儿子。在英雄基金的帮助下，他的妻子做了一点小生意，足够养家糊口。他的儿子很聪明，小男孩的教育费用由英雄基金承担。这只是众多例子中的一个。
>
> 瓦伦蒂尼（民政部长）刚开始对设立此基金的必要性持怀疑态度，但是他现在对基金充满了热情。他告诉我，经过精

心挑选的委员会成员们热忱致力于基金的最佳分配,并且投入了很多时间进行决策。

他们与英国和法国的基金委员会取得了联系,安排好彼此交换报告,并且制定计划确保在工作中相互沟通。他们对美国的报告兴趣浓厚,并从中学到了很多。

这个基金也给英国国王爱德华留下了深刻印象,他写了一封亲笔签名的信给我,感谢我送给故土的几件厚礼。我非常看重这封信,在此附上信的内容:

亲爱的卡内基先生:

我一直急切希望向您表达我的感激之情,感谢您为故土所做的慷慨捐赠。

这些厚礼非常可贵,但同样值得敬佩的是,您为避免这些捐赠被不善使用而投入的心血。

我非常想对您说的是,我十分感激您的善举,坚信它们将会给这个国家带来诸多益处。

作为表彰,我希望您能够接受随信附上的本人画像。

请相信我的诚意,亲爱的卡内基先生。

您诚挚的爱德华 · R.& I.

1908 年 11 月 21 日

于温莎城堡

美国的一些报纸曾经质疑英雄基金的益处,基金的第一份年度报告也受到了批评。但是,这一切已经过去了,现在基金的运作受到了热烈的颂扬。它征服了人心，并且必定会长期得到人们的信任。过去野蛮的时代里，伤害或杀死自己同胞的是英雄；在今天的文明社会，英雄们服务于他们的同胞，并且拯救人们的生命。这就是身体上勇敢和精神上勇敢的区别，这就是野蛮和文明的区别。野蛮时代的英雄很快就会成为历史，因为我们已经到达了一个阶段，认为他们和自相残杀的食人族同属一类人；但是，只要地球上有人类存在，当今文明时代的那些英雄将永远活在人们心中，因为他们的英雄行为是神圣的。

事实证明，英雄基金主要发挥了养老金和抚恤金的作用，从基金受惠的有很多退休者、英雄或英雄的遗孀和子女。起初，大家对英雄基金产生了误解，很多人以为它的目的是鼓励英雄行为，吸引人们为了得到奖励而去见义勇为。我从来没有这样想过，这种想法很荒谬。真正的英雄不会考虑奖励，他们关心的是如何拯救面临危险的同胞，而不是自己。设立基金的初衷是向因救人而伤残的英雄，或者因救人而牺牲的英雄之家属，提供养老金或其他恰当形式的资助。基金取得了良好的开局，而且随着人们对它了解的加深，必然会受到欢迎。目前，我们在美国的资助名单有 1430 位英雄或他们的家人。

我找到卡内基工厂以前的一个老工人查理·泰勒出任英雄基金的主席。查理没有工资，他一分钱也不拿。他非常热爱这份工作，我想他甚至会自己贴钱以获得这项工作。他是这个职位的不二人选。在威尔莫特先生的鼎力协助下，他还负责管理卡内基企业工人的养老基金（卡内基救济基金），以及我以前的铁轨工人的退休金。这三项救助基金都是用来帮助他人的。

查理经常敦促我要向他人伸出援手，有一天，我终于“报复”

了一下查理。查理是利哈伊大学的毕业生,而且是母校最忠诚的儿子之一。利哈伊大学希望我捐赠一座大楼,查理极力劝说我答应。我什么也没有说,不过我给德林克校长写了一封信,表示愿意提供建造大楼所需的资金,条件是由我来给大楼命名。他表示同意,于是我给大楼起名叫“泰勒礼堂”。查理发现此事后,找到我表示抗议,说这会让他显得滑稽可笑,他只是一个普通的毕业生,自己的名字没有资格被挂到大楼上供人景仰。看着他为难的样子,我乐不可支,等他讲完后对他说,如果我坚持把大楼命名为“泰勒礼堂”,这也许会让他有点难堪,但是他应该愿意为利哈伊大学作出些牺牲。如果他没有虚荣心的话,他不应该在意自己的名字被这样使用,只要这对他的母校有好处。而且,泰勒又不是什么稀有的名字,是他那令人难以忍受的虚荣心在作怪。他应该战胜自己的虚荣心。要么牺牲泰勒的名字,要么牺牲利哈伊大学,他自己决定。要么用泰勒命名,要么没有礼堂。我难住他了!那些后来参观这座建筑并且奇怪泰勒是谁的人可以放心,这位泰勒是利哈伊大学忠实的儿子,一个不只宣扬而且亲自践行服务同胞信条的人,是世界上最好的人之一。他就是我们的养老基金高级专员。

第 20 章　教育与养老基金

1905 年 6 月，我出资 1500 万美元为年长的大学教授设立了退休基金（卡内基教学促进基金），这是我捐出的第四项重礼。这项基金需要从美国教育机构的校长中选出 25 位担任理事。有一天，他们中的 24 人（芝加哥大学的哈珀校长因病缺席）光临我家，从此，我开始了解这些后来成为我亲密朋友的人。基金成立伊始，弗兰克 · A. 范德李普先生发挥了重要作用，他在华盛顿的工作经历尤其宝贵。基金会主席亨利 · S. 普里切特博士也成为一位不可或缺的人物。

这项基金对我来说十分亲切，因为我确信许多杰出的、作出重要贡献的人即将从这项基金中获益。在所有职业中，教书也许是薪酬回报最不公平、最被苛刻对待的一个，尽管它本应是薪酬最高的职业之一。那些博学之士拿着微薄的薪水，致力于教育年轻人。我最初担任康奈尔大学理事时，很吃惊地发现，教授们的收入是如此之低，通常比我们的一些办公室职员还要低。对这些人来说，靠储蓄养老是一件不可能的事情。于是，没有设立退休基金的大学被迫留下一些不再有能力，也不应该再要求他们从事教学任务的人。因此，我们这项基金的重要性不言而喻。基金公布的第一批受益人名单最能证明这一点，因为名单上有几位享誉世界的学者，他们为人类的知识宝库作出了卓越贡献。那些受益人或受益人的遗孀给我写了许多感人至深的信。我不忍将这些信处理掉，因为每当我感到忧郁的时候，我知道重读这些信能让我感觉好一点。

我在丹弗姆林的朋友托马斯·肖先生（现在是肖勋爵），曾经为一本英语杂志写过一篇文章，文中提到很多苏格兰穷人没有能力支付孩子大学学费的事情，尽管他们已经为此节衣缩食了。读完这篇文章后，我决定捐出1000万美元、年利率5%的债券，将年收益10.4万英镑的一半用于帮助贫困学生支付学费，另外一半用于改善大学的条件。

1902年，在苏格兰事务大臣位于爱丁堡的办公室，这项基金（苏格兰大学卡内基信托基金）的理事们首次召开会议，伯利的贝尔福勋爵主持了会议。理事会成员都是显要人物，包括了首相贝尔福、亨利·坎贝尔—班纳曼爵士（后来当选首相）、约翰·莫利（现在是莫利子爵）、詹姆斯·布赖斯（现在是布赖斯子爵）、埃尔金伯爵、罗斯伯里勋爵、雷伊勋爵、肖先生、丹弗姆林的约翰·罗斯博士，以及来自各行各业旨在为人类谋求幸福和教育的人士。我解释说，之所以邀请他们担任理事，是因为我不久前刚读了一份委员会的报告，决定不能把这些资金托付给苏格兰的大学机构。贝尔福先生立即大声说："一分钱也不能给他们，一分都不能！"埃尔金伯爵曾任该委员会的委员，他也非常同意。

基金管理章程的细节被宣读完毕后，埃尔金伯爵犹豫是否加入这样要求不严格、内容不具体的信托基金，他希望明确自己的职责是什么。我授权理事会可以在大部分理事赞成的基础上，改变资助对象和资金申请方式的要求，只要他们未来的时候认为旧的规定已经不适合了或者不必要了。伯利的贝尔福勋爵、贝尔福首相与埃尔金伯爵怀抱同样的疑虑。贝尔福首相说，他从来没有听说过哪个捐赠者如此放权。他质疑这样做是否妥当。

“是这样的，”我说，“贝尔福先生，我还从来没听说过什么人能为未来的人制定法律。有时候，为当代人立的法都未必合适。”

大家笑了起来，首相本人也开怀大笑起来，然后他说：“您说得对，非常对。不过，我想您是第一个提出这种想法的捐赠人，非常明智。”

我提出只要超过半数的理事同意，就有权改变条款，但是贝尔福勋爵认为应该需要至少三分之二的人同意。埃尔金伯爵以及其他人都同意后者。我确信这是一项明智的规定，后来的事情会证明这一点。此规定被放到了我所有大规模的捐赠中，我深信未来会证明这个条款很重要。丹弗姆林的埃尔金伯爵欣然接受了信托基金会主席的职务。当我对贝尔福首相说，我希望劝说埃尔金担任这个职务时，他立即说：“全英国找不到比他更好的人选了。”

我们到那时为止都对人事安排非常满意。以后面临的问题是，我们如何找到像他那样合适的人选？

巧合的是，在世的四位获得过丹弗姆林荣誉市民奖的士绅，都与苏格兰大学信托基金有关系。他们是亨利·坎贝尔—班纳曼爵士、埃尔金伯爵、约翰·罗斯博士和我。不过，如今这个圈子还有一位女士，她是迄今唯一一位获得丹弗姆林荣誉市民奖的女士，那就是卡内基夫人。她对这个地方的热爱与投入不亚于我。

1902 年，我获选为圣安德鲁斯大学的名誉校长，这是我生命中一件非常重要的事情。我从此进入了大学教育的领域，而在此之前这对我是一个陌生的世界。在我的一生中，很少有什么事情像第一次参加该校教职工大会那样给我留下如此深刻的印象，我所坐的那张古老的椅子，是圣安德鲁斯大学建校近500年来历任杰出的名誉校长坐过的。在为我的演讲做准备时，我阅读了以前各届校长的演讲集。其中令我印象最深的一段话来自斯坦利院长，他建议学生们“到诗人罗伯特·伯恩斯那里去寻找神学”。作为教会的要人、维多利亚女王身边的红人，斯坦利竟然对由约翰·诺克斯创立的大学的学生说出这样的话，足以说明神学也是随着时代变化的。在伯恩斯那里可以找到最好的行为准则。第一条就是：“唯有自责才让您感到恐惧。”这是我早期生活的座右铭。第二条是：

对地狱的恐惧就像是刽子手的鞭子，
轮番折磨那些不幸的人们；
但是如果你们保住了自己的尊严，
那么就不必有任何畏惧。

约翰·斯图亚特·密尔对圣安德鲁斯大学学生所做的演讲十分了不起，他显然希望把自己的人生智慧告诉学生们。值得注意的是，他认为音乐对于提高生活品位和享受纯粹的快乐非常重要。我自己的人生体验也是这样的。

我和夫人邀请苏格兰四所大学的校长及其太太或女儿们到斯基伯度假一周，这次聚会带给我们很多欢乐。第一次参加这个聚会的有苏格兰大学信托基金的主席埃尔金伯爵，苏格兰事务大臣伯利的贝尔福勋爵及其夫人。此后，“校长周”活动成为了每年一次的传统，我们也因此都成为了朋友，并且大家一致认为这对大学的发展有好处，它能够激发合作精神。第一次参加完这个活动准备离开时，朗校长抓住我的手说："苏格兰大学的校长们花了500年才学会如何在一起开会，方法就是在这共度一周。"

在1906年斯基伯的聚会中，有一件令人难忘的事情，拉德克利夫学院的院长、本杰明·富兰克林的曾孙女艾格尼丝·欧文参加了我们的校长周，大家都被她的风采迷住了。大约150年前，富兰克林从圣安德鲁斯大学获得了他的首个博士学位。当费城举行富兰克林诞辰200周年纪念活动时，圣安德鲁斯大学和世界各地的许多大学都发去了贺电。圣安德鲁斯大学还向富兰克林的曾孙女颁发了学位。作为名誉校长，我代表学校授予了这个学位，并且亲手把学位服披在她身上。纪念活动的第一个晚上，我们在众多观众的见证下举行了学位授予仪式，当晚活动收到了200多封贺电。

这次活动给现场观众留下了深刻印象，这是毋庸置疑的。时隔147年后，第一所向曾祖父颁发博士学位的圣安德鲁斯大学，又向其曾孙女颁发了同样的学位（而这是因为她作为拉德克利夫学院院长的突出贡献获得的）。学位证书跨越了大西洋，由第一位像富兰克林一样出生在英国，但是后来成为美国公民的非英国籍大学校长颁发。颁发仪式在富兰克林长眠的费城举行，现场聚集了众多前来纪念这位先驱的有识之士。一切都非常美好，而我自己也感到非常荣幸能够主持一场如此优雅、得体的仪式。想到这件事，圣安德鲁斯大学的唐纳森校长一定也会备受鼓舞。

圣安德鲁斯大学的学生一致选举我连任名誉校长，对此我非常感激。我喜欢那些没有其他教职工参与、单独与学生们在一起的校长之夜，我们每次都感觉很愉快。第一次校长之夜后，唐纳森校长转述了学生对我的评价："校长总是告诉我们要如何如何，教训我们应该如何如何，总是高高在上的；而卡内基先生则是与我们围坐在一起交谈。”

我经常思考如何帮助美国的高等教育机构，而我的想法是，我们的著名大学，比如哈佛大学和哥伦比亚大学，已经有五千至一万名学生了，足够庞大了，再进一步扩张会有不理想的效果。更需要帮助的是那些较小的高等教育机构（尤其是学院），把多余的财富捐赠给它们能发挥更大的作用。于是，我之后就专注于帮助这一类高校，而且自认这项决策十分明智。后来我们发现，洛克菲勒先生的教育基金会——通识教育委员会——竟和我们不约而同地一样把资金投入到这个硕果累累的领域，不过偶尔也会有不理想的效果。洛克菲勒先生邀请我加入他的委员会，我接受了。我们很快发现，合作对我们双方都有好处，所以现在我们联合行动。

在向学院的捐赠中，我用了许多朋友们的名字进行命名，就像我的搭档查理·泰勒的情况一样。狄金森学院的康威礼堂是以蒙丘尔·D. 康威的名字命名的，康威最近出版了一本被雅典娜俱乐部称为“文学作品”的自传。雅典娜俱乐部是这样评述的：“放在桌子上的这两卷书如同宝石一样闪烁着光芒，而它们周围充斥着一堆垃圾自传。”这句话对正往那垃圾堆里添砖加瓦的我真是个提醒啊。

康威先生自传的最后一章是这样结尾的：

> 最后，在我跟你们这些读者说再见时，祈求和平吧，我的读者们。不要向被神化的雷雨云祈求和平，而是为你遇到的每个男男女女还有孩子祈求和平。你们不仅要祈祷“让和平降临我们的时代”，还要行动起来去实现和平。这样，虽然世界仍然冲突不断，你们的内心却能够安宁。

我的朋友康威先生指出了我们人类最不光彩的一面。我们需要尽快消除文明国家之间的战争。

俄亥俄州凯尼恩学院的斯坦顿经济学教授职位，是为了纪念埃德温·M. 斯坦顿设立的。我幼年在匹兹堡那会儿，他看到我送来电报时总是友善地欢迎我，而我在华盛顿担任斯科特部长的助手时，他对我也总是很热诚。此外，克利夫兰西储大学的汉纳教授职位、布朗大学的约翰·海伊图书馆、汉密尔顿学院的第二项伊莱休·鲁特基金、威尔斯女子学院的克利夫兰夫人图书馆，都是以我朋友的名字命名的，这让我感到很快乐。我希望做更多这样的事情，以期纪念那些我熟识、喜爱和敬重的人。我还希望捐建道奇将军图书馆和盖利图书馆，但是这两位朋友已经在他们的母校获得了这样的荣誉。

我本打算把给汉密尔顿学院的第一项捐赠命名为伊莱休·鲁特基金。但是，我们最杰出的国务卿、被罗斯福总统称为最聪明之人的鲁特先生，接手此事之后，好像故意不向学院当局提起命名的事。当我责怪他的失职时，他笑着回答："那好吧，我答应下一次捐赠时不再欺骗你。"

第二次捐赠时，我终于弥补了这个遗憾，而且我特意不直接把这件事情委托给鲁特。如今，汉密尔顿学院的鲁特基金已经成立，他无法改变了。鲁特是一个伟大的人，同时也是一个淳朴而高尚的人。然而，罗斯福总统宣称，如果鲁特的这些优点能让他被提名为总统候选人并竞选成功，他愿意四肢朝地，从白宫爬到国会大厦去。大家普遍认为他很容易受到攻击，因为他为很多大企业做过顾问，而且不善于滔滔不绝地做煽动性的演说。此外，他过于谦虚和羞怯,很难征服那些低俗的选民。于是,他所在的政党作出了不冒险提名鲁特的愚蠢决定。

汉普顿和塔斯凯基学院致力于提高以前被奴役的有色人种的地位,我从与他们的接触中得到许多满足和快乐。另外,能够结识布克·华盛顿也是一项殊荣。我们应该向这位不仅自己脱离了奴役,而且还致力于帮助数百万同种族同胞提升文明水平的人脱帽致敬。我向塔斯凯基学院捐赠60万美元的几天后,华盛顿前来拜访我,并且询问是否可以给我提一个建议。我说:"当然可以。"

"您出于好意,规定从这笔基金中拨出一部分用于维持我和太太未来的生活,我们对此非常感激。但是卡内基先生,这笔钱远远超出了我们的需求,在我的同胞们看来是一大笔财富。一些人也许会觉得,我不再是那个不计报酬地为大家服务的穷人了。您能否修改这一条款,删掉具体数目,以'适当数量的补贴'取而代之?我信任理事们,我和太太需要的不多。"

我同意了他的要求,更改了相关条款。但是,当鲍德温先生向他索要规定的原版信件以进行更换时,鲍德温先生告诉我这位高尚的先生拒绝了。他要永远珍藏这份写给他的原件,并且把它传给后人。不过,他不会拿着这份文件去索要补贴,而是依据修订后的规定去做。

此事彰显了这位黑人领袖的品格,没有比他更为真诚、更乐于自我奉献的英雄了,他的身上集合了所有的美德。地球上还有如此纯洁和高尚的人,仅仅知道这一点就能让人心生愉悦,说明地球上最高尚的人性已经是神圣的了。如果有人问,在我们这个时代,或者有史以来,谁从最底层跃升到了最高层,答案肯定是布克·华盛顿。他从一个奴隶上升为该种族的领导人——这是一个现代版的摩西加上耶和华，领导着他的人民前进和上升。

因为资助这些机构，我结识了这些机构中的官员以及基金的理事会成员，比如汉普顿的校长霍利斯·B. 弗里塞尔、伯特·C. 奥格登、乔治·福斯特·皮博迪、V. 埃弗里特·梅西、乔治·麦卡内尼以及刚刚仙逝的威廉·H. 鲍德温。这是一群奉献他人的高尚之士，能够近距离了解他们真是荣幸。事实上，在我捐资的所有机构中，比如桶匠工会、机械师工会、贸易协会等，都涌现出很多这样的男男女女，他们奉献自己的时间和心血，为的不是一己私利，而是为了减轻那些不幸同胞的负担，提升他们的生活质量。

我从职业生涯早期就开始向教堂捐赠风琴。第一家得到风琴捐赠的是只有不到 100 名教徒的阿勒格尼市斯韦登伯格教堂，那是我父亲喜欢的教堂。因为教堂的人数不多，我没有答应建造一座新教堂。不久，捐赠风琴的请求开始蜂拥而至，从匹兹堡的天主大教堂到乡村小教堂，这让我忙得不亦乐乎。每个教堂似乎都需要一架比现有的更好的风琴，而得到购买新风琴的资金之后，变卖旧风琴所得就变成教堂的收入了。一些极小的教堂也要求得到风琴，没有考虑风琴的巨大声响甚至可能把房顶震裂，就像得到第一架风琴的斯韦登伯格教堂一样。还有一些教堂在申请前就已经购买了风琴，但是希望我们报销购买费用。于是最后，我不得不建立了一套严格的捐赠制度，要求申请人填写一份表格，回答许多问题，然后交回给我们，我们再作决定。这类事务的处理现在已经很系统化了，一切进行得平稳有序，因为我们根据教堂规模确定捐赠礼物的规格。

在教规严格的苏格兰高地，有人指控我向教堂捐赠风琴败坏了基督教信仰的风气。在那里，教规严格的长老会教徒们依然谴责使用“哨子箱子”，而不是神赐予的人声来敬颂上帝，斥责这是一种邪恶的行为。出现这种情况之后，我认为有必要找别人来与我共同承担这项罪名，于是我要求每个教堂的信众支付他们想要的风琴一半的费用。在此基础上，风琴的捐赠继续运作，并且风琴的需求依然很旺盛。此外，由于教徒人数上升，有必要建立更多的新教堂，对于这些新教堂来说，风琴是必需的配备。

我相信风琴的捐赠会持续下去，因为会众也要分担风琴的一半费用，所以开支的必要性与合理性就得到了保障。从自身的经验来说，我深信会众在礼拜间隙能听到宗教音乐，并且每次听完布道之后能在激发敬畏之心的风琴乐声中慢慢散场，这是大有裨益的。我觉得花在风琴上的钱很值得，所以我们继续这项捐赠。

在我所有的慈善捐助中，我最满意的是私人退休基金。没有什么比知道自己在年老时能够舒适地生活更让人满足了。我认识的很多善良慈爱、从各个方面来说都完全值得安享晚年的人，却无法过上体面的晚年生活，只能勉强维持生计，而这根本不是他们自己的错。其实不需要太多的金钱就可以让他们无忧无虑地安度晚年。我很惊讶地发现，需要援助才能安享晚年、避免晚景凄凉的人非常之多。我在退休之前就发现了一些这样的人，并且向他们进行捐助，从中获得了很大的满足感。我的资助名单上的每个人都理应获得帮助。这是一个光荣榜，而我们互相之间充满了爱慕，所有这些人都是值得尊敬的。这件事情并没有任何的宣传，没人知晓名单上都有哪些人，从没有人向别人透露过半个字。

我一直在思考一个问题：“我做了什么善事才能够获得上天如此的眷顾？”我认为最好的，也是我个人最满意的答案，就是设立私人退休基金这件事情，每当我有需要时，我就会想到这个。我从生活中得到的福分已经太多了，因此我不会再向未知的神索求任何东西。我们所处的世界有它的普遍规律，因此我们只需要默默低下头，遵循心灵的指引，无所求、不畏惧，只需一直履行自己的职责，不寻求当下或未来的回报。

的确，施予比受让更有福。我确信，如果这些亲爱的朋友们与我们交换位置，他们也会为我和家人做同样的事情。我收到了很多感谢，对此我很珍惜。有些人告诉我，他们夜里祷告时都会为我祈祷，给我所有美好的祝愿。我也常常会禁不住告诉他们我内心的真实感受。

“无需为我祈祷了，”我说，“不要再为我祈求什么，我所得到的已经太多了。任何一个公正的评判委员会在审阅我的人生时，都可能拿走我一半以上的福分。”我不只是说说而已，这是我内心的真实想法。

我设立的铁路工人退休基金也具有相同的性质。匹兹堡铁路段的许多老工人（或他们的遗孀）都从中受益。这项基金多年之前就开始运作了，经过这些年成长到现在的规模。它资助的对象是我在宾夕法尼亚铁路任主管时手下那些刻苦耐劳的员工，或者他们需要帮助的遗孀。我初来到这些铁路工人中间，并与他们相识相知时，还只是个小男孩，他们都对我非常好。我认得大部分接受资助的老人，他们是我亲密的朋友。

虽然在400万美元的钢铁工人退休基金的资助对象中有数百名我从未谋面的工人，但我还是记得他们当中的很多人，这使我全力支持此项基金。

第 21 章　和平宫与皮滕克利夫

英语民族之间最终能够和平共处,是我很早就在思考的问题。1869 年,英国启用了当时所知最大的战舰“君主”号,出于某种已经被遗忘的原因,大家开始谈论,在这艘战舰的威胁下,美国的城市会一个又一个地被迫向英国进贡,因为这一战舰是所向披靡的。我向当时的英国内阁成员约翰·布赖特发了一封电报 (这封电报最近刚被公之于世) :“‘君主’号的第一个任务,也是它能够完成的最佳任务,就是把皮博迪 (乔治·皮博迪是一位 1869 年在伦敦去世的美国商人和慈善家) 的遗体送回他的家乡美国。”

我的这份电报并没有署名。奇怪的是,英国人真的这样做了,“君主”号也因此变成了和平的使者,而非破坏者。许多年之后,我在伯明翰的一次小型晚宴上遇到了布赖特先生,并告诉他,我就是那个发匿名电报的年轻通讯员。他说很奇怪电报没有署名,不过这个提议正合他的心意。我相信他说的是真的,他理应获得所有功劳。

在美国内战期间,布赖特先生在北方需要朋友的时候,成为了北方美利坚合众国的朋友,他一直是公众视野中我最喜欢的当世英雄,也是我父亲最喜欢的。起初,人们斥责他是一个狂野的激进分子，但是他坚持自己的观点，稳步向前，直到这个国家发展到能够认可他的主张。他一直都是一个和平主义者，要是由他来决策的话，克里米亚战争是能够避免的。在这场战争里，英国支持了错误的一方，就像后来索尔兹伯里勋爵承认的那样。作为布赖特家族的朋友，我有幸获准在国会树立一座新复刻的曼彻斯特议员布赖特的雕像，而把已经很旧的那座移走了。

我早期探访英国的时候就对英国的和平协会产生了兴趣，还多次参加了他们的会议。此后，我还开始关注国会中的著名工人代表克里默先生创办的万国议会联盟。在当今世界，很少有人能达到克里默先生那样的高度。在收到诺贝尔和平奖的 8000 英镑奖金后，他只留下了生活迫切需要的 1000 英镑，立即把余钱交给了仲裁委员会。这真是高尚的牺牲啊，金钱对真正的英雄来说如同粪土。克里默先生每月只从工会那里拿到几美元，以维持他作为国会议员在伦敦的生活。面对突如其来的一大笔财富，他却义无反顾地把它们献给了和平事业，这就是最卓越的英雄行为。

1887 年，我有幸能够把仲裁委员会引荐给当时在任的克利夫兰总统。总统先生热情地接见了他们，并且向他们保证他愿意真诚地与他们合作。从那时起，我越来越关注消除战争这项事业，以至于它后来超越其他议题成为我最为关心的事情。第一次海牙国际法院会议的召开让我非常惊喜。召集此次会议的目的本来是裁军 (后来证明这只是一个不切实际的美梦)，但是本次会议却讨论了建立一个解决国际争端的永久特别法院的想法。我认为这是人类迈向和平的最重要的一步，而这是一个事先没有经过多少讨论、因一时的灵感而诞生的伟大计划，难怪这个令人称赞的想法立即俘虏了与会者的注意力。

霍尔斯先生的离世令我深感惋惜。如果他今天依然在世，并且作为代表与他的长官安德鲁·D. 怀特一起参加第二次海牙会议，我想他们俩有可能促成设立消除战争所需要的国际法院。他曾听从长官的要求，连夜从海牙赶往德国，面见德国外交部长和德皇，并最终说服他们同意设立这个高级法院，而不是像他们所威胁的那样撤走德国的与会代表。因为这件事情，霍尔斯先生理应被记录为对人类贡献最大的伟人之一。遗憾的是，他英年早逝了。

国际法院的成立日将会成为世界历史上最值得铭记的日子，因为它将终止人类自相残杀的深重罪恶，世界各地的人们都应该庆祝这一天，我相信将来人们会这么做的，这一天不会像想象的那样遥远。那时，很多过去的英雄将被人们遗忘，因为他们并没有推动和平与传扬善意，而是发动战争。

安德鲁·D. 怀特和霍尔斯先生从海牙回来后，建议我向计划在海牙建造的和平宫提供资助。我对他们说，我不会这么冒失。如果荷兰政府告诉我他们有意建造这座和平宫，并且提出希望我出资建造，我很乐于考虑他们的请求。他们俩提出异议，说恐怕任何政府都不会这样做。于是，我说那我不能参与这件事。

最后，荷兰政府确实通过其在华盛顿的公使盖沃斯男爵提出了申请，这让我非常欣喜。不过，在写给男爵的信中，我谨慎地表示，我会在适当的时候履行捐款承诺。我没有寄钱过去，而是政府从我这里取走了款项，我把150万美元的汇票收藏起来作为纪念品。一个个体能够获准向和平宫提供建设资金，这样神圣的任务似乎有点太重大了。这是世界上最神圣的建筑，因为它负有最神圣的使命。和平宫的意义胜过圣彼得大教堂或其他任何歌颂上帝的建筑，因为正如路德所说："人类不能服务或帮助上帝，因为它不需要人类的帮助。”这座和平宫的使命是带来和平，这对于常常犯错的人类来说是非常需要的。富兰克林说：“敬奉上帝的最高境界就是服务人类。”至少，我同意路德和富兰克林的说法。

1907 年，我的朋友们前来请我出任他们决心要组建的纽约和平协会的主席，我拒绝了。我说我手头的事情太多，忙不过来，事实也的确如此。但是拒绝之后，我的良心一直在困扰着我。如果我不愿意为和平事业牺牲自己，那么还有什么值得我牺牲的呢？我还能胜任什么呢？幸运的是，几天之后，莱曼·阿博特牧师、林奇牧师，以及其他一些推动正义事业的要人促请我重新考虑。我猜到他们肩负说服我的任务，于是直接告诉他们不必再多说什么了，因为拒绝此事我的良心一直在折磨着我，我会接受主席的职位并且履行我的职责。这之后，和平协会举行了第一次全国大会，次年四月又举行了第二次会议，美国有 35 个州派代表参与，此外还有来自诸多不同国家的外国友人。

接着，我意外地获得了人生中的第一枚荣誉勋章。法国政府授予我荣誉军团骑士勋章。在我主持的纽约和平晚宴上，贡斯当的埃斯图内尔男爵上台，发表了铿锵有力的演讲，并在赴宴宾客的阵阵喝彩声中将勋章授予我。这真是一项殊荣，我非常感激这项因为服务于国际和平事业而得到的荣誉，这样的荣誉让我更谦卑，而不是洋洋自得，所以让这样的荣誉来得更多些吧。它们提醒我，必须比以前更加努力奋斗，更加注意自己的言行，以更接近授予者在演讲中对我的过高评价。

在我所有的捐赠中，没有什么比得上丹弗姆林的皮滕克利夫河谷。这是一个充满我个人的童年情思的地方，这里有我最纯真、最甜美的情感。这个故事是这样的。

在我最早的童年记忆中，丹弗姆林这个市镇一直在为了分得大教堂附近的部分土地和宫殿废墟而进行斗争。我外公莫里森是这场运动的先驱，或者至少是先驱之一。我的姨父劳德和舅舅莫里森延续了这场运动，后者还被指控煽动并且带领一伙人拆毁了一堵墙。当地居民在最高法院的判决中获胜，于是恼羞成怒的领主下令，从此以后，"莫里森家族的任何人都不允许再跨进河谷"。作为莫里森家族的一员，我和表弟多德都被排除在外。几代人以来，皮滕克利夫河谷的领主们一直都与附近的居民不和。

在我看来，皮滕克利夫河谷是独一无二的。它毗邻大教堂与宫殿遗址，西面和北面对着丹弗姆林市镇的两条主要街道。整个河谷（面积介乎 60 英亩到 70 英亩之间）被绿荫笼罩，山上也是植被繁茂。这里注定成为丹弗姆林的孩子们的天堂，对我来说就是这样的。每当我听到天堂二字，我就会自然想到皮滕克利夫河谷，我相信那里是离天堂最近的地方。如果偶尔通过敞开的大门，或者坐在围墙之上，或者通过铁丝网下方，能一瞥里面的景色，我们就会十分高兴。

几乎每个星期天，劳德姨父都会带着多德和奈格绕着修道院散步，然后来到一个能够俯瞰河谷的地方。山谷下面，繁忙的乌鸦在大树丛中飞来飞去。在孩子们眼里，这个河谷的领主就是地位和财富的化身。我们都知道女王住在温莎城堡，但是就算她也不能拥有皮滕克利夫河谷。连她都不能！皮滕克利夫的亨特家族不会与女王或者其他任何人交换这处地方的，这一点我们十分确信，因为我们当中的任何人也不会那样做。在我整个童年时期以及我青年时代幻想的空中城堡中，没有哪个比得上皮滕克利夫河谷那样壮观。劳德姨父预言过我长大成人后可能有很多成就，但是如果他说我长大后会十分富有，可以有幸成为皮滕克利夫河谷之领主的话，我一定会高兴得晕过去的。而如果能够把它，我儿童时代的天堂，作为一处公共公园捐赠给丹弗姆林的居民，就太好了！如果能有这样的荣幸，给我王位我都不换。

因此，当罗斯博士悄悄向我透露，亨特上校可能会出售这块土地时，我的耳朵立即竖了起来。罗斯认为，亨特上校希望能卖个高价，但是此后的一段时间里，我再也没有听到关于此事的消息。1902 年秋天，当我在伦敦待得有点腻了时，我又想起了这件事，并且打算发电报邀请罗斯博士过来见我。一天早上，卡内基夫人走进我房间，让我猜一猜谁来了，我猜是罗斯博士。没错，就是他。我们谈了皮滕克利夫河谷的事情。我提议，如果我们共同的朋友和同乡、住在爱丁堡的肖先生（丹弗姆林的肖勋爵）遇到亨特上校的经纪人的话，他可以暗示如果上校不与我成交的话，有朝一日会后悔的，因为他可能再也遇不到像我这样感兴趣的买家，而我也有可能会改变主意，或者去世。罗斯博士转告肖先生这个消息时，肖先生说他第二天上午刚好有其他事情要与亨特的律师会面，他到时一定会这么说的。

此后不久，我乘船去了纽约，在那里，我收到了一封来自肖先生的电报，电报中称河谷的领主可以接受 4.5 万英镑的价格。他问我是否可以交易，我回电说："可以，只要他接受罗斯博士提出的条件。"在圣诞前夜，我收到了肖的回复："您好，皮滕克利夫领主！"就这样，我获得了自己心目中最高的头衔——皮滕克利夫领主。国王嘛，他也就是个国王而已，并不拥有马尔科姆国王之塔，没有圣玛格丽特女王神龛，更没有皮滕克利夫河谷。他都没有，这个可怜的人，而我有。如果国王来丹弗姆林参观的话，我会很乐意屈尊带他看一看我这些珍宝。

作为这座公园和河谷的拥有者,我有机会了解到,如果把钱放到一群热心公益的市民手中,钱能为社区的广大民众带来什么福祉。就皮滕克利夫公园这件事来说,罗斯博士已经取得了我的信任。根据他的建议,我们确定了理事会的成员名单,并邀请他们到斯基伯商议组建理事会。他们原本以为会议只是关于把公园移交给丹弗姆林市,就算是罗斯博士,我也没告诉他还有其他议题。所以,他们在会上才非常惊讶地知道,我还将捐赠给丹弗姆林市 50 万英镑、利率 5% 的债券。

现在距离我把河谷移交给理事会管理已经十二年了,没有哪个公园能比它更受附近居民的喜爱了。当地的年度儿童联欢会、花卉展都在公园里举行,公园也成为了人们每天休憩游玩的地方。河谷还吸引了周围市镇的居民前来。在众多方面,理事会成员们成功地履行了托管协议:

> 将更多"甜蜜与光明"带入丹弗姆林普通民众的单调生活之中,给他们,尤其是年轻人的生活,带来一些魅力,一些快乐,一些其他地方的人得不到的生活质量的提升。如此一来,在我的家乡长大的孩子们若干年后即便已经远离故土,仍能感到他们的童年因为这个公园而变得更加幸福和美好。如果你们的工作能够达成此功效,那么你们就成功了。否则,就说明你们失败了。

这段文字也促成了我和加拿大前总督格雷伯爵的友谊。他看完之后写信给罗斯博士:"我必须要认识今早的《泰晤士报》上那份文件的执笔人。”

我们在伦敦见面了，并且立即感到惺惺相惜。他是一位伟大的人物，一个能马上让人产生好感并且保持这份好感的人。格雷伯爵现在也是英国千万美元基金会的理事会成员。

就这样，皮滕克利夫河谷公园成为我心中最满意的公共捐赠。这是颇具诗意的正义来临。昔日激进运动领导人托马斯·莫里森的外孙，其子及其继承人贝利·莫里森的外甥，而且最为重要的是先父及我那最英勇的母亲的儿子，能够从原来的领主手中买来这块土地，并且把这座河谷和公园永远交给丹弗姆林的人民。这是真正的传奇，是人们难以想象、小说难以编撰的传奇。这似乎是命运之手的安排。我听到什么东西在窃窃私语：“你的生命没有完全虚度，没完全虚度。”这是我一生的事业中至高无上的荣幸！在我心里，它与我其他的公共捐赠有着不同的意义。流转的岁月，真的会带来一些神奇的复仇。

我停止积累财富，转而开始分配财富已经有十三个年头了。如果我仅仅是拿着一大笔财富退休，无所事事，那这些年我不可能过得舒心。好在我有读书、写作和偶尔在某些场合发表演说的习惯和爱好，而且我在退休之前，结交了一些受过良好教育的朋友。在退休后的一些年里，我不愿意回去探访我的工厂，因为这会让我想起很多已经在我之前离世的人。我早年认识的那些老朋友们大都已经不在了，不会再像以前那样紧握我的手了，只有一两个老工人还会叫我“安迪”。

但是，可不要以为我忘记了那些比我年轻的合伙人们，不要误以为他们没有支持我适应新的退休生活，完全相反！我退休后，他们立即成立了卡内基企业退休职工协会，这是他们为我所做的事情中最令我高兴的一件。这个协会只有在最后一名会员离世之后才会停办。协会的成员们每年在我纽约的家中聚餐一次,这样的聚会带给我很多欢乐,所以这个活动一年接一年地办下去了。一些老员工从很远的地方赶来参加聚餐,而我们在一起度过的时光是我人生中最快乐的时刻之一。我对这些“兄弟们”满怀真情,我真的如此,因为我心里时刻牵挂着他们,还把这些伙伴视为我众多福分中的一项。我对自己说:“我宁愿有这帮朋友,财富少一点儿也可以,绝不愿成为千万富翁却没有这些朋友们。绝不!”

我和太太有幸结识的朋友中有很多卓越伟大的男男女女,但是这丝毫不会影响我们对那些“兄弟们”共同的爱。和我一样,我妻子内心也记挂着他们,我对此感到无比的喜悦。我们在纽约的新家举办的第一次餐会,就是她邀请这帮老工友来进行的聚餐。她常说“老伙伴优先”。所以,这些老工友选举卡内基夫人为退休职工协会的第一位荣誉会员,随后我们的女儿又被选为第二位荣誉会员,这不是一种形式上的礼貌,是出于真心的。他们在我们的心中地位很重要。虽然我在他们当中年龄最长,但我们聚会时还像一群“兄弟”一样。我们之间的感情基于完全的信任和共同的目标,不只考虑私利,还相互关爱,由此凝结为深厚的兄弟之情。我们首先是朋友,然后才是合伙人关系。就这样,45位合伙人中的43人终生保持着深厚的情谊。

另一个在我们家举行的年度活动是文学晚宴,赴宴的有很多精英人士。活动的组织者是我们亲爱的朋友、《世纪》杂志的主编理查德·沃森·吉尔德先生。每年,他都设计将宾客作品中的引文印在贵宾卡上,如此贴心的安排深受来宾的喜爱。新加入的来宾的发言,又让气氛继续升温。1895年,约翰·莫利作为特别来宾赴宴,引自他作品的一段文字，就被印在了每个来宾盘子里的卡片上。

有一年，吉尔德很早就来到晚宴现场，以调配席位安排。当时，座位已经安排好了，但是他说还好他又检查了一遍。他发现约翰·巴勒斯和欧内斯特·汤姆森·塞顿被安排坐在一起了，而他们俩当时正因为兽类和鸟类习性的不同观点而展开激烈争论，他们对彼此的批评都有点儿太过火了，以至于到了剑拔弩张的状态。吉尔德说安排他们俩坐在一起不妥，于是把他们的座位调开了。我什么也没说，但之后又悄悄地溜进饭厅恢复了原定的席位安排。所以，吉尔德发现这俩人坐在一块儿时，大吃一惊。但结果正如我所料，这两个人当场和解了，离席时已经成为了好朋友。这件事的启示是：如果你想做一个和事佬，就让两个敌对的人坐在一起，如此一来这两个人不得不表现得文明一些。

巴勒斯和塞顿都很喜欢我给他们设的小陷阱。的确，我们只会仇恨那些我们不了解的人。邀请与你敌对的人一起用膳，甚至恳求他来，决不接受拒绝，这绝对是取得和解的一种方法。很多争吵的加剧是由于双方互不沟通来往，只从别人那里道听途说。这样一来，他们不可能完全理解对方的所有想法。能够在朋友之间发生分歧时先伸出和解之手的就是明智的人，而那些拒绝这么做的人将因此而终生不悦。没有什么收获能弥补失去朋友的损失，即便彼此的友情已经不像之前那么亲密。无论如何，他始终是曾经与你亲密无间的好朋友，随着岁月的流逝，很多朋友会去世，永远地离开你。

一个人如果愿意祝福所有人都幸福、长寿并且取得成功，不愿意阻碍任何人的前行之路，不吝惜在能力范围内帮助他人前进，那么他本身绝对也是幸福的。这一切他都会自发地去做，而不会感到他是在挽救一个因不光彩行为而堕落的人。对于这些人,他只会感到惋惜,无尽的惋惜。当然,他也会为自己的损失感到可惜,因为真正的友谊建立于美德之上。正如莎翁所说:

当友爱之人相互恭谦礼让时,
爱即已经消损了。

昔日的友情可能已经一去不复返,但彼此还是可以相互祝愿对方幸福。

我的朋友中没有人像马克·吐温那样热烈地祝贺我退休。其时,报纸正大肆渲染我的巨额财富,我收到了马克·吐温的这样一封信。

亲爱的先生和朋友:

您最近似乎发达了。能否借我这个崇拜者1.5美元去买一本赞美诗集?如果您这么做了,上帝会保佑您的,我知道的。我要是上帝我也会的。如果还有其他人申请,那这个请求就作废了。

您的马克

附言:请不要给我寄赞美诗集,寄钱就行,我想自己选购。

马克

他在纽约因病卧床不起时,我经常去看他,我们在一起很开心,因为即便卧床,他也跟以往一样睿智。在我动身前往苏格兰之前,我还去向他告别。我起航后不久,大学教授退休基金就在纽约宣布成立了。马克就此给在苏格兰的我写了一封信，收信人写着"圣安德鲁"，我摘要如下：

> 您可以拿走我头上的光环了。如果您在我的病床边时告诉我这件事，您当场就可以拿走了。它是由纯锡做成的，取下来时关税已付了。

那些熟悉克莱门斯先生（马克·吐温）的人都知道，他是一个有魅力的人。乔·杰弗逊是唯一能在风范和言语方面与他相提并论的人，他们有同一种魅力。"雷默斯大叔"（乔尔·钱德勒·哈里斯）是另一个魅力四射的人，另外还有乔治·W. 凯布尔和乔希·比林斯。这些人总是给他们的朋友的生活带来光明，不管他们自身处境如何。他们走到哪里，就把欢乐的阳光洒到哪里。用瑞普·凡·温克尔的话来说："这些家伙都一样。"他们每个人都很无私，有一颗温暖人的心。

公众只知晓克莱门斯先生的其中一面，即他幽默风趣的一面。但是人们并不知道，他也是一个有强烈政治和社会主张的人，一个坚定的道德主义者。比如，在阿奎纳多被诱捕这件事上，他就对美国政府进行了犀利的笔伐，比朱尼厄斯有过之而无不及。

他的七十岁生日庆祝会也很特别。文学界的要人都到场祝贺，不过马克没有忘记邀请一位巨富坐在他身旁，即他患难见真情的挚友——H.H. 罗杰斯先生。这正是他的风格。在文学大师们的致辞中，无一例外地提到了马克的文学成就。轮到我发言时，我提到这个现象，并请大家注意，我们这位朋友的为人会和他的作品一样流芳百世。他和沃尔特·斯科特爵士不可分解地联系在一起，同斯科特一样，我们这位朋友也因为合伙人的破产而落魄了。他面临着两条路。一条是平稳而简单的捷径，即法律途径，放弃所有财产，完成破产程序，然后重新开始，这样就不亏欠债主们了。另外一条路则是漫长，充满荆棘，苦闷的挣扎，牺牲自己的一切。面对这两条路，他是这样决定的："问题不是我欠别人多少钱，而是我的良心亏欠了多少。"

大多数人一生中都会遇到一些考验，测试着他们是渣滓还是真金。危机中的决定方显本真。我们的朋友以凡人之躯经过熔炉的冶炼，变成了一位英雄。他通过在世界各地发表演讲还清了所有的债务。"马克·吐温就是一个幽默的家伙。"人们通常会这样评判他。但是，也不要忘了他卓越的为人处事，在这方面他同样非凡，正如沃尔特爵士一样。

他的妻子也很了不起，是她支持着他，像守护天使一样陪他全世界到处旅行，让他能够像沃尔特爵士那样克服困境，他经常向朋友们说起这个。克莱门斯夫人去世后我去拜访他时，他说了三个让我非常痛心的字。当时碰巧他一个人在家，他握着我的手，在我还没说话之前就喃喃地说："家没了，家没了。"我们两个之后都没有开口。多年之后，在我写这一段经历时，这句话又在我耳边响起，我还是很揪心。

今天我们的生活比祖先们幸运多了。如果我们内心认为我们此生完满无憾，那么我们就不需要惧怕任何人的评判。

忠实地追随你的真我；
如同黑夜追随白昼一般，
对自己忠诚的人不会错待别人。

因为在人世间犯过几年的错误，而受到永恒的惩罚，这绝非仁慈的圣神所为，就算撒旦也不会这样做。

第 22 章　马修·阿诺德和其他朋友

约翰·莫利和我一致同意，马修·阿诺德是我们认识的人当中最具魅力的。魅力四射，这是概括他本人及其言语的唯一词汇，甚至他的长相和深沉的缄默也独具魅力。

我想那是 1880 年，他与我们一起乘车游历南英格兰，同行的还有威廉·布莱克和埃德温·A. 艾比。车行至一个美丽的村庄时，他问我是否可以让车在那里停几分钟。他解释说，这里是他的教父基布尔主教的长眠之地，他希望去他的坟前稍作祭奠。他接着说道："啊，亲爱的，亲爱的基布尔！我的神学观点给他带来了许多哀伤，这也让我很悲伤。但是如此悲痛，作为我亲爱的朋友，他还是前往牛津选举我为英国诗歌的教授。"

我们一同静静地走向教堂墓地。马修·阿诺德在基布尔的墓前沉思的样子，给我留下了深刻的印象。我们之后提到了他的神学观点，他说就是这些使得他的好朋友们非常伤心。

"格莱斯顿先生对此曾深表失望，或者表现出了不悦，说我本应该成为一名主教。毫无疑问，我发表的文章影响了我的晋升，同时还让朋友们痛心，但是我忍不住，我必须表达我的观点。"

他说这些话时悲伤缓慢的语调，我至今仍然记忆犹新，这是发自他内心深处的。他希望表达自己的宗教观点，而随着时代的进步，人们慢慢地能够接受他的观点了。今天，这种观点已经不会被责难了。马修绝对是一个对宗教非常虔诚的人，他很少谈及其他不相关的话题。在这方面，他和格莱斯顿一样都是无可指摘的。不过，他用一句很短的话否定了超自然的存在："奇迹是否存在的争论可以结束了，根本不存在。"

1883年，他和女儿——现在的惠特里奇夫人，曾经到我们在纽约的家中做客，并与我们一起到阿勒格尼山的房子度假。在此期间，我更多地了解了他，但仍然意犹未尽。他在纽约首次发表公开演讲时，我和母亲驱车将他送到会堂。听众当中名流荟萃，然而演讲并不成功，但这仅仅是因为他的演讲技巧不好，人们听不到他说的内容。我们回到家后，他第一句话就问："怎么样，你们觉得如何？告诉我！我能做一个演说家吗？"

我非常希望他能成功，所以我毫不犹豫地指出，他必须提高演讲技巧，否则永远不可能成为一个好的演说家。他必须请演讲专家来给他授课，解决两三个主要的问题。在我强烈的敦促下，他同意了。我们说完了之后，他又转向我的母亲，说："亲爱的卡内基夫人，他们都发表意见了，但是我还是希望知道您对我在美国的首次演讲有什么要说的。"

"您的演讲太过于像牧师的布道了，阿诺德先生。"我母亲慢慢地、温柔地回答。一直到后来，阿诺德先生还不时提起我母亲的话，说他觉得她的话很中肯，切中要害。他结束美国西部的行程回到纽约时，演讲技巧改善了很多，他的声音响彻整个布鲁克林音乐学院的会堂。他像我建议的那样，在波士顿一位演讲教授那里上了几节课，此后他的演讲都很顺利了。

他表示希望能听一下著名牧师比彻先生的布道，于是在一个星期天的早晨，我们动身前往布鲁克林。比彻先生已经提前获知我们将会到访，于是礼拜结束后他留下来与阿诺德先生会面。当我把阿诺德先生引荐给比彻先生时，他受到了热情的欢迎。比彻先生表示，他非常熟悉阿诺德先生的思想，所以能见到他本人非常高兴。他握住阿诺德的手说："阿诺德先生，您写的所有东西，我都至少认认真真读过一遍，还有很多是反复研读，每次都有收获，每次都有启发。"

"那么，比彻先生。您恐怕会发现，有些提到您的地方最好应该删掉。"阿诺德回答。

"噢，不，不，那一部分给我带来了最大的益处。"比彻微笑着说。随后他们俩都大笑起来。

我没有让比彻先生闲下来。引荐完马修·阿诺德之后，我又有幸向他引荐英格索尔上校的女儿。我说："比彻先生，这是英格索尔小姐第一次来基督教堂。"

他主动与英格索尔小姐握手，凝视着她，然后慢慢地说："啊，您是我见过的最漂亮的异教徒。"那些记得英格索尔小姐年轻时容貌的人都会同意。他接着说："英格索尔小姐，令尊可好？希望他身体康健。很多次我们一起站在讲台上，而我们的立场是一致的，这对我来说算得上幸运了吧？"

比彻的确是一个心胸宽广、慷慨大方的伟大人物，他乐于学习别人的长处。斯宾塞的理念、阿诺德睿智的洞察、英格索尔对崇高政治理想的有力支持，都是共和国中积极的力量。比彻先生的伟大之处就在于，他能够欣赏他们，并且把这些人变为益友。

1887年，阿诺德来苏格兰拜访我们。有一天，我们谈到运动这个话题，他说他不会狩猎，他不会杀死任何有翅膀、能在蔚蓝天空中翱翔的生物。但是，他又补充说，他无法放弃钓鱼——“那些配件是如此可爱”。他告诉我们，有一位公爵每年会有两到三次约他去垂钓一天，他非常快乐。我忘了这位好心的公爵是谁，但是他有些方面令人讨厌，我们当时曾谈论过这一点。大家还问阿诺德，怎么会和这样一个人关系密切。

“唉！”他说，“对于我们，公爵总归是个大人物，无关他的思想和品行。我们都是势利小人。数百年的历史让我们变成了这样，所有人都是势利小人。没有办法，这就流淌在我们的血液里。”

他微笑着说了这些话。我想他话语中有一些保留。他自己并不势利，而是一个“提及悠久的家世便会心微笑的人”，通常，“家世”是无法质疑的。

然而，他的确对地位高、财力雄厚的人感兴趣。我记得在纽约时，他非常希望能见到范德比尔特先生。我斗胆告诉他，他会发现范德比尔特与其他人相比没什么特别。“没错，但是认识世界上最富有的人还是很有意义的，”他回答道，“与白手起家而致富的人相比，那些从他人那里继承头衔的人肯定会黯然失色。”

有一天，我问他为什么从来不写莎士比亚作品的文学批评，并把桂冠诗人的称号送给莎翁。他说不是没有这样想过，但是深思熟虑过后，他总是觉得自己没有这个能力去评论莎士比亚，更别提批评了。他认为自己不可能做成这件事。莎士比亚超越于所有人之上，没有一个文学批评的标准能够衡量他的作品。尽管他非常希望详述莎翁超凡的天才，但最后总是退缩而不敢去触碰这个话题。我说我已经做好了准备看他的评论。时至今日，阿诺德对莎翁的赞美诗仍无人可及。我还记得阿诺德写的这首《莎士比亚》

十四行诗：

别人需遭评判，而您则不必。
我们不听追问，而您只微笑不语，
学识依然无人可及。您像最高耸的山峰
只向满天繁星展示尊容。
您的步履深扎于知识海洋深处，
思想高于九天之上。
求知的人们唯见天边朵朵白云，
已触顶探索之限极。
您与日月星辰共耀，
自学，自审，自尊，自救，
常人无法想象——这又何妨。
圣贤须忍耐所有苦痛，
所有消极的弱点以及令人萎靡的悲伤，
而这一切都被您战胜了。

我认识肖先生（乔希·比林斯），并且希望阿诺德先生这位友善与光明的使者，见一见他这块“未打磨的钻石”。没有经过打磨，但的确是颗钻石。幸运的是，一天早晨，乔希到我们下榻的温莎酒店来见我，而且在提到我们的客人时表达了对他的仰慕之情。我于是说：“您今晚将会和他共进晚餐。女士们会外出，只剩阿诺德和我吃晚饭，您来正好凑够三个人。”

他是个谦虚的人，所以婉拒了，但我不为所动，不接受他提出的任何借口，他必须给我面子。于是他答应了。就餐时我坐在他们俩中间，享受着这极端不同的两个人的会面。阿诺德先生很喜欢肖先生的叙事风格，并且很喜欢他讲的美国西部的故事。我从没见阿诺德笑得如此开怀。肖先生讲了一个又一个自己经历的故事，因为十五年来，他在所有居民人数超过一万的美国城市都发表过演说。

阿诺德先生渴望知道他是怎样吸引观众注意力的。“哦，”他说，“你不能让他们笑太长时间，否则他们会认为你在嘲笑他们。在给观众一些乐子之后，你必须变得认真严肃起来。比如，‘有两个东西是人们在生活中无法提前准备的，谁能告诉我是什么？’最终有人喊出‘死亡’。‘好，那谁告诉我另外一个是什么？’有许多人回答，比如财富、幸福、力量、婚姻、税收。最后乔希郑重其事地说，‘你们都没有答对，世界上没有人能提前准备的两个东西，就是双胞胎。’随后，观众哄堂大笑。”阿诺德先生也大笑起来。

“您一直在编新的故事吗？”阿诺德问他。“是的，一直都是。如果你没有新的故事，演讲就没办法年复一年地举办下去。而且有时候，新的故事也不能逗笑观众。我曾经编过一个故事，我觉得这个包袱抖出来观众肯定会买账，笑声甚至会把房子震裂，但是不管我怎样努力，就是没有达到预期效果，而这只是因为我没找到那个关键的词，就一个词。有一天晚上，我在密歇根一堆熊熊燃烧的篝火前坐着，这个词突然在我脑中灵光一现，我知道它会使那个包袱抖得很成功。我在男孩们面前试验了一下，果然奏效了。我说道，‘这是一个具有高度批判精神的时代。人们不会相信他们没有完全理解的东西。比如约拿和鲸鱼吧，他们都想知道为什么约拿会在鲸鱼的肚子里，但是我认为约拿和鲸鱼自己都不能完全理解。于是他们问约拿在鲸鱼的肚子——鲸鱼的社会——

中做什么。'"①

有一天,肖先生正走在百老汇大街上,一位来自西部的美国人上前搭话说:"我猜您就是乔希·比林斯。"肖回答道:"哦,有时人们会那样称呼我。"他说:"我有5000美元给你,就在我的口袋书里。"肖先生说:"这儿有个戴尔莫尼克餐厅,进来告诉我这是怎么回事吧。"

他们入座后,陌生人说他是加利福尼亚一座金矿的矿主之一。他与合伙人曾经就金矿所有权的问题产生了纠纷,合伙人会议在争吵中结束了。陌生人说他离开了会场,并扬言他会不惜抓住牛角,采取法律手段来解决。"第二天早上,我又去开会了,并告诉他们我早上看到了乔希·比林斯撰写的年历,当天的训诫是:'与其孤注一掷抓住牛角,还不如抓住牛尾巴,这样你能更好地掌控,并且想放手时能放手。'我们大笑不止,觉得这句话很有道理。我们接受了您的忠告,协议解决了问题,然后友好地分手了。有人提议应该给乔希5000美元,正好我要到东边来,他们就委托我带来,我保证一定要把钱转交给您。您收好。"

晚宴结束时,阿诺德先生说:"肖先生,如果您来英格兰演讲,我会非常乐意去迎接您,并把您介绍给您在那里的第一位听众。当然,任何一个勋爵来做介绍,可能对您都更有用,哪怕这个人是个傻瓜,但我会非常愿意做这件事。"

想象一下这个场景:友善与光明的使者阿诺德先生,向伦敦的高端听众介绍搞笑大师乔希·比林斯。

---

① 约拿是《旧约》中的先知之一。上帝派他去劝尼尼微城的人民悔改,他却躲避这个任务登船逃走。于是,上帝掀起一场暴风雨,船上其他人知道是因他而起后就将其扔入海中。后来,他被一头鲸鱼吞入腹中并在其中待了三天三夜,他在鱼腹中真心忏悔之后,鲸鱼才将他吐在陆地上。

在往后的年月里，他从来没有忘记问候“我们狮子般的朋友肖先生”。

那次难忘的晚餐后的一天早晨，我在温莎酒店与乔希见面。我们在圆形大厅坐下后，他拿出一本备忘录，说道：“阿诺德在哪里？我想知道他对此会作何评论。《世纪》杂志每周付给我100美元，让我把想到的任何想法都寄给他们。于是，我努力码些豆腐块。对我每周的评论，泽基尔老爹说道：‘评论家当然比作家更优秀。能指出他人错误的人当然要比那个犯错误的人更聪明。’”

我给阿诺德先生讲了一个发生在芝加哥的故事，或者说一个关于芝加哥的故事。波士顿的一位社交名媛去芝加哥探访一位即将结婚的同学，她获得了很多的关注。有一天晚上，一位芝加哥名流问她觉得芝加哥什么东西最迷人，她优雅地回答说：“最让我惊讶的不是这里繁荣的商业、物质方面的迅速发展，或者富丽堂皇的居民区，而是当地人的文化教养和精致典雅。”对方立即回应：“哦，没错，这里对此有一种宗教般的狂热崇拜。”

阿诺德先生本来不愿意去欣赏芝加哥，他印象中的芝加哥是庸俗市侩者的聚集地。然而，他很惊讶并满足地发现这里很“文明和优雅”。在出发前，他很好奇自己会对那里的什么最感兴趣。我笑着说，很可能会先带他去看看那里最有意思的景观——屠宰场。那里的新机器是如此先进，以至于猪从一边运进去，然后它的嚎叫声还没从人的耳边消失前，火腿就从另一边出来了。停顿了片刻，他若有所思地问：“但是一个人为什么要去屠宰场呢？为什么人们要听猪的哀嚎？”我想不到理由，于是这个计划便搁置了。

在《旧约全书》中，阿诺德先生最喜欢的人物是先知以赛亚，至少他对这位大诗人（他如此称呼以赛亚）频繁的引述会让人得出这样的结论。在环游世界时我发现,其他宗教的圣书都删除了糟粕,虽然这些内容也是传说故事中不可缺少的一部分。我记得阿诺德先生说过,宗教圣典就应该这样处理。那些出自孔子和其他世界伟人的让世人惊叹的经典语录都是经过精选的,呈现给信徒们的不会有过去那些令人不快的愚昧。

越仔细想这件事,人们就会越强烈地主张基督教应该效仿东方,像谷物脱壳一样剔除圣经中的糟粕——比糟粕还坏,有些甚至是有毒有害的废物。诗人伯恩斯在《佃农的周末夜》中,描绘了这个好人捧着巨大的《圣经》做晚上的祷告——“他审慎地挑选了其中的一部分”。

我们应该把这些部分挑选出来,并且只用这些内容。在这一点上和其他许多事情上,我很感谢认识阿诺德,并且为能和他成为朋友而感到很荣幸。他被证明是超越时代的真正的教师,一个“未来与抽象”范畴内最伟大的诗歌教师。

我带着阿诺德从我们位于克雷森的阿勒格尼山的避暑屋下来,来到烟雾弥漫的黑色匹兹堡。从埃德加·汤姆森钢铁工厂到火车站的途中,通往铁路大桥需要爬上两段台阶,其中第二段很陡。我们爬到四分之三处时,他停下来喘气。靠在铁栏杆上,他把手放在胸口对我说:“唉,早晚有一天这小心脏会要了我的命,就像我父亲那样。”

我当时并不知道他的心脏很脆弱,但我从未忘记这件小事。不久之后便传来了他突然离世的消息,他在英格兰试图避开一个障碍物时用力过猛。我悲痛地回想起这件小事,我们的朋友早就预言了自己的命运。他的离去是我们的重大损失。伯恩斯为塔姆·萨姆森写的这段墓志铭用于阿诺德是再合适不过了。

这里安息着饱经沧桑的塔姆·萨姆森：
你们这些伪善的宗教狂热者,饶了他吧!
如果诚信在天堂里价值上扬,
你们将需要大力弥补过错,
才可能拉近与他的距离。

就在这时,我想到了一个让我们感到亲切的名字——波士顿的奥利弗·温德尔·霍姆斯医生。他给很多人看过病,而自己走到生命尽头时唯一的微恙是八十岁的高龄。他终身未婚。马修·阿诺德逝世后,几位朋友认为应该为他举行一个追思会。朋友们悄悄凑够了所需要的资金,因为谁都不想要公开募捐。并不是所有的人都有权利出资的,这是一种荣耀,我们觉得这是一项殊荣。如果向公众募捐的话,很轻易地就能够筹募到两三倍的资金。我非常高兴地成为少数捐赠者之一,让此事在大西洋这边也引起一点关注。当然,我从未想过要向亲爱的霍姆斯医生提起这件事——不是因为他不够资格出资,而是因为作家或专业人士不应该自掏腰包,因为除了极少数情况之外,这些钱用在他们自己身上更有价值。然而,有一天早晨,我收到了这位医生的一封信,来信说他听闻了募款之事正在进行中,而且知道我也是参与者之一。他表示如果能有幸加入这个捐款的光荣榜,他会非常开心。他还表示,自从听说了这件事后,他一天不写这封信就一天难以入眠,希望得到回复。毫无疑问,大家都认为他是有资格出资的。

这是一个任何人都会认可的追思会。我敢说,所有捐赠者都因为获得这个机会而心存感激。

第 23 章　英国政治领袖

在伦敦的时候，罗斯伯里勋爵正在格莱斯顿首相的内阁任职，并且是冉冉上升的政治明星，他非常好心地邀请我与他一起用膳，以拜见格莱斯顿先生，能够见到世界第一公民，我要非常感谢勋爵。我想这应该是发生在 1885 年的事，因为拙著《成功的民主政治》于 1886 年面世，我记得在那次餐会上，我向格莱斯顿先生描述了一些为此书准备的令人吃惊的数字。

我在社交方面经历过的最艰难的一次自我挣扎，就是后来第一次接到格莱斯顿先生与他一起用餐的邀请。在此之前，我已经答应了另一个饭局的邀约。我非常想劝说自己，一个来自英国的国家领袖的邀约，不但是一种尊贵的象征，同时也是一种命令。但是我信守先前的承诺，错过了会见我最想见之人的良机。幸运的是，后来在哈瓦登，我很荣幸地多次拜访了他。

罗斯伯里勋爵为我捐建的第一座图书馆揭幕，即丹弗姆林的那座图书馆。最近（1905 年），他又为我最新捐建的图书馆揭幕——远在斯托诺韦的一座图书馆。他上一次到访纽约时，我驾车带着他在河滨的汽车道上兜风，他说世界上没有其他城市拥有这样的景观。他在很多方面都很卓越，但是他的决心“因思虑而蒙上了一层惨白的容颜”。[①]

如果他出生于劳动家庭，青年时期进入下议院，而不是毫不费力地空降到光彩虚饰的上议院，那么他也许会在摸爬滚打中形成更刚强坚忍的个性，但他是一个非常敏感的人，缺乏在政治中掌权所需要的不屈不挠的精神。不过，他是一个颇具魅力的演说家，他在讲述某些话题时，比同时代的其他演说家更为游刃有余，风格更为优雅。(鉴于我的上述文字，他可能成为了我们这个种族最重要的颂扬者。他成就于高位，向他致敬！)

有一天早上，我按照约定去拜访他，进门时我注意到桌子上刻意放着一个信封。寒暄过后，他拿起信封，边递给我边说：“我希望你解雇你的秘书。”

“这是一个很为难的要求，大人。他对我来说已经是不可或缺了，而且他是一个苏格兰人，”我回答，“他怎么了？”

“这不是你的笔迹，是他的。一个人竟然能将我的名字罗斯伯里拼成两个r的，你会怎么看他？”

我说如果我对这种事情都敏感的话，我的生活将难以忍受。“我在家时，每天都会收到许多信件，我确信其中20%到30%的信都把我的名字拼错了，从‘Karnaghie’到‘Carnagay’都有。”

但他是认真的，像这样的小事都会惹恼他。实干的人应该学会笑对甚至享受这种鸡毛蒜皮的小事，否则他们自己可能也会变得“渺小”。他有迷人的个性，但是又羞怯、敏感、任性、内向，这些性格特点只要在下议院待过几年就很可能会得到改善。

作为一名自由党人，他的言论曾经震惊上议院，并引发了一些轰动。当时，我冒昧地把我的民主思想灌输给他。“去竞选下议院

---

① 出自莎士比亚的《哈姆雷特》。

议员吧。抛弃你世袭的爵位，向人们宣示你不屑于享受少数人拥有的特权。这样，你会让自己成为真正的人民领袖，只要你还是贵族，就不可能做到这一点。你风华正茂，才华横溢，魅力四射，又有出色的演讲天赋。如果你愿意屈尊，首相之位非你莫属。”

出乎我的意料，虽然看起来他很感兴趣，但却非常平静地回答道：“但是，下议院不可能接受我这样一位贵族。”我回应道：“我希望他们会。如果我是你的话，即使被拒绝，下次有空缺席位我还是会再次参选。你要坚持说，放弃了世袭头衔后，你已经晋升为一位公民，有资格当选任何职位。你一定会成功的，你扮演的将会是克伦威尔那样的角色。民主人士崇拜那些打破先例或创造先例的人。”

我们不再谈论这个话题。后来，当我和莫利谈到此事时，他的评论让我终生难忘。“我的朋友，克伦威尔不住在尊贵的伯克利广场 38 号。”这句话他说得慢条斯理，郑重其事，但是令人信服。

罗斯伯里是一个很优秀的人，只是受贵族家世之连累。相比之下，莫利是一步步奋斗上来的，他那当外科医生的父亲很费力地供养他上大学。但是，他因为非凡业绩获得爵位和荣誉勋章后，不受头衔的影响，依然是那个淳朴谦实的“老实人约翰”。和莫利同属这种情况的还有国会议员鲍勃·瑞德（后成为洛尔本伯爵及大法官）、霍尔丹勋爵（瑞德大法官的继任者）、阿斯奎斯首相、劳合·乔治首相等。即便是当今的美国领导人也不比他们更民主、更贴近大众。

世界第一公民去世后，大家都在问：谁来接替格莱斯顿？年轻的内阁成员们同意把这个决定交给莫利。是哈考特还是坎贝尔一班纳曼？对于前者来说，通向首相官邸之路只有一个障碍，但这个路障却是致命的——他无法控制自己的脾气。他因此而几次表现出的震怒,让人们怀疑他是否适合担当领袖。大家普遍认为,这个职位需要一个冷静沉着、清醒、判断精准的人。

我非常喜欢哈考特,而他也很热爱美利坚合众国,并成了莫特利的女婿。我想他应该想了解美国的人口普查情况和报告,所以就把这些材料给了他,他对此非常感兴趣。当然,代表我家乡丹弗姆林的议员(坎贝尔—班纳曼)如能就任首相高位,我也非常高兴,尤其是因为他返回故乡向集会的人群致谢时的发言:这次能当选,我要感谢我的主席贝利·莫里森。

贝利,丹弗姆林最重要的激进人士,正是我的舅舅。在那些日子里,我们卡内基和莫里森家族都很激进,现在仍然是,我们都十分崇拜伟大的美利坚合众国。正如有人曾经用“理解并敢于主张人的尊严”来称赞华盛顿和他的同伴们,我们也是这样的人,这种主张非常有意义。可以肯定的是,讲英语的民族将通过有序、合法的发展,即演变而非革命,迅速地建立起十分重要的公民守则,正如诗人伯恩斯所言:“地位头衔如金币的印标一文不值,人的美好品质才是真材实料。”

在英国所有的殖民地当中,这样的观念已经深入人心。而亲爱的祖国像只老母鸡,误以为那些在波涛中游弋的小鸭子是小鸡,所以焦急万分,警觉地在岸上大呼。但是,她自己最终也将逐渐学会游泳。

1905 年秋天,我和卡内基夫人出席了授予我们的朋友约翰·罗斯博士荣誉市民奖的仪式,他也是卡内基丹弗姆林信托基金会的主席,一个最重要的、最热衷于为丹弗姆林谋福利的人。麦克白市长在发言中告诉观众,能够获得荣誉市民奖的人寥寥无几,目前只有三个在世的获得者,一位是来自该市的国会议员 H. 坎贝尔—班纳曼,即当时的首相;丹弗姆林的埃尔金伯爵,前印度总督,当时的殖民地事务秘书;第三个人即我本人。看起来我的两个同伴都非常卓越,相较之下,我这个没有任何官职的人则显得逊色许多。

埃尔金伯爵是布鲁斯国王的后裔,他们家族的墓地就在丹弗姆林大教堂,他那伟大祖先就长眠于大教堂的大钟之下。大家要注意,美国的战争部部长斯坦顿都曾认为,后来屡建奇功的格兰特将军是党内最不适合担任指挥官的人。对于埃尔金伯爵,人们也会很容易作出类似的错判。当对苏格兰的大学展开改革时,埃尔金伯爵是改革委员会的二号人物。保守党政府成立布尔战争委员会时,身为自由党人的埃尔金伯爵被任命为委员会主席。上议院关于苏格兰联合自由长老教会的决议引起轩然大波时,埃尔金伯爵受命担任了解决此事的委员会的主席。国会将他的报告写入一项法案中,而他又被指派为实施该法案的带头人。在遴选苏格兰大学基金会的理事会成员时,我告诉贝尔福首相,埃尔金伯爵作为丹弗姆林的风云人物,可以劝说他担任基金会主席。贝尔福首相说,整个大不列颠找不到比他更好的人选了。事实证明的确如此。之后的一天,那时约翰·莫利未担任主席职位,还是丹弗姆林基金会的理事,他对我说:“我曾经以为埃尔金会是我所遇到的最糟糕的大人物,但现在我知道他是最能干的官员之一。他重实干,不空谈,判断果敢,不夸夸其谈。”这就是布鲁斯国王的后代,他是谦虚、杰出和智慧的化身。

在我获得第一个荣誉市民奖之后,荣誉似乎开始络绎不绝地到来了。1906 年在伦敦,我曾连续六天获得六个荣誉市民奖,此后的一周又收获了两个，我总是清晨乘火车前去领奖，傍晚方才返回。

或许有人会认为，这样的授予仪式对我来说会变得单调乏味，但现实并非如此，每一次都是不同的。我在这些仪式上认识了很多了不起的市长，以及与市政事务相关的杰出公民，每个市镇都有他们自己的特色和问题、成功与失败。每个地方通常都有一个大家最希望解决的问题，吸引的关注超越所有其他问题。每个市镇本身都是一个小世界。市议会就是小型内阁，市长就是首相。大家最热切关注的是内部事务。当然也不缺外交事务，比如相邻市镇之间的问题，联合建设大型的供水、供气及供电项目，讨论结盟或分裂的会议等。

新旧大陆最强烈的对比莫过于市政府了。在旧世界，家族们世世代代生活在出生的地方，并且对所在市镇及周围社区具有与日俱增的热爱。一个曾担任市长的父亲会鼓舞他的儿子为同样的抱负奋斗。这种宝贵的对城市的自豪感，产生于对家乡的依恋中。每个人竞选市议员，都是希望能够在有生之年为家乡作出贡献。对于优秀的市民来说，这是一种值得嘉奖的雄心壮志。事实上，很少有人怀抱由市议员来获选国会议员的希望。因为只有拥有一定的财富才能这么做，国会议员需要住在伦敦，而且没有补贴。但是，这一情况很快得到了改变，英国跟随世界上其他国家，也为议员的工作支付薪酬（1908 年开始实施，现在的薪酬是 400 英镑）。

英国在此之后也许还会仿效世界其他国家，在白天召开国会会议，以便国会议员们精神抖擞地投入一天的工作，而不是在完成了白天的专业工作之后，还要在晚餐后精神很疲惫的状态下管治国家。有人问惠斯特扑克游戏的权威卡文迪许，一个人有没有可能在第二圈出第三张牌时打出一张J，他深思了一下，之后说："'晚饭之后'有可能。"

英国的市镇议会中云集了最优秀的人，他们廉洁、热心公益、对家乡充满自豪感，并且为之不懈奉献。在美国，我们也正朝这一方向进步，但是距离英国还相差甚远。不过，在国家人口变得稠密之后，人们会乐于长期定居在一个地方的。我们应该发展当地的爱国者，他们希望建设家乡，从而在离开故土的时候使家乡变得更好。过去，苏格兰市镇的市长或镇长，通常由当地上流阶级的乡绅担任，这种局面才刚刚过去了一代人的时间。"英国人真心热爱他们的领主"，这样的说法现在还成立，但这种爱正在迅速消散。

我发现伊斯特本、金斯林、索尔兹伯里以及伊尔克斯顿等许多古老市镇的市长都是平民出身，之前都是劳动者。议会成员也大多数是这种类型。他们都不计报酬地奉献出自己的时间。我很高兴能够认识苏格兰和英格兰许多市镇的市长及市议员，当然还有爱尔兰，我去那儿领取荣誉市民奖的旅行也同样很有意思。我在科克、沃特福德和利默里克受到的欢迎无与伦比，我看到当地人用盖尔语在欢迎旗帜上写着"热烈欢迎"时，感到非常惊讶，这与斯基伯的佃户们使用的是同一种语言。

我曾到英国各地领取荣誉市民奖，这让我能够深入观察各地的公众生活以及爱国情怀，否则这样的旅行可能会很令人厌倦。我在这些市镇领导中感到很自在，以至于那些飘扬的旗帜和沿路欢迎我的群众带来的尴尬，都被我轻易地消解为当天的义务。此外，地方长官的致辞也成为我人生新阶段的有益体验。女市长们都自信而容光焕发，非常令人愉快。

我的结论是，英国的市镇由民选的杰出市民管治，效果非常好，远超其他任何国家。而作为政府的重要分支，市议会也运行得非常好。如果国会直接由某个市议会的议员组成，其效率也丝毫不会降低。或许在议员们能够获得足够的薪酬以后，很多市议员会出现在伦敦西敏区的国会，这对英国是非常有利的。

第 24 章　格莱斯顿与莫利

1892 年 4 月,我和夫人在格莱斯顿先生位于哈瓦登的宅邸做客,他对拙著《山姆大叔马车游英伦》充满了赞美之词。有一天上午,他提议我和他一起待在他的新图书室里,这样他一边整理书籍(除了他自己以外别人都不能碰那些书),我们可以一边聊天。在他的藏书前徘徊时,我发现了一本很特别的书。此刻这位主人正在图书室的梯子上方整理着那些厚厚的典籍,离我很远,我对着他大喊:"格莱斯顿先生,我在这儿发现了一本《丹弗姆林名人堂》,作者是我父亲的一个朋友。其中一些名人我童年时就知道了。"

"是的,"他回答说,"您如果把手往左移两三本,还会发现另一本丹弗姆林人写的书。"

我往左移,结果看到了拙著《山姆大叔马车游英伦》。在那之前,我就已经听到站在梯子顶端的格莱斯顿声如洪钟地对我说:"丹弗姆林之于我,正如麦加之于伊斯兰教徒、贝拿勒斯之于印度教徒、耶路撒冷之于基督徒。"

听完之后过了片刻,我突然意识到这是自己说过的话。那时我们游历了南边之后抵达丹弗姆林,我第一眼看到故乡后有感而发说了上述那番话。

“您到底怎么会有这本书的？”我问道，“我写这本书时尚未能认识您，所以不可能给您寄呀。”

“是的！”他回答，“那时我未有幸结识你，但是有一个人，我想是罗斯伯里，向我提到了这本书，于是我遣人去买，并且很愉快地看完了。你对丹弗姆林的赞颂深深打动了我，使之久久徘徊在我的脑海中。我忘不了。”

这个小插曲发生在《山姆大叔马车游英伦》完成后的第八年，这进一步证实了格莱斯顿先生超凡的记忆力。读者们，请原谅我这样一个虚荣的作者，我对格莱斯顿先生的赞美之词非常感激。

礼拜日在民众面前朗读圣经的政治家们易招来人们的怀疑。我承认，在我熟识格莱斯顿先生之前，我时不时地会想，这位谨慎的老先生应该是觉得这么做至少不会使得他的选票流失。但是在了解了格莱斯顿真实的品行之后，这种想法就消失了。他是最虔心和真诚的人了。是的，格莱斯顿甚至在日记中说（莫利在他写的《格莱斯顿的一生》中有所涉及），当他在下议院阐述了几个小时的政府预算，而议员们很拥护时，他也“意识到是上帝神圣的力量在支持着他”。无论如何，对于一个如此虔诚的人来说，坚信未知力量在保护着自己，使格莱斯顿备感鼓舞，这是毋庸置疑的。虽然一个凡夫俗子竟胆敢想象造物主关心着政府预算这种凡尘俗事，这对很多人来说应该是令人震惊的。看起来这似乎涉嫌亵渎神灵了，但对于格莱斯顿先生来说，我们知道恰恰相反——他认为信徒可以直接与上帝交流，而不需经过中间人。

1887 年 6 月，维多利亚女王登基 50 周年纪念日的当晚，我和布莱恩先生要去沃尔弗顿勋爵位于皮卡迪利大街的府邸参加晚宴，并且会见格莱斯顿伉俪——这是布莱恩先生第一次被引荐给格莱斯顿先生认识。我们很早就从米特罗普酒店乘出租马车前往，但是街道上人群拥挤不堪，到圣詹姆斯街道中段时我们不得不下了马车。布莱恩跟着我走到人行道时，我发现有一个警察，便告诉他我的同伴是谁，我们要去哪儿，然后问他是否可以护送我们去那里。他同意了，利用他警察的职权在人群中开出一条路来，我们紧随其后。可是，我们到达沃尔弗顿勋爵家时已经九点多了，所以我们十一点后才散去。

格莱斯顿先生解释说，他和夫人穿过海德公园，兜了一圈才来到沃尔弗顿勋爵家。他们打算原路返回位于卡尔顿大街的住所。我和布莱恩先生则认为应该欣赏一下街景，冒险从人群中挤回酒店去。一路上很顺利，我们随着人群慢慢移动，正当我们经过"改革俱乐部"时，一个人在我右边的建筑物那里说了几句话。我对布莱恩先生说："那是格莱斯顿先生的声音。"

他说："不可能，我们和他分开时他已经回府了。"

"我不管，我认声音可比认长相厉害，我肯定这就是格莱斯顿先生。"

最终我说服了他，我们往回走了几步，来到那所房子附近。我走到一个浑身裹得严严实实的人跟前，小声说："这位仁兄半夜不睡觉，在这里干什么？"格莱斯顿先生被发现了。我告诉他我听到了他与同伴轻声说话的声音。

"所以，"我说，"真正的执政者出来观赏为名义统治者准备的景观啦。"

他回答说："年轻人，我想你该去睡觉啦。"

我们又和他一起待了一会儿，他很小心，避免移开裹着他的头和脸的披风。其时已过午夜，但是这位八十岁的老人把夫人安全送回家后，还像个孩子一样，决心要出来观看庆典。

晚餐时，格莱斯顿先生和布莱恩先生谈到了英美两国议会程序的差异。整个晚上，格莱斯顿先生就美国众议院的议事章程模式，仔细地询问曾担任众议院议长的布莱恩先生。我发现美国议会的“先决问题动议”以及意在限制无休止辩论的总结陈词，这两条规定给格莱斯顿先生留下了深刻印象。间歇的时候，他们之间的谈话还涉及了更广泛的领域。

格莱斯顿先生的兴趣点之广，鲜有英国人可及。我最近一次和他在一起，是在苏格兰阿米斯特德先生的家里，他依然头脑清晰，思维活跃，对什么都还是很感兴趣。当时他最感兴趣的话题是美国的钢筋高楼，他读了很多这方面的资料，还就此问了我成堆的问题。他感到最困惑的是，为什么第五、六层的砖瓦工程常常比第三、四层的还要早完工。我认真地作了解释，他非常满意。他就是这么喜欢打破砂锅问到底。

莫利先生早在担任《双周评论》的主编时就成了我们的英国朋友，这本刊物是我最早发表作品的英国期刊（虽然现在已经贵为勋爵，但是莫利依然保持着纯朴的作家本色）。我们之间的友谊在晚年期间不断加深，我们都认定对方是密友。周日的午后，我们兴之所至，常常交换阅读所写的短篇随笔（有时也有长篇的）。我们的性情并不相像，但我们被彼此的差异所吸引，因为互补对双方都有益。我是个乐天派，我视所有丑小鸭为白天鹅；而他是个悲观者，冷静甚至灰心地注意着前面的危险，有时甚至还杞人忧天地幻想出一些愁事，都有点草木皆兵了。对我来说，世界是光明的，人间即是天堂——我是如此幸福，如此感激命运的仁慈。莫利则几乎不会为任何事情而疯狂，他的判断总是慎重的，他关注到的总是太阳中的黑点。

我曾给他讲过一个故事，故事的主角有两个人。一个是没什么能使之高兴的悲观主义者，另一个则是没什么会使之不高兴的乐观主义者。两个人在升入天堂时，都得到了天使的祝贺。悲观主义者回答说："天堂的确是个好地方，但是不知怎的，我头上的光环不太合戴。"

乐观主义者则讲了个故事作为反驳。一个人被打到地狱后，魔鬼把他扔在河堤上，而魔鬼自己到泉水边喝水解渴——那里很热。以下是一个老朋友和这个人的对话：

"喂，吉姆，怎么样啊？没救了，你都下地狱了。"

"嘘，本来可能会更糟糕的呢。"吉姆回答道。

"怎么可能？你都已经被打到地狱深渊来了。"

"嘘，"他指指撒旦大帝，"他本来可能会让我来扛他的。"

像我一样，莫利非常喜欢音乐，会在斯基伯的晨光中沉醉于风琴的天籁之中。他和阿瑟·贝尔福一样，还喜欢清唱剧。我记得他们曾一起买票去水晶宫观赏清唱剧演出。我认为他俩都很理性，也经常会做一些哲学思考，俩人在哲学思想上也比较相近。然而，贝尔福最近的一些文章显示，他在这个领域里走得太远了，这样艰深的领域莫利是不会去尝试的。他总是脚踏实地，只走清晰可见的道路，他不会有迷失在森林中寻找出路的风险。

莫利最近在伦敦世界编辑大会上语惊四座。他声称，就创造和维持当前良好的政治和社会环境而言，伯恩斯的几行诗比几百万条报纸社论的作用都要大。接着他又说，当今和先前的一些文章或演说本身就具有里程碑式的意义，它们帮助实现了言辞中所描绘的目标。托马斯·潘恩的《人权论》就是其中之一。

他发表此演讲后来到斯基伯时，我们对此作了一番讨论。我提到他对伯恩斯的赞美和在演讲中所引用的六行诗。他说他应该不需要告诉我是哪一首六行诗。

“不用，”我说，“我记得清清楚楚。”

后来，在为蒙特罗斯公园的伯恩斯雕像揭幕时，我朗诵了我认为就是他提到的那首六行诗，他对此予以肯定。说来奇怪，几年前我和他一起获得了蒙特罗斯荣誉市民奖，所以我们同为那儿的荣誉市民。

最终，我成功地说服莫利来美国看望我们。1904年，他前来美国，并游览了美国的大部分地方。我们尽量安排像他一样杰出的要人与他会面。有一天，参议员伊莱休·鲁特应邀来到我府上，莫利对他进行了一个长时间的访问。鲁特离开后，莫利对我说他非常喜欢这位同伴，鲁特是他见过的最令人满意的美国政治家。他对鲁特的判断没错，说到对美国的精准判断和广博知识，无人出其右。

暂别我们之后，莫利前往白宫拜访罗斯福总统，他与这位杰出领导人共度了几天，成果颇丰。后来，莫利评价说：“我在美国目睹了两大奇迹——罗斯福和尼亚加拉大瀑布。”

此评语巧妙而精准。这的确是一对伟大的奇迹，他们咆哮着向前，无畏羁绊，拍打着浪花勇猛前进，他们不知疲倦，尽心履行着自己的职责。

由莫利来做阿克顿图书馆的主人再适合不过了。我把它赠予莫利的经过是这样的：格莱斯顿先生告诉了我阿克顿勋爵的窘况，我在他的建议下买下了阿克顿图书馆，并允许阿克顿勋爵在有生之年继续使用。不幸的是，他没有多活很多年来继续利用这个图

书馆 (只过了几年),这样图书馆就到了我的手上。我确信莫利能最好地利用图书馆,并且最终会将之交给一个恰当的机构。我刚要告诉他我拥有此图书馆时,他就打断我说:“我必须告诉你,你购得它的第一天我就已经知道了。确信阿克顿勋爵余生可以保有它之后,格莱斯顿兴奋得守不住秘密了。”

我和莫利关系如此之亲密,但彼此都没有在对方面前提起过此事。莫利没有感到意外,对我来说反而是个惊喜。这件事证明了格莱斯顿与莫利的关系有多么密切——莫利是他唯一会忍不住与之分享世俗幸福的人。但是,在神学方面,他们的观念南辕北辙,而阿克顿与格莱斯顿却很相似。

在我设立苏格兰大学卡内基信托基金的翌年,莫利以大臣的身份随国王前往巴莫拉尔宫,之后他发来电报表示必须在我们起航之前见我一面。我们见面时,莫利告诉我,我向苏格兰大学的捐赠以及为故土所做的各项善举深深地打动了陛下,国王想知道他能为我做什么。

我问莫利:“你是怎么说的?”

他回答:“我说恐怕没有什么。”

“你说得很对。不过,我希望国王能给我写一封信,表示他对我的慈善之举感到满意,正如他已经对你所说的那样。我会非常感激,并把这封信传给子孙后代,让他们都引以为傲。”

我最终如愿了。国王的亲笔信我已经在第十九章奉上了。

很幸运,斯基伯对莫利来说是最好的休养胜地,他每年夏天都会来我们这里几次,并且已经成为我们家庭的一员,莫利夫人都会陪着他一块儿来。他和我本人一样酷爱游艇,而且值得庆幸的是,这项运动对我们俩的健康来说都是一剂良药。莫利此时是,而且永远会是那个“老实人约翰”。他从不欺瞒，从不胡吹乱造，对所有问题和任何情况都坚定不移。此外，他又时时谨慎小心，他的温和寡言掩盖了他的广阔胸怀，但是在某些时刻和场合，这种高尚气度会毋庸置疑地显现出来。而在此之后，他又会恢复缄默。

作为挚友，张伯伦和莫利同为思想前卫的激进分子。我在英国时，常常与他们俩见面交流。自治的问题被提出来之后，许多英国人对美国的联邦体系产生了很大的兴趣。我应邀在几个城市发表公开演讲，阐释并赞扬我们的联邦制，最自由的州政府联合起来产生了最强有力的中央政府。应张伯伦先生对有关资料的请求，我给他寄去了安娜·L. 道斯小姐的《我们的政府》。另外，我还就此话题与莫利、格莱斯顿和其他许多人交流过。

我不赞同英国政府出台的第一部自治法案，并写信给莫利先生告诉他这一点，还附上了我的理由。我见到格莱斯顿先生时，他对此表示遗憾，随后我们进行了全面探讨。我反对把爱尔兰代表排除在国会之外，因为这实际是一种分离和孤立。我说美国永远不会允许南方各州停止向华盛顿派出代表。

“那如果他们拒绝参加，你会怎么办？”他问。

“动用所有文明的资源——首先，切断通信往来。”我回答。他停了片刻又复述说：“切断通信往来。”他意识到了这会带来的瘫痪状态，便沉默了，随后转换了话题。

别人问我会怎样做时，我总是指出美国有许多地方立法机关，但是只有一个众议院。英国应该仿效之，只有一个国会，但是在爱尔兰、苏格兰和威尔士设立地方立法机构（不是国会）。这些地方应该像纽约州和弗吉尼亚州一样成为统一国家下的州。但是，美国拥有最高法院，以决定议会和地方立法机关制定的法案是否获得通过，判定法律的最终权力在司法部门而不是政治力量。而英国却没有最高法院，因此应该让国会来行使判定爱尔兰法律的权力。这样一来，爱尔兰制定的地方法案就需要先提交英国的下议院，经过长达三个月的议会期，受制于下议院的反对意见。如果下议院不否决，法案才能生效。如果没有出现不恰当的法案，那么此条款就形同虚设。但是，如果地方出台了不恰当的法案，那么这个条款就能派上用场了。我认为，这个条款可以向胆怯的民众保证，不会有分离国家的情况出现。

后来，当我竭力向莫利先生主张这个观点时，他说有人曾向帕内尔做了同样的提议，但被拒绝了。格莱斯顿先生当时可能说过这样的话："非常好，对于我以及与我持相同理念的人来说，这个条款没有必要，但它有助于让全英国的人都形成这样的理念。但是，我现在已经无法担负起这个议题，它是你们的责任啦。"

在哈瓦登的一天早晨，格莱斯顿夫人说："威廉告诉我，你们之间进行过很多不凡的对话。"

毫无疑问，他与我的交谈确实特别。他不常与一个真正的共和党人进行令人如沐春风的谈话；他不理解我为什么无法想象会有不同的世袭等级。我觉得很奇怪，竟然有人愿意放弃父母传下来给他们的姓氏。特别滑稽的是，世袭的老贵族们和那些刚获得头衔的新贵们打招呼时，总要很费劲才能忍住不笑话他们。这些新贵可能刚拿出一万英镑的献金给某个政党，才买来了这个贵族头衔。

布莱恩先生在伦敦的时候与我们同住。我告诉格莱斯顿先生，布莱恩先生曾表示他非常期望能在格莱斯顿的暮年与他见上一面。他会脱帽致敬，即便是在一个寒风刺骨的冬日，即便是在一个不向任何人致意的寻常花园派对。我和格莱斯顿的谈话触及过政教合一的问题，还谈到了我的小文《前瞻》。此文预言，由于大不列颠岛无法扩张，我们英语民族将再次统一联合。我认为英国最终必将政教分离，其中一个原因就是，这种做法是反常的。没有其他英语民族有这样的体制，他们的宗教都是有机发展形成的，不像英国国教是钦点的。格莱斯顿先生问我："你认为英国国教还能维持多久？"

我的回答是我无法确定一个日期，在促成政教分离方面他比我更有经验。他点头微笑。

当我详述与面积较大的国家相比，英国人口相对地必然会减少时，他问："你预测英国的未来会如何？"

我以文明古国中的希腊为参照，说乔叟、莎士比亚、埃德蒙·斯宾塞、弥尔顿、伯恩斯、斯科特、史蒂文森、培根、克伦威尔、华莱士、布鲁斯国王、休谟、瓦特、赫伯特·斯宾塞、达尔文等等杰出人士都出自英国或许并非偶然。天才的诞生不倚赖于物质资源。英国不会长久地以一个显耀的工业国自居，倒不是由于她衰落了，而是其他国家的发展追赶上来了。但我认为这之后，她可能变成现代的希腊，在各国中获得道德上的优越性。

他被这句话吸引了，若有所思地复述着："道德上的优越性，道德上的优越性，我喜欢，我喜欢。"

在此之前，我从未如此享受与人的交谈。后来，我在哈瓦登又再次拜访了他。1897 年冬天在兰德尔勋爵位于戛纳的家里，我最后一次探望了格莱斯顿，当时他已经病得很厉害了。不过，他魅力依旧，对我的弟媳露西尤其关爱。这是我弟媳第一次见到他，这位老人令她印象深刻。我们驱车离开时，她喃喃地说道："一只疲弱的雄鹰！一只疲弱的雄鹰！”没有比这句话更好的语言能描绘那天我见到的那位病弱、疲惫的领袖。他不仅是一位伟人，也是一个真正的好人，只有纯粹的追求，高尚的灵魂永远积极向上。他赢得“世界第一公民”的称号当之无愧。

1881 年的时候，我就已经在英国与国会议员塞缪尔·斯托里建立起了业务联系。他很有才干，是一个执着的激进派，一个如假包换的共和党人。我们收购了几家英国报纸，发起了推进激进政治路线的活动。帕斯莫尔·爱德华兹等人也加入了我们的行列，但是结果却令人沮丧。我的英国朋友们之间相处得不是很和谐，所以最终我决定撤出，并且很幸运地没有亏损。

我写第三部著作《成功的民主政治》是源于我发现即便是涉猎最广的外国人，甚至是英国人，对美国都知之甚少，而且那一丁点儿对美国的了解还是被曲解的。那些显耀的英国人对共和国的了解之少令人嗔舌。1882 年我和格莱斯顿先生的第一次谈话就令我难以忘怀。当我提到目前英语民族多数人是拥护共和政体的，只有少数人口还拥戴君主制，他很狐疑：“为什么？是这样的吗？”

“格莱斯顿先生，”我说，“共和国说英语的人口比大不列颠及其所有殖民地加在一起的还要多，即便将殖民地的人口数量加一倍亦然。”

“啊，怎么会这样？你们的人口有多少？”

“6600 万，你们的人口只相当于我们的一半多一点儿。”

“哦，这太让人惊讶了！”

在国家财富方面，他了解到这个事实后也同样非常惊讶：1880 年的统计数据表明，才建立了一百年的美利坚合众国现在能够买下英国、爱尔兰和它们所有的资本和投资，并偿清英国的所有债务，却仍不会耗尽其财富。但是，当我们谈到自由贸易时，他了解到了最令他震惊的事实。我指出，现今美国是全球制造业的龙头老大。（我记得后来大法官霍尔丹勋爵也犯了同样的错误，声称英国拥有全世界最大的制造业，他对我的指正表达了感谢。）我引用了马尔霍尔的数字：1880 年，英国制造业总产值为 8.16 亿英镑，而美国制造业总产值达到了 11.26 亿英镑。他听完后只说了一个词："不可思议！"

其后，我又告诉了他很多令人惊讶的数据，他问道："怎么没有作家写写这个话题，把这些事实简单明确地呈现给世界呢？"

事实上，当时我就正在为《成功的民主政治》一书搜集素材，而我希望达成的就是他所说的这项工作，我也这么跟他说了。

《环游世界》和《山姆大叔马车游英伦》没有花费我多少心血，但是从 1882 年就开始准备的《成功的民主政治》则完全是另外一回事。此书的写作过程漫长而艰辛，有大量的数据需要校对和整理。但是随着进度的发展，这项研究对我来说越来越有吸引力。有那么几个月，我的头脑里面塞满了数据。时间悄无声息地过去了，我以为还是中午的时候，抬头一看夜幕已经降临。我人生中的第二次大病就源于这项工作给我带来的压力，因为我同时还要照顾生意。与数字打交道是令人入迷的工作，如果要我再次从事，我会三思而后行。

第 25 章　赫伯特·斯宾塞及其追随者

1882 年,我和赫伯特·斯宾塞及其朋友洛特先生一同搭乘“塞尔维亚”号从利物浦前往纽约。莫利先生为我写了一封引荐信,意在向斯宾塞先生介绍我。其实在那之前,我就已经在伦敦见过这位达尔文主义哲学家了。我是他的追随者之一。作为一名旅行老手,我一路照顾他和洛特先生。整个航行中,我们也总是坐同一桌。

有一天,我们谈到了第一次见到伟人时他们给我们留下的印象。他们是否与我们想象中的一样呢?我们都讲了各自的经历。我说想象中的和亲眼看到的人之间有天渊之别。

“哦!”斯宾塞先生说,“见到我的时候呢?我也是这样吗?”

“也一样,”我回答说,“您和我想象中的教师形象不太相符。在我的想象中,您作为伟大的哲学家一定是沉着冷静的,犹如佛陀,丝毫不为尘世所动。我从没想到您会为柴郡奶酪和切达奶酪而激动万分。”前一天,服务员给他送来柴郡奶酪时,他气哄哄地推开了,大叫:“我要的是切达、切达,不是柴郡。我说的是切达。”大家都大笑起来,而他本人则笑得最欢。后来他在自传中提到了航行中的这段小插曲。

斯宾塞喜欢听故事,并且会边听边开怀大笑。他似乎最喜欢听美国的故事，而这样的故事我能讲很多，听完之后他常常会放声大笑。他非常渴望了解我们的西部，这片土地当时也吸引了欧洲人的目光。我给他讲了一个关于得克萨斯州的故事，他觉得特别逗。故事是这样的：一个东部的移民从该州失望而归，人们问他那片不毛之地怎么样，他说："陌生人，对于得克萨斯我只能说，如果我拥有它的话，一定会把它卖掉。"

现在和当时相比真是有了天翻地覆的变化。得克萨斯州的人口已经超过了400万，而且据闻，1882年该州的棉花产量超过了世界其他地方的总和。

有一天，我和这位哲人在匹兹堡步行回到家时，我又想起了一个关于客人和花园的故事。当客人打开大门时，一条大狗从里面向他扑过来，他赶紧退后，并及时把花园的大门关上了。狗主人大叫道："他不会碰你的，你知道，会叫的狗儿不咬人。"

"没错，"客人用颤抖的声音回答，"这一点我知道，你也知道，但是狗知道吗？"

有一天，有人发现我最大的侄子悄悄打开门，窥探着房间里正在交谈的我们。他的母亲后来问他为什么要这样做，这个十一岁的男孩回答说："妈妈，我想看看那个在书里说学习语法没用的人是怎样的。"

斯宾塞听到这个故事后非常高兴，后来还经常提起这件事。他对这个男孩很有信心。

有一天，我们谈到他曾经在反对修建加来—多佛尔港隧道的抗议书上签名，这让我感到很惊讶。他解释说，他和任何人一样，都希望尽快建成这条隧道，他不相信各种反对的理由，但他还是在反对书上签了名，因为他知道他的同胞们都太傻了，隧道涉及的军事和海洋问题会吓坏他们,助长军国主义,人们会要求增强海陆军的力量。他提到英国曾经出现过类似的惊恐,为此国家花费了数百万英镑建造了后来证明无用的防御工程。

有一天,我们坐在格兰德大酒店的客房里,俯瞰着特拉法加广场。我们看到皇家禁卫军骑兵团经过,于是有了这段对话:“斯宾塞先生,每当我看到这些穿得像小丑一样的军人时,我都会感到悲哀和愤怒。已经是19世纪了,我们这个自视为最文明的民族,仍然有人愿意把研究如何杀害其他人作为一种职业,而且不久之前这还被认为是绅士唯一应该做的职业。”

斯宾塞先生说:“我本人也这么觉得,但是我想告诉你我是怎么控制愤怒的。每当我觉得怒火中烧时,就会以爱默生的这个故事来使自己平静。因为斗胆发表反对奴隶制的言论,爱默生被人从法纳尔大厅的讲台上嘘了下来。他说自己带着狂怒回了家,当他打开花园的大门,抬头看到大门与寒舍之间高耸的榆树,瞥见了树枝间隙中闪耀着的点点繁星。星辰对他说:‘什么事让您这么生气,亲爱的先生?’”我笑了起来,并感谢他的故事,他也笑了。我之后常常把这个故事复述给自己听:“什么事让您这么生气,亲爱的先生?”这总能使我归于平静。

斯宾塞先生美国之行的高潮,是人们在戴尔莫尼克餐厅为他举行的宴会。我驱车带他去赴宴,而这位伟人到那之后却有点慌乱,满脑子想着他即将发表的致辞。我想他以前很少在公开场合演讲。他最担心的是他所讲的不能有利于美国人民,而这是最早欣赏他作品的人。他可能参加过很多宴会,但没有一场聚集了这么多杰出人物。那是一次非凡的聚会,到场的能人名士都大力称赞斯宾塞的作品。亨利·沃德·比彻的致辞结尾时,掀起了宴会的高潮。他转身对斯宾塞先生说："我的身体发肤受之于父母，而我的知识受之于先生您。在人生的关键时刻，是您为我指明了跨过泥沼的安全路径。您是我的导师。"

比彻用缓慢、严肃的语调说出这些话。在我的记忆中，我从未听到过如此深情的发言，显然，这来自一个满怀感激的受惠者。这些话深深地感动了斯宾塞先生，并且引发了强烈的共鸣。不久之后，比彻先生在一个布道中阐述了他对进化论的看法。人们急切地希望听到比彻先生最后总结时会怎么说，因为他认斯宾塞先生为师这一举动引起了教会圈子的警惕。如果我没记错的话，比彻先生最后总结时说，虽然他在某种程度上相信进化论（达尔文主义），但是当人类到达最高层次后，造物主会赐予他圣灵（而且只赐予人类一种生物），以此将他带入神的世界。他回应了他的批评者。

斯宾塞先生对机械设备极富兴趣。我和他一起参观工厂时，那些先进的设备给他留下了深刻印象，几年之后他有时还会提起，并说他对美国的发明和发展的预测得到了完美的实现。美国之行受到的尊重和关注使他感到很开心。

我每次去英国，几乎都会去看他，他后来搬到了布莱顿，以便可以在家中眺望海景。大海对他很有吸引力，能够安抚他的心灵。我从未遇到过一个像他这样谨言慎行的人，哪怕是很琐碎的言辞；也从未遇到一个像他这样完全通过良知来引导自己的人。他对宗教事宜没有任何的亵慢。但是，在神学的范畴，他对体统礼仪没有什么敬意。他认为，这个体系很有问题，有碍于真正的成长，而且神学中的奖惩之说是对低等人性的迎合。尽管如此，他并没有像丁尼生那样极端，在讨论旧思想的场合大放厥词。诺尔斯告诉我，丁尼生完全无法自控。诺氏对丁尼生的诗人生活非常失望，他只顾着激烈地反叛神学，却完全不了解他那做牧师的父亲。

斯宾塞则一直是个沉稳理性的哲学家。我相信，从童年到老年，他从未做过不道德之举，也不曾对任何人不公正。他以极认真的态度做所有的事情。很少有人像我渴望了解赫伯特·斯宾塞那样渴望了解另一个人，因为很少有人比我更感激他和达尔文。

过去对神学的反抗，往往发生在这样一些人身上：他们年轻时周围都是那种虔诚的信徒，而这些信徒认为，未来的幸福取决于从严格的加尔文教义中获得真理和信念。在一定的成长阶段，这些有思想的年轻人自然会受到周遭影响而认同这种理念。他周围那些受到良好教育的杰出人士，那些他引以为榜样和导师的人所信仰的应该是正确的。他努力克制对此的疑虑，以为疑虑是魔鬼在引诱他以获取他的灵魂，只有坚定的信仰才能赶走魔鬼。

不幸的是，他很快就发现，信仰不听从他的使唤。他认为，自己之所以无法看到他想看到的，不能相信他想相信的，究其原因就在于他的原罪。他很清楚地意识到，自己不比那些堕落的人好多少。他不可能是被上帝选中而得救的人，能得救的只有牧师、教会长老和严格的正统人士。

于是，年轻人慢慢开始反叛了，试着像其他人一样装出很虔诚的样子，表面上默认这些信条和教义，但内心却完全无法排除疑虑去相信那些教条。如果他拥有智慧与美德，那么这场内心的挣扎只会有一个结果，正如卡莱尔一样，在经过数周的折磨之后，他认定："以上帝之名，如果这些是不可信的，那么就不必再相信了。"至此，他将永远地卸下了怀疑和恐惧的重担。

我和三四个同伴也曾对神学有过疑问，包括超自然的东西、通过替代赎罪得救以及相关的宗教理念。此时，我有幸读到了达尔文和斯宾塞的作品——《伦理学资料》《第一项原则》《社会静力学》《人类的由来》。当我从书中读到人如何吸收有益的精神食粮，取其精华、去其糟粕时，我犹如看到指路明灯，豁然开朗。我不仅摆脱了神学和超自然理论，还领悟到了进化的真谛。“只要万物都在发展，一切就会更好”成了我的座右铭，我找到了让自己感到安心的源泉。人不是造物主一时兴起而创造的，而是从低向高进化而来的。人类追求完美的进程也没有可预见的终点。人类的脸由此转向光明；站立在阳光中，抬头仰望。

人类是一个有机体，天生就懂得拒绝糟粕，即错误的东西；懂得在尝试过后吸取精华，即正确的东西。这样一想，我们就可以认为，宇宙的建造者会让世界和人类都更好，使之摆脱了恶魔和苦痛，就像天堂中的天使所做的那样。虽然没有这样安排，人类还是被赐予了前进的力量，而不是倒退。正如世界其他地方的圣典一样，《新约》和《旧约》依然拥有很高的价值，因为其中记录了人类的过去，向人类传达了向善的教诲。正如古代书写《圣经》的作者所说，我们的思想应该关注现世的生活和职责。伟大的圣人先师孔子如是说：“务民之义，敬鬼神而远之，可谓知矣。”下辈子的事情与责任，就等到下辈子再说吧。

我只是阳光下的一颗尘埃，甚至在这个庄严、神秘、未知的宇宙中，我还要更加渺小。我变得卑微，并发现了一条真理。富兰克林说得对：“敬奉上帝的最高境界就是服务人类。”然而，这一切并不会阻止人们追求不朽的脚步。降生到来世，不会是比降临到今生更大的奇迹。已经有今生了，怎么会没有来世呢？所以，我们有理由期待永生。让我们期待吧。

第 26 章　布莱恩与哈里森

有人说，从一个人的交友就能看出他的为人，同样，从一个人讲的故事也能了解他的为人。布莱恩先生是我遇过的最会讲故事的人之一。他性格很阳光，每个场合都能讲出一个充满智慧、一针见血的故事。

布莱恩先生在约克镇（我陪同他一起去）的演说反响强烈。演讲中，他提醒人们关注英美两个英语民族之间成长起来的真挚友谊，结束时他说，希望两国之间的和平与善意能够维持很多世纪。当他把讲稿念给我听时，我当时感觉“很多”这个词非常不协调。于是我说：“国务卿先生，我能否建议改动一个词？我不喜欢‘维持很多世纪’，为什么不改为‘永世长存’呢？”

“好，太完美了！”

因此他在演讲中说道：“希望两国之间的和平与善意能够永世长存。”

从约克镇返回的途中，我们度过了一个美好的夜晚。月光下，我们坐在船尾，听着军乐队的演奏，谈到了音乐的影响。布莱恩先生说，他那时最喜欢的曲子是《越来越甜美》，他最近一次听到这曲子是在加菲尔德总统的葬礼上，是由同一支乐队演奏的。他当时觉得，人生中还没有什么像这美妙的音乐一样让他感动。所以他要求当晚就以这首曲子压轴。他和格莱斯顿都喜欢简单的音乐。他们可以欣赏贝多芬和古典大师的音乐，但是瓦格纳的音乐对他们来说则像天书一样难懂。

我问他在国会听过的最出彩的演说是哪一个，他回答说是宾夕法尼亚的德裔前州长里特尔所做的发言。当时国会正在讨论为内陆淡水供应划拨专项资金。议员们的意见出现了分歧，严格遵循宪法的议员提出这是违宪的；只有沿海的港口才归联邦政府管辖。议员们争论得非常激烈，结果难以预料。这时，令众人惊讶的是，里特尔州长用缓慢的速度第一次站了起来，场内立刻安静了下来。这位年迈的德裔前州长有什么要说的？他可从来没发过言。他简单地说："议长先生，关于宪法我知道得不多，但是我只知道，我他娘的不会支持只管海水、不管淡水的宪法。"全场爆发出一阵哄堂大笑，然后这个法案就通过了。

就这样，这项新的法案诞生了，公帑花在了最有益于民生的地方，也使陆军和海军工程队加入到这项造福于民的工程。很少有政府开支能够获得如此巨大的回报。我们也因此加强了宪法的灵活性，以满足不断增长的人口的新需求。宪法的撰写者应该允许后代人根据时代的需要对宪法进行解释。

布莱恩先生讲述的精彩故事不胜枚举，如果一定要从中选一个最出彩的，我想是下面这个故事。

在蓄奴和修建地下铁路时期，加利波利斯附近的俄亥俄河沿岸居住着一个著名的民主党人，人称"法国法官"，他对他那些反对蓄奴的朋友说，要是有黑奴穿过俄亥俄河，顺着地下铁路往北逃跑，就把黑奴带到他的办公室去。他想不明白为什么他们要逃走。

他的朋友后来真这么做了，于是他和黑奴之间有了如下对话：

法官："你从肯塔基州逃跑了。我猜是主人对你不好？"

奴隶："哦，不，法官。他非常好，是一个善良的主人。"

法官："他让你死命干活吗？"

奴隶："不，先生。我一生中从未让自己过度劳累。"

法官犹豫了一下，说道："他没让你吃饱吗？"

奴隶："在肯塔基还吃不饱？不，大人，我们吃得很好。"

法官："他没让你穿暖？"

奴隶："我觉得穿得已经很好了，法官。"

法官："你没有一个舒适的家？"

奴隶："大人，想到我在肯塔基那个漂亮的小屋，我都想哭了。"

停顿了一下，法官又说："你有一个心地善良的主人，没有过度劳累，不愁吃，不愁穿，有舒适的住所，我不明白你究竟为什么还要逃跑。"

奴隶："啊，法官，那儿在地底下，没有上面空阔。您可以自己下去看一看，就会明白了。"

法官一下子豁然开朗。正如古柏诗中所说：

自由魅力无穷，
奴隶虽知足，
却永远无法体会。

过去，有如此多的有色人种冒着巨大的风险去争取自由，这本身就最好地证明了他们将稳步发展向上，最终成为合众国的良好公民。

布莱恩先生和我们一起去了克卢尼，我从来没见他这么高兴过。他仿佛又回到了孩童时期，我们一起玩得不亦乐乎。他以前从来没有用苍蝇作诱饵钓过鱼，于是我把他带到拉甘湖去钓鱼。他刚开始很笨拙，就像所有人第一次钓鱼一样，但很快就掌握了要领。我永远不会忘记他钓到第一条鱼时的情形："亲爱的朋友，你教给了我一种新的人生乐趣。缅因州有上百个可以钓鱼的湖泊，以后假期时我就去这些湖钓鳟鱼。"

6月的克卢尼正处于极昼时期，没有黑夜，我们伴着暮光在草坪上跳舞，直到很晚很晚。布莱恩夫人、道奇小姐、布莱恩先生，还有其他的宾客都尝试着跳苏格兰里尔舞，像高地人那样大声喊叫。我们在那两周时间内尽情狂欢。过后有一天晚上，我们在纽约的家中举行了晚宴，宾客主要是那群一起去克卢尼的朋友。布莱恩先生向在场的人说，克卢尼之行让他知道了什么是真正的假期："那些时光里，平时的小事成了生活中最重要的事。"

1888年，正当布莱恩先生与我们一同乘马车旅行时，传来了哈里森被提名竞选总统的消息。其时，布莱恩伉俪、玛格丽特·布莱恩小姐、参议员黑尔伉俪、道奇小姐以及沃尔特·达姆罗施正和我们一起乘车从伦敦前往克卢尼城堡。我们从爱丁堡驶到快抵达林利思戈时，发现市长和地方官员穿着华丽的礼服正在酒店前迎接我们。我与他们在房间里交谈时，布莱恩先生走了进来，手中拿着一封电报问我这是什么意思。电报上面写着"用密码"。这是参议员埃尔金从共和党的芝加哥代表大会上发来的。布莱恩先生前一天曾发去电报说，他拒绝接受他本人获得的总统候选人提名，除非来自俄亥俄州、正在担任财政部长的谢尔曼也同意。埃尔金参议员无疑希望确定与他通信的是布莱恩先生本人，而不是其他人在插手。

我告诉布莱恩先生，参议员埃尔金曾经在我们起航前找过我，建议我们为热门的候选人设置密码。我给他提供了几个密码，并且将它们记录在一张纸条上，夹在我口袋中的笔记本里。我翻找了一下，幸运的是纸条还在。布莱恩是"维克托"，哈里森是"法宝"，新泽西州的菲尔普斯是"明星"，等等。由于布莱恩的拒绝，我给对方发去电报，上面写了"选'法宝'或'明星'"。电报于晚间发出。

之后我们就去休息了。第二天，在身穿礼袍的市政官员们的簇拥下，我们这群访客在街道上走着前往宫殿，那里彩旗飘飘，装饰得很好看。当地官员向我们致了欢迎辞，我们这一方也作了回应。在大家的请求下，布莱恩先生作了简短的致辞。这时，一封电报被递给了他："哈里森和莫顿获得提名。"[①] 菲尔普斯则拒绝了提名。就这样，布莱恩先生永远地失去了担任美国总统这一最高职位的机会，这是英语民族中最多人选举出来的职位。但是，原本被选为共和党总统候选人的其实是布莱恩先生。事后证明，是纽约州有人耍花招了，后来下一次竞选的时候这些人又企图故技重施，结果被发现并受到了惩罚。

布莱恩先生曾在哈里森的内阁中担任国务卿，成绩斐然，而促成泛美会议的召开是他最突出的功绩。我就是在这个时候获得了唯一一次政治任命，即泛美会议的美国代表。这次机会向我展示了一幅南美各共和国的有趣图景，也了解了它们亟待决绝的问题。除了巴西以外，美洲所有共和国的代表们都坐到了一起。有一天早晨，大会宣布新宪章获得通过，巴西成为新的成员国，会员国家总数达到 17 个——现在该会成员已经达到 21 个了。会场立刻爆

① 哈里森和莫顿分别获得共和党总统和副总统候选人的提名。

发出雷鸣般的掌声，代表们纷纷向巴西代表表示诚挚的欢迎。我发现，南美各国的代表们对美国这个老大哥召集会议的意图心存疑虑。南美各国表现出了明确的独立精神，我们有责任认识到这一点。我想在这个问题上我们做得很成功，但以后的政府也理应小心谨慎地尊重我们南面邻国的民族情感。我们不能企图控制它们，而是应该在完全平等的基础上达成友好合作。

会上，我坐在曼努埃尔·金塔纳的旁边，他后来成了阿根廷的总统。他对会议记录特别关注，有一天，他对上面的一个小问题很有意见，并因此与大会主席布莱恩发生了激烈的争论。我认为问题的根源是翻译过程中的错误。我站起来，悄悄溜到主席台上的布莱恩后面，低声说如果动议暂时休会的话，我肯定他们俩之间的分歧能够得到解决。他点头赞成。我回到座位上，并提出休会的动议。休会的间歇，问题得到了令人满意的解决。就笔至此，我回想起另外一个小插曲。我们正准备离开会堂，经过代表们身边时，一位代表一手搂着我，一手拍着我的胸脯大声说："卡内基先生，您心里的财富可要比口袋里的多。"他边说边指着自己的口袋。我们的南方兄弟就是如此可爱，有一说一，有二说二。温暖的气候也培育了温暖的心灵。

如前所述，1891 年，哈里森总统与我一起从华盛顿前往匹兹堡，为我向阿勒格尼市捐赠的卡内基音乐厅和图书馆揭幕。我们白天乘坐火车穿过巴尔的摩和俄亥俄，旅途非常愉快，总统先生特别喜欢沿途美不胜收的风光。到达匹兹堡时，夜幕已经降临，总统先生看见到处都是火光熊熊的高炉、浓黑的烟柱及火焰，感到非常惊奇。有人曾说过，从山顶俯瞰匹兹堡，简直是一个"开了盖的地狱"，对总统先生来说这种说法似乎颇为恰当。他是第一位访问匹兹堡的总统。不过，他的祖父、第九任总统哈里森，也曾搭乘蒸汽轮船到匹兹堡换乘运河船，然后前往华盛顿赴任。

由于总统的到来，前来观看揭幕仪式的人非常多，一切进展得很顺利。第二天早晨，总统希望看一看我们的钢铁厂。在我们的陪同下，他来到工厂，并受到了工人们的热烈欢迎。我们在工厂里巡视，我依次向总统先生介绍每个部门的经理。最后，当我介绍施瓦布先生时，总统转向我说："这是怎么回事，卡内基先生？你介绍的怎么都是男孩？"

"是的，总统先生，但你注意到他们是什么样的男孩了吗？"

"是的。每个都是能人志士。"他评论道。

他说的没错。世界上其他地方的钢铁厂很难找到像他们这样的年轻人。在没有付出任何成本，不必冒任何风险的情况下，他们就被提升为合伙人。公司给合伙人的回报与向打工仔支付的工资有着本质的不同。

总统此次的主要访问地不是匹兹堡，而是沿河而建的阿勒格尼市，这倒促成了后来的一件好事。匹兹堡的市议员们提醒我，我最先是向匹兹堡提出捐资建造图书馆和礼堂的，但是被拒绝了，然后阿勒格尼市提出是否可以捐给他们，我同意了。因此，这次总统到访阿勒格尼为图书馆和礼堂揭幕，却忽略了匹兹堡，这对匹兹堡当局来说实在是非常难堪。揭幕仪式后的第二天，匹兹堡当局再次找到我，问我是否还愿意为匹兹堡出资捐赠。如果我愿意的话，该市将接受捐赠，并承担比我过去要求的比例更高的维护费用。我非常愿意这样做，而且提出这次捐赠 100 万美元，而不是上次提出的 25 万美元。我的想法已经扩大了，于是我们开始了卡内基研究院的建设。

匹兹堡的名流们在投资艺术品上出手大方。作为一个制造业中心，它拥有自己的固定交响乐团已经很多年了，另外两个坐拥交响乐团的美国城市只有波士顿和芝加哥。此外，这里还成立了一个博物学家俱乐部和一所美术学校。能够为匹兹堡捐建一座融图书馆、美术馆、博物馆和音乐厅为一体的大楼，这是我生命中最引以为傲的成就之一。这是我的纪念碑，因为我在这里度过了青少年时光，我的事业也是从这里起步的。直到今天，对于这座浓烟笼罩的古老城市，我仍自视为她忠诚的孩子。

与我同游匹兹堡时，赫伯特·斯宾塞得知我第一次向匹兹堡捐赠图书馆遭拒之事。听说我又第二次提出捐赠，他写信给我，说他不明白我为何还愿意这样做。他自己决不会这样做，因为他们不配。我在写给这位哲学家的回信中说，如果我第一次向匹兹堡提出捐赠时，目的是得到世人的感恩戴德，而人们攻击我、指责我是为自己立丰碑、写赞歌，那么我也许会像他一样愤怒。但是，我心里所想的是匹兹堡人民的福祉，皆因我发家致富的地方就是这座城市，一些人毫无根据的质疑只会促使我更想这么做，在他们生活的地方栽下良善的种子，让他们接受更高层次的熏陶。感谢仁慈的命运之神，卡内基研究院帮我达成了这个心愿。匹兹堡的人们光荣地履行了他们的职责。

第27章　华府外交风云

哈里森总统曾经是一名军人，因此有一点儿好斗，这让他的朋友们有些担心。受加拿大政府的指令，索尔兹伯里勋爵拒绝接受解决白令海争端的布莱恩协议。得知此消息，哈里森总统反对申请仲裁，而是倾向于采取极端措施。不过，好在当时冷静的幕僚劝服了他。此外，他还决意维持针对南方的《军力动员法》。

在与智利的争吵中，总统也倾向于采取会带来战争的极端行为，人们曾经一度以为无法阻止他了。智利当局描述总统时，措辞极为不当，他个人被深深地激怒了。于是我前往华盛顿，尝试让双方和解，因为作为首届泛美会议的代表，我结识了许多南美国家的代表，并且与他们保持着良好的关系。

幸运的是，我一踏进肖汉姆酒店，就见到了密苏里州的参议员亨德森。我们都曾是泛美会议的代表。他停下来和我打招呼，望着街对面对我说："总统在召唤你呢。"

我于是走到马路对面。

"你好，卡内基，什么时候到的？"

"刚到，总统先生。我刚进酒店。"

"你来这里做什么？"

“想和您谈谈。”

“好吧，随我来，咱们边走边谈。”

总统挽着我的手臂，我们一起在黄昏时分的华盛顿街头走了一个多小时。在这期间，我们进行了热烈的讨论。我告诉他，他曾任命我为泛美会议的代表，并且在南美代表们离开时举行了一个向他们致敬的阅兵仪式。总统向他们保证，这不是要向他们宣示我们的军队力量，而是要告诉他们，我们没有军队，也不需要军队。我们是共和国家庭中的老大哥，如果有任何争议产生，我们将通过仲裁的和平方式解决。所以，在与智利这个小国发生了一点微不足道的争端后，他就威胁要诉诸战争，显然背离了上述的承诺，我感到非常惊讶和痛心。

“你是个纽约客，关心的只是生意和美元。纽约人就是这样的，一点儿也不关心共和国的尊严和荣誉。”总统说。

“总统先生，要是开战了，我可能是从中获利最多的美国人。作为最大的钢铁制造商，战争会让数百万美元流入我的口袋。”

“哦，对你来说很可能是这样，我忘了这茬。”

“总统先生，如果我要打架的话，我会找那些块头跟我差不多的人。”

“你会因为一些国家是小国，就允许他们侮辱你、诋毁你吗？”

“总统先生，除了我自己，没有人可以诋毁我的名声。荣誉的损毁都是自己造成的。”

“你知道，我们的水手在岸边受到袭击，其中两个被杀害了。这你也能容忍吗？”他问。

“总统先生，我并不认为美国的荣誉会因为醉酒的水手发生了争吵就受损。他们也根本不是美国水手，他们是外国人，您从他们的名字就能判断出来。如果是我，我会解雇船长，因为在当地发生骚乱，治安不能保证的时候，他还允许水手到岸上去。”

我们就这样聊着，直到天黑了，我们走到白宫门前才结束。总统告诉我，他当晚要外出赴宴，但他邀请我第二天晚上与他一起用膳。他说只会有他的家人在，我们可以一起谈谈。

“我感到非常荣幸，明天晚上见。”我说。我们就这样道别了。

第二天早上，我去找彼时的国务卿布莱恩先生。他从座位上站起来，伸出双手欢迎我。

“哎，昨晚你为什么不来和我们共进晚餐呢？当总统告诉布莱恩夫人你昨天就在华府时，她说：‘想一想，卡内基先生就在城里，而我们家饭桌有个空位置，他本可以坐在那儿和我们一起享用晚餐的。’”

“是这样的，布莱恩先生，昨天我没遇到你，可以说是一种幸运。”我回答。然后，我把我与总统会面交谈的过程告诉了他。

“是的，”他说，“真幸运。否则，总统可能会以为你我是串通一气的。”

西弗吉尼亚州的参议员埃尔金斯是布莱恩先生的挚友，同时也是总统的好友。这时他恰巧进来了，说他刚见过总统。总统告诉他，前一天晚上他和我谈了智利事件，谈话过程中我的主张非常强烈。

“总统先生，”埃尔金斯参议员说，“卡内基先生跟您说话很可能不会像对我那么直白。虽然他的情绪非常激烈，但是对着您，他肯定还是有所收敛的。”

总统回答说：“我丝毫没有发现收敛的迹象，我向你保证。”

这次争端的处理方式后来得以调整，要归功于布莱恩先生的和平外交政策。据我本人所知，他不止一次地避免了美国卷入外事纠纷。他对外的形象一直是一个争强好斗的美国人，所以他所做出的让步人们往往愿意接受，换作别人就是另外一回事了。

第二天晚上，我和总统一起就餐时，我们友好地聊了很久，但他的身体状况看起来欠佳。我斗胆向他进言，他需要好好休息。不管怎样，他都应该抽身离开，去安养一段时间。他说他原本打算乘坐缉私船出海几天，但最高法院的布拉德利大法官刚刚去世，他需要找到一位继任者。我说有一个人合适，但我不能举亲为贤，因为我们是曾经一起垂钓过的密友，不能公正地评判彼此。但是，总统可以打听一下他——匹兹堡的施拉斯先生。他这么做了，并且最后任命了施拉斯为大法官。施拉斯先生无论在哪里都能得到杰出人士最强有力的支持。要是哈里森总统不认为施拉斯先生是理想人选，那么无论是我，还是任何其他人的举荐，都不可能促成此次任命。

在解决白令海争端的过程中，索尔兹伯里勋爵的出尔反尔点燃了总统的怒火，勋爵本来已经同意了解决争端的协议条款，但是后来又拒绝接受。加拿大一方转而建议将问题提交仲裁庭，总统先生于是决心拒绝接受这一提议。在这一点上，布莱恩先生与总统的立场是一致的。对于布莱恩原先提出的方案，索尔兹伯里勋爵曾通过他的大使表示赞同，现在却又弃之不顾，布莱恩自然愤愤不平。我发现总统和布莱恩两人都无心妥协了，不过，总统的情绪更为激烈一些。我找布莱恩单独聊了这件事，向他解释索尔兹伯里的无能为力。面对加拿大的抗议，他不能强迫加国接受他之前贸然同意的条款。除此之外，索尔兹伯里手上还有英国与其殖民地纽芬兰的争端需要解决，纽芬兰坚持解决方案必须对他们有利。

纽芬兰已经不满了，英国政府不希望同时还惹恼加拿大。索尔兹伯里已经尽力了。和我谈了一阵之后，布莱恩最终相信了我的说法，并成功地说服了总统。

白令海争端带来了一些相当有趣的场面。有一天，加拿大总理约翰·麦克唐纳爵士一行抵达华盛顿，并请求布莱恩先生安排他们与总统会面，就白令海问题展开会谈。布莱恩先生回答说，他会去告诉总统，并在第二天早上把结果告知约翰爵士。

“当然，”后来布莱恩先生在华盛顿向我讲述了事情的经过，“我很清楚，总统不能在官方场合会见约翰爵士和他的朋友们。这一点他们到埠时我就告诉他们了。”约翰爵士则说，加拿大是独立的，“正如纽约州在美国联邦中拥有主权”。布莱恩先生打比方说，如果纽约州政府当局私自与加拿大总理会面，那么恐怕华府一定会颇有微词，还会引起纽约州当局部分人的不悦。同样，如果加拿大当局私自与美国总统会面，作为宗主国的英国也会不满。

由于总统和布莱恩先生现在都确信，英国政府不会履行原先提出的协议，所以他们只好接受索尔兹伯里申请仲裁的建议，并相信后者已经倾尽全力了。当然，布莱恩先生对此大失所望。他曾提议，英美两国各向白令海派出两艘船，双方在登船或者逮捕渔船方面的权力完全平等，不管渔船挂的是两国中哪一方的国旗。这实际上是组建了联合巡查执法队。不过值得认可的是，索尔兹伯里得知这个提议后曾发电报给英国大使朱利安·庞斯福特爵士，让他转告布莱恩先生这是一个“绝妙的主意”。我讲述这一段，是想说明，才干出众、热诚寻求合作的政治家有时并不能得偿所愿。

布莱恩先生确实是一位伟大的政治家，视野广阔、判断精准，并且总是倡导和平。在智利争端、《军力动员法》以及白令海问题上，他都表现得冷静、睿智，并且追求和平。他特别赞成英语国家之间的紧密合作。对于法国，他对其在美国独立战争中发挥的作用无比感激，但是这并没有让他失去理智的判断。

有一次在伦敦的晚宴上，布莱恩先生差点和人争吵起来。宴会上有人提到了英美之间的《克莱顿—布尔沃条约》，在场的一位英方高官说，此事给他们的印象是，布莱恩先生对英国这个祖国似乎不太友好。布莱恩先生对此予以否认，他对英国没有不敬，至少我认识的他是这样的。有人又以他在《克莱顿—布尔沃条约》问题上的书信为例加以说明。布莱恩先生回应说："我成为国务卿之后，必须处理此事，而我惊讶地发现，贵国的外交大臣总是在通知我们，女王陛下'期待'着什么，而我们的国务卿总是回复说，我们的总统'斗胆希望'什么。所以，当我收到这样一封电报，告诉我们女王陛下'期待'什么时，我就在回复中说我们的总统也'期待'什么。"

"那你就是承认改变了信件中的措辞喽？"有人朝他嚷嚷。

布莱恩闪电般地快速作出反击："这只是根据国情变化而作出的调整。一个国家对我们说'期待'什么，而美国只能说'斗胆希望'的阶段已经过去了。我们也只是效仿你们而已，如果哪天女王陛下说'斗胆希望'了，我们的总统也会采用同样的措辞。只要你们还是用'期待'，恐怕美国也会回敬你们'期待'。"

在一次晚宴上，约瑟夫·张伯伦先生和苏格兰钢铁公司总裁查尔斯·坦南特爵士都是座上宾。那天晚上，约瑟夫·张伯伦先生说他的朋友卡内基是一个好人，卡内基能成功他们都很高兴，但他们不明白美国为什么每年要给他价值 100 万英镑的保护费，甚至更多，来让他生产钢轨。

布莱恩先生说："哦，我们可不是这样看的。我对铁路非常感兴趣，而我们以前是以每吨90美元的价格向你们购进钢轨的，一分都没得少。现在，就在我起航离开美国之前，我们刚与我们的朋友卡内基先生签了一份购买钢轨的大合同，每吨的价格才30美元。我想，如果卡内基先生他们没有冒险在大西洋的这边投资钢轨制造，我们现在还要以90美元一吨的价格跟你们买。"

查尔斯爵士这时开口了："这是肯定的。90美元是我们商定好给你们外国人的价格。"

布莱恩先生笑着说："张伯伦先生，恐怕您对卡内基先生的指控不成立了。"

"没错，"他回答说，"查尔斯爵士这样出卖我，我能成功吗？"大家都笑了。

布莱恩是一个少见的故事大王，并且他讲述的轶事还有一个优点：我从未发现他讲的故事或遣词让听众，即使是极其挑剔的听众，感到过分或不妥当。他的反应如同捕兽夹一样快速，是一个令人愉快的同伴，而且他本来可以成为一个卓越而沉稳的总统。我发觉他十分保守，强烈支持用和平方式解决所有的国际事务。

第 28 章　约翰·海伊与麦金莱

当我在英格兰或苏格兰的时候，约翰·海伊是家中的常客。1898 年，就在他去斯基伯探望我们的前夜，麦金莱总统紧急召其回国出任国务卿一职。约翰·海伊志存高远，一向以充分的自信与绝对的真诚激励着身边人。他厌恶战争，认为战争是“人类最残忍、最愚蠢的行为”。不过，他的履职记录极少出现在那届政府的历史档案中。

约翰·海伊、亨利·怀特（时任使馆秘书，后任驻法大使）和我三人在伦敦会面的时候，菲律宾诸岛合并问题正巧是举国上下关注的焦点。那时我正准备启程去往纽约。在伦敦海伊的办公室里，我们三人一拍即合；交流中，我惊喜地发现三人的观点非常一致：菲律宾诸岛问题的处理严重背离了美国的传统政策，因为美国一向不主张对远离国土的地区实行殖民扩张，合众国的势力范围其实可以止步于北美大陆，当务之急是防止国家卷入军国主义的漩涡。此前，海伊曾就此议题给我写过一封短信。信文如下：

伦敦，1898 年 8 月 22 日

我亲爱的卡内基：

感谢您在斯基伯的热情款待，同时也感谢您在信中的亲切问候。上周，我读着您的来信时是那么诚惶诚恐，因为信中您不胜枚举的亲切祝福与善意赞赏仿佛是在谈论另一个人。尽管我自己很期待这份出任国务卿的工作，但我更期待在最后卸任之时自己依旧还能够保持一颗善良之心。

我怀着浓厚的兴趣拜读了您在《北美人》杂志上发表的文章。不过，以我目前的认识，我无法赞同您的观点。当前我所关注的唯一问题就是：我们现在从菲律宾撤军的可能性有多大。如果这个问题不是我的当务之急的话，那可真是谢天谢地了。

可是，造化弄人，他想逃避，这个重任却偏偏压在了他头上。

履新之初，在中国义和团问题上他坚持友善对待，并且成功签下了机会均等的和平公约。鉴于英美之间的血缘、种族的渊源关系，他极其重视两国之间的交往。总统非常支持他的这一观点，且对英国深表感激，因为在古巴战争这一议题上，唯有英国站在美国一边，而其他欧洲国家纷纷支持西班牙。英国的立场缓解了美国外交的巨大压力。

就巴拿马运河运作而签署的《海伊—庞斯福特条约》，国人纷纷表达不满。埃尔金斯议员告诉我，就在他要就该问题发表讲话的当天，他有幸读到了我在《纽约论坛报》发表的反对文章，文章所述观点对他的讲话有很大启发。文章发表后不久，我便去了华盛顿。早上，在同汉纳议员一起抵达白宫后，我发现总统正纠结于参议院所提交的条约修正稿。我告诉总统，英国对参议院的要求无疑会持默许态度。我们为这项工作提供了资金，而英国则是我们以外最大的受益者,他们没有任何理由反对我们。

其时,汉纳问我早前有没有见过“约翰”,他与麦金莱总统总是这样称呼海伊先生。我说还没有呢,他便提议要我过去会会他,给他些鼓劲,因为那会儿他正为参议院的修正案而愁肠满结。我找到海伊先生,提醒他参议院之前修改过的《克莱顿—布尔沃条约》到后来几乎无人知晓,也没人关心那件事。虽然《海伊—庞斯福特条约》也会依照修正案来执行,但不会有人在意它的原来面目的。他对此持有疑虑,认为英国会因为让步而感到尴尬。可是此后不久,我与他一起吃饭时,他惊叹我真是个预言家,因为如我所料,一切进展得很顺利。

事实上,英国非常希望我们修建这条运河,而且愿意为此承担任何义务。这条运河不应该是别国的,它就应该是属于美国的,它的修建和开通不该掺杂任何外部力量因素。也许,那时修建这条运河基本上是无利可图,但这总比花费三四百万美元修建一个毁灭性的海上怪物去进攻假想敌要有意义得多。运河的修建可能会造成损失,但建造海上怪物则有可能会成为一场战争的始作俑者。因为“一旦瞥见罪恶的工具,人类的作恶随即而生”。

海伊先生极其讨厌参议院。在那里,只有在那里,他讨厌其中的繁文缛节。例如,在1905年,有一个关于“仲裁条约”的提议,参议院只是为了将“条约”一词改换成“协议”便大费周章,海伊先生对此极为不满,我个人认为当时他情绪波动源于他欠佳的身体状况,因为那会儿身边的好友都明白他的健康状态大不如前。

我还记得最后一次见海伊先生,是在他家用午餐的时候。当时,已被参议院修改过的仲裁条约正等待罗斯福总统最后的批复。以前任国务卿福斯特为首的仲裁委员会,极力劝说总统接受修改条约的意见。原本我感觉海伊先生应该对此持赞同态度的,但经过一番交谈我发现,如果总统签署了这一协议,那将是对海伊先生的莫大刺激。而若总统驳回仲裁条约的话,毫无疑问,这对饱受病痛折磨的海伊先生来说是个巨大的安慰。对于我,实在是不忍伤害朋友,伤害他那高贵的灵魂。可是在条约修改这件事上,海伊十分顽固,绝不轻易妥协。离开他家时,我对夫人说,我们有可能再也见不到我们的朋友海伊先生了。结果,我们真的从此阴阳相隔。

作为主席兼理事,海伊先生对创办华盛顿卡内基研究所给予了巨大的支持与殷切的关注,为研究所的发展作出过许多英明的决策。由于政治家的身份,他在较短时间内便积累了盛誉和人脉,这可不是所有公众人物都可获得的。我一直保存着他写的一封简信,信中他对我的文采给予了极高的赞誉,这完全是他极其可爱单纯的性格使然,否则不可能对朋友那么"过分"热情。行文至此,我心情无比沉重,因为他已经离我远去。

西班牙战争起因于对古巴革命战争传闻所导致的恐慌。麦金莱总统试图极力避免战争的爆发。当时,西班牙驻美大使已经离开华盛顿,出于和谈继续进行的目的,法国大使作为西班牙方面的代表参与了谈判。西班牙代表提出古巴应当拥有自治的权利,而总统则说他不明白"自治"到底是怎么回事,他只是希望古巴能够享有和加拿大一样的权利,这就是他对"自治"的理解。法国大使给总统看了一份电报,上面表示西班牙已经同意总统所述条件。就这样,我们亲爱的总统以为问题都已经解决了。而事实是,情况并非如此简单。

在纽约期间,参议院议长里德通常会在周日的早上来看望我。那时,我刚从欧洲回国不久,他打电话跟我说,参议院出现了前所未有的失控状况。有那么一阵子，他考虑过辞职，从而给予参议员发言权，以此平息事态。可这根本行不通，尽管总统已经从西班牙方面获悉古巴自治的保证书。唉，太晚了！一切为时太晚了！

“西班牙人究竟在干些什么？”国会里的质疑毫不客气。国会中，众多的共和党与民主党议员们都一直要求采取战争手段来解决问题。愤怒的情绪旋风般充斥着整个白宫，而哈瓦那港“缅因”号的不幸被炸，则无疑加剧了这愤怒情绪的蔓延。有些人认为这是西班牙人干的，因为西班牙人的作战能力和动机昭然若揭。

开战！普罗科特在参议院讲述了自己在古巴集中营看到的景象，议员们震惊了，对西班牙的愤怒抗议声不绝于耳。“西班牙人来这里到底要干什么？”麦金莱总统的和平外交政策被彻底推倒，总统唯一能做的就是顺应民意——开战。政府宣布这场战争的目的不是扩张领土，而是兑现对古巴人民的承诺——古巴独立。这是此次战争唯一令人欣慰的因素，我们必须谨记这一点。

可是，由于对菲律宾的占领，这场战争留下了一个污点。仅仅花去2000万美元，他们就把菲律宾从西班牙人手里夺了过来，而且夺得了菲律宾的主权和领地，并且在交战过程中，当地菲律宾人和我们并肩作战，反而成为了对抗西班牙人的同盟军。依据总统的电传授意，内阁只是要求在菲律宾建造一座煤炭站，据说这也是巴黎和平委员会的最初建议。麦金莱总统在西部巡回演说，每当他谈及国旗和德威在菲律宾的胜利，台下便欢呼一片。回程路上，总统深感撤兵是不顺应民意的，于是他开始改变先前的政策。内阁成员们均反对总统这一出尔反尔的做法。有位议员告诉我说，戴伊法官以和平委员会成员的身份从巴黎和会上发回一封电报。如果电文可以发表的话，真可以与华盛顿总统的“告别演说”相媲美。电文写得真好。

当时的内阁成员科尼利厄斯·N.布利斯给我来电,请我去华盛顿见一见总统。他说:“你对他有影响力,自他从西部回来后,我们就没人能劝说他了。”

我去华盛顿面见了总统,但是他依旧固执己见,他认为撤兵会引发国内革命。最后,他去劝说他的部长们,说他不得不屈从民意,并坚持这只是暂时性的占领,会有撤兵的办法。听了他一席话,内阁只好作出让步。

总统任命康奈尔大学校长舒尔曼为和平委员会主席,前往菲律宾考察。舒尔曼校长曾经对侵占持反对态度。不久,塔夫脱大法官也受命作为主管官员前往菲律宾,他曾经强烈反对美国的武力政策。法官对于总统派反战人士前往菲律宾颇感奇怪,但总统告诉他这正是派遣的原因。一切都进行得很顺利。是放弃侵占,还是向西班牙购买?这很快就会有个了结。

以布莱恩的能力,他完全能够阻止合约中有关“支付西班牙2000万美元”这一条款在国会获得通过。我去了华盛顿,以期能对问题的解决有所帮助,所以一直在那等待着投票表决。当时,布莱恩建议他的朋友们通过条约,这正好可以给共和党一个难堪,因为任何支持“支付西班牙2000万美元”的党派都会在选举中落败。不过,布莱恩党派中还是有七位忠实成员投票反对侵占菲律宾。

在纽约时,布莱恩曾打电话找我商议“购买菲律宾”的问题,很明显我持反对意见。所以一抵达奥马哈,我就向他详细说明当时的局势,并希望他能够影响众人作出决断。但他的回复依旧还是那样:促使共和党通过这一条约,从而让他们在民众面前难堪。我对他完全失望了,他这样做只顾及了狭隘的党派利益,却忽视了国家的信誉，这太令人遗憾了！表决的时候，赞成票与反对票的票数持平，所以主席的一票是决定性的，当时布莱恩的一句话就可以将国家从灾难中拯救出来。此后多年，我一直对他耿耿于怀，为了党派利益，他置国家与个人信誉于不顾。

投票之后我立即前去面见总统。我告诉他，他应该感谢布莱恩先生，正是他成全了总统的胜利。于总统而言，殖民数千公里之外的菲律宾可是一个新课题。这于美国所有政治家都是一个新课题，因为他们尚不清楚其中所包含的风险与麻烦。殖民菲律宾最终将美国卷入了一个军国主义的漩涡，从而不得不竭力扩大海军阵容。如此之大的变局，仅仅只是源于一位政治家的一念之差。

数周之前（1907 年），在白宫与罗斯福总统的晚宴上，他说道："在所有美国人当中，最想从菲律宾这片泥沼中脱身的莫过于我俩。"他一边说着，一边指着他自己和国务卿塔夫脱。

"那为什么当时你不坚持和解呢？"我回应道，"要是那样的话，美国人民真的是会欢呼雀跃的。"

可是，无论是总统还是塔夫脱法官，他们都认为职责要求美国的首要要务是为菲律宾群岛的自治做好准备。其实，这就是行事策略而已："在你学会游泳之前先不要下水"；但是，人们终究是要下水的。

有人极力主张说，即使我们不去占领菲律宾，德国人迟早也会这样做的。但是，霸权主义者从来不会想到：英国人同意了德国人在澳门建立海军基地，与英国人在东方的枢纽比邻。这也就意味着，英国人还会同意德国在金斯顿，以及距离利物浦只有 80 英里之遥的爱尔兰再建几个海军基地。我很惊讶于居然有人，诸如塔夫脱法官之类，在事件之初对占领持反对意见，但在木已成舟之后,又反过来找寻种种借口为行动开脱。在外交关系这一点上,我们知之甚少。幸好我们还是个统一的国家。假如有那么一天我们的国家四分五裂了,这该多么令人悲哀!

第 29 章　面见德国皇帝

我首次就任圣安德鲁斯大学名誉校长时发表了就职演说，演说引起了德皇的注意。他让巴林先生去到纽约给我捎话：他仔细阅读了我的演讲词，可谓是字斟句酌。同时我还收到了他在其长子献祭仪式上发表的演讲，还有一封邀我见面的信函。不过，直到1907 年 7 月，我在夫人的陪同下才得以赴约。我们先抵达基尔，美国驻德国大使塔沃先生与夫人在那里迎候我们，给予我们友善热情的接待。我们在那里待了三天；通过塔沃夫妇的引荐，我们结识了好些德国名流。

第一天上午，塔沃先生带领我们参观德皇的游艇。当时我完全没有预料德皇就在船上。一看到塔沃先生，德皇便走了过来，询问为什么这么早便来上船了，塔沃解释说要带我来做些登记，并告知我就在船上。德皇问道："为什么不让他直接过来呢？我现在就想见他。"

当时我正在与组织会议的海军上将交谈，没有注意到德皇和塔沃先生已经从我身后走来。有人拍了一下我的肩膀，我转过身来："卡内基先生，这是皇帝陛下。"

我愣了一下，这才意识到站在我面前的就是德皇。我赶紧伸出双手，大声道："这真是太巧了，我刚才还在想着该怎样才能见到您呢，没想到不经过任何缛节形式陛下就从天而降了。"

我接着说道："陛下，我花了两天时间来说服自己接受您热情的邀请。之前我还从来没有见过任何一位头戴王冠的君主呢。"

德皇笑了，笑容里透着十足的魅力。

"噢！我读过你的书，你不喜欢君主。"

"是的，我不喜欢君主，但是如果在君主头衔下面的是一个真实的人，我会喜欢他的。"

"我还知道你喜欢一位君主，苏格兰的国王罗伯特·布鲁斯。你知道吗？自打年轻时起，他就是我心目中的英雄，我的楷模。"

"是的，陛下，我喜欢这样的君主，他长眠于我的故乡丹弗姆林大教堂。童年的时候，我常常去到教堂那高耸的纪念碑下，那里的每一块石头都洋溢着我们天主教徒的热忱，石头上都刻有'罗伯特·布鲁斯国王'几个字。布鲁斯不仅是一位国王，他还是人民的领袖；而华莱士则是人民的英雄。陛下，现在我拥有了丹弗姆林的马尔科姆国王塔，您尊贵的血统也源自苏格兰，也许你会唱那首古老的民谣吧？《帕特里克·斯彭斯骑士》：国王坐在丹弗姆林塔上喝着血红的葡萄酒。

"希望某天能有幸陪您去看看那座塔，那座纪念您祖先的塔。"

"那太好了，"他爽朗地说道，"苏格兰人比德意志人更加睿智、聪明。德国人太迟钝了。"

"陛下，在涉及苏格兰人的问题上，您可不是个公正的判官。"

一听此言，他大笑起来，邀请道："今晚，你来和我一起共进晚餐吧。"说罢，他挥手作别，向前来问候的海军上将致意。

大约六十人出席了晚宴，席间气氛轻松愉悦，大伙儿都很尽兴。德皇就坐在我对面，他频频邀我举杯，与我共饮。之后又和坐在他右边的美国驻德国大使塔沃把酒共欢。敬酒完毕，他朝着桌对面的我问道（当时旁边的人都听见了）："你是否告诉过比洛王子（他就坐在我的旁边），皇帝心目中的英雄布鲁斯就长眠于你的家乡丹弗姆林，而他的祖辈在皮滕克利夫河谷建造的高塔后来成了你的财产？"

"没有，陛下，恕我直言，我与您的大法官先生交谈的内容，都是十分严肃而有意义的事。"

有一天晚上，我们与格莱特夫人在她的游艇上就餐，皇帝陛下也在。我告诉陛下，罗斯福总统希望尽快与他会面。总统认为，两国元首的尽快会晤将会为两国关系深入发展带来新契机，对此我也深表赞同。德皇同意了这一请求，并表示他热切盼望着与罗斯福总统的会晤，希望总统在合适的时机来德国访问。我建议道："既然陛下不受宪法的约束，为何不去美国会晤罗斯福总统呢？"

"哦，但是我的国家需要我待在这儿，我怎么能离开呢？"

"有一年，"我对陛下说道，"我要离家外出一段时间，出发之前，我要到厂里去和管理人员们道别，当时我对他们说，'我十分抱歉将所有的艰苦工作都留给你们，让你们在骄阳下挥汗如雨。但是我每年都必须休息，不论有多累，只要靠在邮轮的船头待上半个小时，望一阵那大西洋的惊涛骇浪，我就会感到无比放松。'而我那聪明的经理'琼斯船长'则说道，'嘿，老伙计，我想这下我们也能放松了。'也许对您和您的人民也是如此，陛下。"

德皇会心地大笑起来，于是我们又开始了一个新的话题。陛下再一次提及了他想见罗斯福总统的愿望。我说道："陛下，当你们双方会晤的时候，我必须保证我在您的身边，说不定你们俩会争论不休呢。”

“哦，你想把我们拉拢在一起？这样吧，我答应你让罗斯福那匹马先跑，我一定会紧紧跟上。”

“哦，不不，陛下。让两匹没有经过训练的小马一前一后地跑并非我的强项。和头马做交易这种事儿我是不会干的，我必须给你们都带上马嚼子，由我驾着，让你们齐头并进。”

我从未见过有谁像德皇这般喜欢讲故事的，他是一个很好的伙伴，一个真诚的人，同时也是一个热切期盼世界和平与进步的人。他坚信和平的准则。他很珍视这样一个事实，那就是他在位的二十四年里，他没有促使人类流血。他认为德国海军太羸弱了，根本就不足以和英军对垒。但依我之见，大规模扩建德国海军并没有太大的必要。比洛王子也是这么认为的。我认为德国并不是世界和平的威胁，和平的国际环境对它是有利的，努力发展工业才是它的目标所在。

我委托德国大使施坦贝格男爵为德皇带去《罗斯福的政策》一书。此前，我曾为这本书写过一篇书评，总统颇为欣赏，还特地给我来信。我认为德皇不仅仅是一个好皇帝，还是一个关心人类现状与未来，且竭尽全力提倡节俭热爱和平的政治家。我相信，他一直都在为世界和平做着不懈的努力。

此前好长一段时间我总有种直觉，认为德皇就是天赐的君主。而我与他的会面则强化了我的感触。我热切期盼他能有一番杰出的成就，以促进人类的进步和发展。他有能力这样做，他的所作所为必将名垂青史。这二十七年来，德国在他的统治下一直保持平稳的发展，只可惜他还未有采取积极的行动搭建起文明国家之间的和平之桥。人们显然对他有更高的期许，因为仅有德国的和平局面是远远不够的，人们更加期待他在国际纠纷中发挥仲裁的作用。不过，在历史的长河中，人们可以拭目以待：他究竟只是一个只能在自己的国家建立和平的君主？还是一位护卫大国之间和平的使者？时间可以见证一切。

前年（1912年），在柏林宏伟的宫殿里，我站立在德皇的跟前，向他呈递美国人民的贺信，祝贺他登基二十五周年，那时，他的双手还没有沾满人类战争的鲜血。当我向他递上装有贺信的匣子时，他认出了我，并伸出双手向我表示欢迎，说道：“卡内基，二十五年的和平，我们期待更多。”

情不自禁地，我应声而答：“在这崇高的使命里，您是我们同盟的首领。”

顷刻，他沉默了，一动不动。贺信在官员们的手里一一传递着，最后落在了桌子上。接下来，他谈到了世界和平的话题；在我看来，如果不是被裹挟在军人政治集团当中，他本来是愿意，而且还是能够维护世界和平局面的。但是作为一个世袭君主，他不可避免地受到特权阶层的左右，只要君主制度存在，这个阶层就会存在。只有消灭了军国主义，世界方可太平。

而今（1914年），执笔至此，世界格局已然大变！前所未有的战火硝烟弥漫着整个世界！人类如野兽般互相残杀。即便如此，我依旧怀抱和平的愿景。就在最近，另一位人物走上了这个世界的舞台，他有可能向世人证实其名垂青史的不朽。他，就是我们这个合众国的现任总统威尔逊，那个在巴拿马运河争端中竭力为国家荣誉辩护的人。他是个百折不挠的天才，他是我们真正的希望所在：“国王可以成为上帝，而平民百姓则可以成为国王。”

对于天才而言，一切皆有可能！威尔逊总统，我们拭目以待！他的血脉里流淌着苏格兰人的血液。

（原稿在此戛然而止）

财富的福音

如何恰当地处置财富，是我们当今这个时代所面临的难题，因为这个问题关系到富人和穷人之间的和谐共处和手足情谊的延续。数百年来，我们人类的生存环境不仅发生了改变，而且是彻底的变革。以往，主仆之间在衣、食、住及生活状况等方面几乎无甚分别。今天的印第安人就如同我们当年的文明状态。在参访印第安苏族人的时候，我在他们的棚屋里见到了族长。就外表而言，族长和其他人别无二致，甚至与那些最为贫穷的勇士之间也无甚差别。然而，在当下的美国，百万富翁的宫廷与工人的寒舍之间的反差，正衡量着文明的发展所带来的改变。遗憾的是，这样的反差并没有引发人们的谴责，反倒被认为非常有益而受到追捧。某些房屋是为锻造文学艺术辉煌成就的有为之士所建，为创造人类文明的劳动者所拥有，这绝对是我们人类有所进步的关键。这种巨大的不规则性，远比普遍的道德败坏要好得多。没有财富，就不可能产生梅塞纳斯[①]。“美好的过去时光”也不可能“美好”。那时的主仆不可能拥有如今的良好处境。无论是富人还是穷人，回到荒蛮

① 盖乌斯·梅塞纳斯（Gaius Cilnius Maecenas，前70—前8），罗马帝国皇帝奥古斯都的谋臣、著名的外交家，被誉为诗人、艺术家的保护人。

时代都是灾难性的,因为文明有可能殆尽;而这样的结局绝对不只限于穷人。所以,社会变革是否朝着好的方向发展,这完全取决于我们,取决于我们超越自己的力量去修正并被接受,从而加以最好地利用。责难社会发展的必然结果是浪费时间。

显而易见,社会变革已经来临。例证比比皆是,我们的制造业就足以说明问题。这个科学时代的发明创造不断涌现,促使制造业渗透到各行各业。以往,物品都是在家庭作坊的炉灶边,或是在家里的小店铺里制造出来的。师徒们并肩劳作,徒弟就住在师傅的家里,所以他们的生活条件一模一样。当学徒成长为师傅,其生活方式还是没有改变,只不过是再重复当年师傅的运作,向后来的徒弟传授技艺。这实质上就是社会平等,甚至是政治平等,因为这些从事工业活动的人那时甚少有在国家中发表意见的机会。

这种方式生产出来的物品必定是粗糙的,而且价格昂贵。而我们这个时代的商品却具备了优良的质地,而且售价低廉得会令我们的前人感觉不可思议。在商业世界里,人们生产着同类产品,之间的竞争反倒让消费者受益了,因而昔日富人享受之物今天的穷人也买得起了,昔日的奢侈品已经演变成当今人们的日常必需品。较之上几代的农民,今天工人的日子要舒适得多,而今天的农民则比以前的地主享有更多的奢华,他们衣着华丽,居住环境优雅。而农场主呢,他们比过去的国王拥有更为珍稀的书籍和画作,宴会约请则显得更加优雅气派。

毫无疑问,这样的社会变革虽有益于民众,但所付出的代价也是巨大的。工厂里、矿山中聚集了数以万计的劳动者,他们和雇主之间几乎没有沟通,老板之于他们简直就是神话故事里的虚幻,双方之间没有任何的交集。如此,便造成了冷冰冰的阶层等级区分;

人与人之间的冷漠关系往往导致双方的信任缺失，而各个阶层之间没有任何感同身受可言，仅有的就是相互的蔑视。在竞争的态势下，成千上万的老板被迫陷进最为苛刻的经济法则，其中付给工人的薪资水平成为重要问题。如此一来，劳资双方、雇主与雇员、富人与穷人之间摩擦不断。人类社会失去了同质性。

正如我们为廉价的舒适、奢华所付出的代价，我们为竞争的游戏规则所付出的代价同样是巨大的。不过，相对于竞争的成本而言，竞争的利益还是要大一些，因为它促使了物质条件的飞速发展，改良了人类的生存环境。但是，不管竞争是良性还是恶性，我们必须意识到：人类的生存环境业已改变，我们无法逃避；迄今没有任何方式可以取代；尽管相对于某个个体，竞争的丛林法则有时候过于冷酷，但它确是最佳的竞争方案，因为它确保了适者生存。因而，我们认同它、接纳它，不仅把它看作是有益的，而且还是我们人类未来发展进步的关键所在，从而适应周遭的不平等性，诸如集中在少数人手中的商机、行业垄断等等。只有认同了这样的观点，我们才有可能在很大程度上让具备特殊才能的商人和制造商淋漓尽致地发挥作用。事实证明，无论在何地，无论是处于何种法律法规框架或生存条件下，这些领域的天才往往总是能够得到丰厚的回报。而在芸芸众生当中，这一类人是极为稀有的。独具慧眼的伯乐，往往会不惜代价将此类人才作为合作伙伴的首选，因为能干的人很快就会为他创造财富，而假若选用庸才的话，运作资本旋即就会不翼而飞。公司或企业的人才会着眼于巨资的运作，而且仅仅专注于业已投资的项目，理所当然的，他们的薪酬必定会高出自身的付出，其财富也必定得以积累。此类人才的表现不可能处于中游地带，他们要么向前冲，要么往后退，原地踏步是绝对不可以的,因为不赚钱的公司或企业最终结局就是破产倒闭。他们的表现关系到成败,因而他们只有赚钱,不仅要赚回资本的利息,还要创造利润。这就是人们所谓的定律,即在自由经济力量的驱动下,拥有特殊技能人才的老板很快就可以收回成本,而且赚得盆满钵满。这一定律对其他人也是有益的。

反对这些社会赖以立足的根基是站不住脚的,因为较之其他任何曾经尝试过的运作规则,有了这些根基,民众的生活环境要好得多。至于说其他任何新的替代模式,我们还不能肯定是否奏效。那些试图推翻现状的社会学者,或者是无政府主义者,其实就是在攻击文明赖以生存的基石,因为文明是在这样的时候诞生的:勤勉能干之人告诫他慵懒无能的工友"一分耕耘,一分收获";不劳而获是行不通的,只有将雄蜂从蜂群中分离出来,原始共产主义方可销声匿迹。一旦认清这个原则,人们很快就会面对这样的结论:物质文明的神圣性,就在于劳动者可以自由支配他自己的银行存款,在于百万富翁有权处置他的财富。如果人类社会要向前发展,哪怕就是保持目前的状态,每个人也都必须被允许"无忧无虑地坐在葡萄藤和无花果树下"享受人生。我们可以这样回答那些主张以原始共产主义取代激进个人主义的人:人类已经尝试过原始共产主义模式了,但没有成功。正是个人主义取代了前者,才得以摈弃了以往的野蛮时代。正是凭着那些能人努力所积累的财富,我们人类才过上美好而非不幸的生活。假使我们抛弃当前的基石,即个人主义,那么人类的生活是否会更加美好呢?人类崇高的生存之道是:人人理当劳作,不仅仅是为了自己,而且是为了他的兄弟姐妹,和他们一起分享所有的劳动果实,从而实现瑞典学者斯韦登伯格的天堂理想——在那里,天使们的幸福并非源于自己的劳作，而是来自分享果实的快乐。即使我们接纳这样的理想，那上述问题的答案就是：这并非进化而是革命。退一步来说，假设抛弃个人主义的生存之道会使人类的生活更加美好（这一点我们无法知晓），那么人类就必须改变其永世劳作这一天然属性。

在当前或是我们这个时代，这是不现实的。虽然理论上非常诱人，但它属于另一个长久成功的社会阶层。我们当前的责任就是为当下、为下一代探究可行之路。如果在现有条件下，我们将人类之树朝着能够结出良果的方向推一把，结果无疑是最有利的，而要是我们浪费精力把之前建立起来的人类文明连根拔起的话，无异于是一种犯罪。赞成毁灭个人主义、私有制、财富积累定律以及竞争定律，就如同因为一个人达不到我们理想中的形象而要毁灭他，即便他已经是有史以来人类的最高存在形式。这些定律都是人类实践的最高成果，它们形成的土壤催生出了目前为止最优越的社会形态。这些定律的运转尽管在理想主义者看来有时似乎还不够完美，但是先勿论公平与否，它们已然是人类目前所实现的最优秀、最宝贵的成果，正如最高尚的人类模范一般。

因此，我们这里的前提是追求人类的最大利益，当然，在这一过程中不可避免地会把财富交到少数人的手中。如果我们接受这个前提的存在，再检视目前的形势，结果可以说是喜人的。那么接着就会出现一个问题——要是上述形势判断正确的话，这也会是我们唯一需要解决的问题——如果人类文明建立在这些定律之上，并把财富交到少数人手中，那么财富的恰当处置方式是什么呢？而我自认能够给这个伟大的问题提供一个真正的解决之道。不过，我这里讲的“财富”，不是指多年奋斗存储下来的一定积蓄，这种攒下来的钱应该用以维持舒适的家庭生活和支持家人的教育。这种不是财富,只是一份可观的资产,所有人都应该将之视为追求目标,此举亦符合社会利益的最大化。

处置剩余财富有三种方式:一是留给子孙后代,二是遗赠给公共事业,三是由财产所有者在有生之年自行管理。世界范围内,落到少数人手中的财富,大部分都是以前两种方式得以处置的。让我们来逐个考虑这些方式。第一种是最不明智的。在君主制国家中,庄园和大部分财产都是留给长子的,父母想到自己的姓氏和头衔能够世代相传,虚荣心就得到了满足。然而,目前欧洲该阶层人士的状况告诉我们,此类希望必将落空。继承者们由于大肆挥霍或者土地贬值而陷入了穷困。即使英国有严苛的继承法,仍然不能够维系一个世袭阶层,土地正在快速流入陌生人的手中。虽然在共和体制下,财产分配在子女间要公平得多,但是世界上一切有头脑的人都会问一个问题:为什么要留财产给子女?如果是出于爱,这难道不是一种错爱吗?经验证明,一般来说,这会给孩子带来负担,对他们并不好,此举对国家来说也不好。给太太和女儿们提供适度的收入,并且如果一定要的话,给儿子们一些零用钱,除此之外,不能随意留给家人财产。因为毋庸置疑,高额的遗产对于受领者来说往往弊大于利。明智之士很快就会发现,这种继承有违国家和家人的最大利益,并不妥当。

但是,如果教养出来的儿子不能自己谋生,为人父母的也不能置之于穷苦之中。如果一个人教育出来的儿子无所事事,并且还没有觉得不妥,又或者给他们灌输了一种应该为公共事业献身而视钱财如粪土的思想(当然后者是值得赞扬的),那么父母就有责任适度供养他们。也有子女生于百万富翁之家却没被宠坏,钱财万贯却仍服务于社区。这种优秀公民是社会精英,非常宝贵,但不幸的是，也非常稀有。人们应该看到的是惯例，而不是这种例外。获得大笔遗产的继承者们，结局通常都不好，于是明智者就会说："我要是把万能的金钱留给儿子，就等于给他下了个咒语。"他还会认识到，家族的荣耀才是传承的遗产，而非子孙的福利。

至于第二种方式，在去世时把财富捐赠于公共用途，这只能说是一种处置财产的方式而已，前提是一个人愿意等到离世的时候才变得对世界有益。纵观遗赠财产的最后结果，人们不能期望自己死后所捐出的遗产能按照他们的遗愿被使用。立遗嘱人追求的真正目的无法达到，或者真实的期许被阻挠而无法实现的例子比比皆是。在很多这样的例子中，遗赠被使用的方式只能证明这是一种愚蠢的做法。要知道，利用财富来福泽社区所需具备的智慧，一点儿不比赚取财富所需要的少。除此之外，公平地说，迫不得已做善事不值得称道，在离世之后才把财富留给社区的人也不值得感谢。可以这样想，等到要离开时才不得不把巨额财富捐出来的人，要是能把钱带走的话，他们也不会将之留下来的。这种人不值得怀抱感激之情进行纪念，因为他们的赠予中不带恩泽。所以，现实中这样的遗赠通常都会缺少祝福，也就不值得奇怪了。

现在遗产税越来越重，突显了民意可喜的改变。除了个别特殊情况之外，宾夕法尼亚州现在征收十分之一的遗产。前阵子英国国会提出一项议案，即建议增加遗产税，更重要的是，新税制下遗产税将进行分级。所有税赋中，遗产税似乎是最合理的。财富取之于社会，妥善地用于公共事业，将对社会有重大好处，而一个人在世时如果囤积巨额财产，那么社会（这里以国家的形式）就不能被剥夺它理应得到的那部分。这种自私自利的富豪一生毫无贡献，通过对遗产课以重税，国家彰显了对他们的谴责。

国家在征收遗产税方面还应该推陈出新。事实上，国家在一个富人死后应该设定征收其何种比例的财产作为公帑是相当困难的。所以，遗产税应当推行分级制，以给家属留下适度抚养费而不征税为起点，遗产税税率应该随着金额增长而扩大比例，对于积蓄百万的富翁来说，应该像狠毒的放高利贷者一般，征收他们一半的遗产作为国家公帑。

这项政策能够促使富人们在有生之年积极管理自己的财富，社会应该着眼于这一目的，皆因这对公众来说是大有增益的。我们也无需恐惧这项政策会伤了企业的元气，或者使人们失去积聚财富的动力，因为对于那些想要留下大笔财富、被后世景仰的人来说，此举会给他们带来更多的关注。而且，能够把一大笔财富贡献给国家，实际上是一种更为崇高的雄心壮志。

现在就只剩下处置巨额财富的第三种方式了，而此种方式也是解决暂时性贫富不均的良药，促进贫富阶层和解的催化剂。与要求推翻现有文明的激进革命相比，由此带来的和谐社会氛围毫无疑问是更为理想的。这种方式建立在浓厚的个人主义精神之上，而我们已经准备好随时将之付诸实践。在此举的带动下，我们的国家将变得更加美好，少数人的剩余财富被有管理地投入公益，惠及普罗大众。比起把所有财富分成小额发给每一个人，从少数富人手中流出的这些巨额财富，更能够成为提升人类文明的强大力量。少数同胞积聚了巨额财富，然后将之投入公共事业，主要受惠的是普罗大众，而如果把这些钱分给很多人，每个人经过很多年只能攒下微不足道的一小笔钱，相比之下，即便是最贫苦的人都能够理解并且赞成前者对他们来说更有价值。

譬如，库珀先生设立的库珀研究所极大地帮助了纽约的很多人士，要是他生前将其财富用薪水的方式平均分发给公众（薪水这种方式可以说是最公平的，是对工作的报酬而非慈善救济），相较之下，哪种方式对普罗大众更有益呢？从这个例子里，我们可以认识到当下的财富积累定律对整个人类的进步有多么巨大的意义。如果这些财富被分成小额发放给公众，可能被用来满足一时的口腹之欲，或挥霍在其他的东西上。即便是这一笔笔小钱最好的用途——用于提升家庭生活舒适度，它们能否为整个人类的进步和发展作出贡献也是可疑的，与库珀研究所将世世代代为社会带来的裨益不可同日而语。暴力激进革命的倡议者应该好好想一想这个问题。

我们还可以举另外一个例子——蒂尔登先生离世时遗赠500万美元给纽约市，以建立一座免费的图书馆。但是提到这个例子，我情不自禁地想：如果蒂尔登先生生前能把最后的几年时光投入到对巨额财富的管理之中，结果将会好上多少倍啊！不会有人去上诉，也不会有其他问题妨碍其本人愿望的实现。不过，我们假设蒂尔登先生的数百万美元遗产最终能够变成一座纽约市的公众图书馆，蕴藏于书籍中的人类智慧宝藏从此将免费对世人开放，这对于曼哈顿居民来说将是多么好的福祉啊！这几百万美元如果分发给民众，怎么能够产生如此巨大而恒久的效益呢？即便是最热切的共产主义拥护者也无法斩钉截铁地否认，而这一点对那些有思想的人来说更是毋庸置疑的。

我们这一生的机会很有限，视野很窄，最得意的作品也不尽完美；但是富人们应该感激他们有机会做影响不可估量的好事。他们有生之年有能力投身于慈善事业，民众将长久地从中受惠，这些富翁的生命也因此变得荣耀。像托尔斯泰伯爵所教导的那样模仿耶稣基督的生活，并不能抵达生命的最高点，但是怀着基督的精神认识时代的改变，并以符合时代变化的不同方式实践这种精神，为同胞谋福利，以之作为生命的本质、教义的精髓，却能达到生命的最高点。

那么，富人的责任就在于：把自己树立成谦虚朴素的榜样，避免夸耀和挥霍；适度满足家属的合理需求；除此之外，把所有剩余财产当作由他管理的信托基金，将之最大限度地用于社会公益。这样一来，富人就仅仅是其贫困同胞的受托人和经理人，将其过人的智慧、经验和财富管理能力带给同胞，竭尽所能为他们服务。

我们面临的困难就是如何定义留给家属多少钱是“适度”的，什么是“谦虚朴素”的生活，什么是“挥霍”。不同的情况下应当有不同的标准。虽然要规定这些具体数额和行为非常困难，正如界定什么是举止得体、品位良好、彬彬有礼一样难，但它们都是公认的准则。一个人有没有遵守这些准则，公众很容易感觉得出来。生活是否铺张浪费，就如同男女的衣着品位一样，惹人注目的通常是违反了准则。如果一个家庭以其家居、桌椅和装备的铺张和奢靡闻名，以挥霍的生活方式为特征，我们不难判断其本质和文化。同样的，以下方面也可以帮助我们判断：是善用还是挥霍其剩余财富；是将钱财大方捐献给公益事业，还是孜孜不倦地囤积财富直到生命尽头；是在生前就对财富进行管理，还是去世后才进行遗赠。公众自会对其作出公正开明的判断，这种判断往往错不了。

至此，我们已经发现了处置剩余财富的最佳方法。如果希望英明地管理财富，那就需要明智的抉择，因为不加选择的慈善行为反而会妨碍社会进步。与其把善款用于鼓励懒惰、酗酒和消沉，还不如把富人们的百万捐款扔进海里，对人们来说可能还更好。现在的每一千美元的善款里，可能有九百五十美元是使用不当的，不仅无法缓和或解决问题，反而催生出罪恶。一位写哲学书的著名作家曾经承认，有一天他去拜访朋友时，一个乞丐靠近他向他乞讨，于是他给了乞丐一个 25 美分的硬币。他对这个乞丐的习性一无所知，对这钱将会做何用毫不清楚，虽然他有理由怀疑这钱会被用于不正当的用途。该作家自称是哲学家赫伯特·斯宾塞的追随者，但是他当晚欠考虑的施舍带来的坏处，可能要大于他一辈子捐给真正的慈善机构的钱所带来的好处。他只是满足了自己的情感，使自己免于麻烦而已——从各个方面来说他都是值得尊敬的，但这可能是他一生中最自私、最差劲的行为。

在做慈善时，我们主要的考虑应该是帮助那些自助的人，为那些渴望改善生活的人提供一些途径，为那些希望进步的人提供进步的助力，我们只能协助，而不能大包大揽。施舍无论对个体还是人类都没有作用。除了少数个例之外，那些值得帮助的人很少需要帮助。除非遭遇意外或变故，真正值得尊敬的人从不需要别人帮助。当然有时候，对一些个人来说，暂时的帮助能够带来真正的好处，这种情况我们不能置之不理。但是，个人受限于对具体情况的了解，能够明智地资助别人的例子很少。真正的革新者应该用帮助值当之人时的谨慎和热忱，来避免救济不值当之人，甚至对待后者还要更加谨慎，因为后者带来的坏处要远远大于前者带来的好处。

因此，富人们应当遵循的楷模是彼得·库珀、巴尔的摩的伊诺克·普拉特、布鲁克林的普拉特先生、斯坦福参议员等人。他们知道使社会受益的最佳方法，即在人们可触及的范围内设置供有志之士攀爬的阶梯——诸如有益身心的免费图书馆、公园、娱乐设施等;使人愉悦、提高公众审美的艺术品;以及有益于人们的其他公共机构。这种把剩余财富回馈给公众的方式是最佳的,同时也能够长久地惠泽同胞。

这种财富处置方式可以使贫富分化的问题得以解决。财富积累定律不受干预,财产分配也是自由的。个人主义将得以继续,百万富翁将仅仅是穷人的受托人,在一段时间内被委以大笔财富,但是他们将会把财富用于改善社会,并且做得比社会自己能够做的更好。这些最优秀的人彰显了人类发展的新阶段,在这个阶段中,我们可以清晰地看到,处置剩余财富最好的方式就是将之交到心思缜密、认真热忱的人手中,年复一年地把财富用于惠泽普罗大众。这一天的到来已经指日可待。许多人去世时可能得不到周围人的同情,因为他们留在大企业中的股本还未支取或已经无法支取,其主要的财富是在去世后才被捐作社会公益用途。不久的将来,如果一个人去世时身后留下巨额可支配财富,而这些财富是他生前本可以好好管理的,他死后将"无人悲泣、无人推崇、无人歌颂"——不论最终他把带不走的钱留作何种用途。对于这种人,公众的评判将是:"腰缠万贯去见上帝是种耻辱。"

我认为,这就是财富的福音,如果我们遵循它,那么贫富分化问题有一天一定会得到解决,并且"平安归于大地,喜悦归于人"。